Ernst Bodensteiner

Szenische Fragen über den Ort des Auftretens und Abgehens

von Schauspielern und Chor im griechischen Drama

Ernst Bodensteiner

Szenische Fragen über den Ort des Auftretens und Abgehens
von Schauspielern und Chor im griechischen Drama

ISBN/EAN: 9783743635340

Hergestellt in Europa, USA, Kanada, Australien, Japan

Cover: Foto ©Thomas Meinert / pixelio.de

Weitere Bücher finden Sie auf **www.hansebooks.com**

SZENISCHE FRAGEN

ÜBER DEN

ORT DES AUFTRETENS UND ABGEHENS VON SCHAUSPIELERN UND CHOR

IM

GRIECHISCHEN DRAMA.

VON

ERNST BODENSTEINER.

(GEKRÖNTE PREISSCHRIFT DER UNIVERSITÄT MÜNCHEN.)

————

BESONDERER ABDRUCK AUS DEM NEUNZEHNTEN SUPPLEMENTBANDE DER JAHRBÜCHER FÜR CLASSISCHE PHILOLOGIE.

LEIPZIG,

DRUCK UND VERLAG VON B. G. TEUBNER.

1893.

Die Seitenzahlen sind die des neunzehnten Supplementbandes der Jahrbücher für classische Philologie.

Was wir über griechisches Theater und Bühnenwesen wissen, hat Albert Müller in seinem Lehrbuch der Bühnenaltertümer in so gründlicher und übersichtlicher Weise zusammengefaſst und dargestellt, daſs es in den meisten Fällen geradezu unnötig gemacht ist, die vor das Jahr 1886 fallende Litteratur dieses Faches heranzuziehen.[1]) In mancher dunklen Frage wird wohl durch jenes Werk bereits die Grenze bezeichnet sein, über die hinaus wir schwerlich je vordringen werden; andere können vielleicht, so viel sie auch schon durchgesprochen sind, durch eine neue Behandlung noch an Klarheit gewinnen; und jedenfalls darf man sagen, daſs die Fragen über die Einrichtung der antiken Bühne, immer von neuem angeregt durch die fortgesetzten Ausgrabungen auf hellenischem Boden, zur Zeit brennende sind. Die Theaterruinen lassen uns zwar in Bezug auf viele Punkte im Stich, zumal für die Periode, auf die es ankommt; denn wo der interessanteste Teil des Theaters, der Bühnenraum, in Resten erhalten, lehren uns diese meist nur, was in einer verhältnismäſsig späten Zeit da war. Doch haben immerhin gerade in letzter Zeit die Theaterausgrabungen einen groſsartigen Umfang angenommen und sehr reiches Material ergeben. Im Mittelpunkt des Interesses stehen von den erhaltenen Theatern die zu Epidauros[2]) und Athen, letzteres zwar infolge seines weniger intakten Zustandes und der in römischer Zeit erfolgten Umbauten nicht in gleichem Maſse wie jenes geeignet, den Typus des hellenischen Theaters zu repräsentieren, aber doch hochinteressant für die Geschichte der späteren Theaterentwickelung eben durch jene Umbauten, und gleich wichtig durch das, was man von dem Theater des 5. Jahrhunderts gefunden und — nicht gefunden hat. Daran reihen sich Oropos, Assos, Megalopolis (über dessen höchst interessante Theaterreste noch nicht das letzte Wort gesprochen ist), Eretria, Sikyon u. a. Was man in diesen Theatern in den letzten Jahren gefunden, hat den tief-

---

1) Eine ältere zusammenfassende Darstellung ist Wieselers „Griechisches Theater" in Ersch und Grubers Encyklopädie Bd. 83. Das Sammelwerk desselben, „Theatergebäude und Denkmäler", Göttingen 1851, ist jetzt durch die Ereignisse überholt. Wichtig sind die Jahresberichte A. Müllers im Philologus XXIII. u. XXXV. Bd.

2) Auf Autopsie gegründete Mitteilungen über Epidauros gibt Dr. K. Rück „Eine Peloponnesreise" Bayr. Gymn.-Bl. 1892, 578 ff.

gehendsten Einfluſs auf die wissenschaftliche Erörterung bühnen-
technischer Fragen geübt.

Zwei Parteien stehen sich jetzt gegenüber, eine konservative
und eine revolutionäre. Die letztere bricht mit den bisherigen Anschauungen auf dem Gebiete des antiken Bühnenwesens und ruft die
Monumente zu Zeugen dafür an, daſs die Bühne, auf der die klassischen Dramen der Griechen aufgeführt wurden, eine von Grund
aus andere gewesen sei als man bis jetzt angenommen. Oder vielmehr, sie ist von den Monumenten ausgehend zu dieser Überzeugung
gelangt. Ihr Führer ist der Mann, an dessen Namen sich die be-
deutendsten Errungenschaften der letzten Jahre in der Ausgrabung
und Durchforschung der griechischen Theaterbauten knüpfen, W. Dörpfeld. Die Ergebnisse seiner Arbeiten liegen bis jetzt noch nicht in
zusammenfassender Darstellung vor. Für die Kenntnis seiner Lehre
sind wir daher vorläufig angewiesen auf einen Brief Dörpfelds an
A. Müller, im Anhang von dessen „Bühnenaltertümern" veröffentlicht,
auf die Rezension des letzteren Werkes von E. Reisch in der Zeitschr.
für österr. Gymn. 1887, 270 ff., den Artikel „Theatergebäude" in
Baumeisters „Denkmälern" von Kawerau, und einige Rezensionen
und Mitteilungen Dörpfelds in der Berliner Philologischen Wochen-
schrift (Haighs „The Attic Theatre" 1890, 461—471; Oehmichens
„Bühnenwesen" ebenda 1532—1538; Harzmanns „Quaestiones scaenicae" ebenda 1658—1661; Neckels „Ekkyklema" 1433—1435;
Mitteilungen über die Theater zu Megalopolis und Eretria 1891,
419. 514 f. 673—676. 1026—1028). Die darin niedergelegten Ansichten lassen sich nun im wesentlichen dahin formulieren, daſs die
uns erhaltenen Reste des athenischen Bühnengebäudes sämtlich nicht
dem 5. Jahrh. angehören, daſs auch das griechische Theater des
4. Jahrh. — und aus diesem stammt das Theater zu Epidauros —
weder eine aus Stein aufgeführte noch überhaupt eine erhöhte Bühne
hatte, daſs vielmehr im 5. und 4. Jahrh. auf dem Niveau der Orchestra gespielt wurde und die in Epidauros und Oropos nachweis-
bare Mauer nicht die Vorderwand des Logeions, sondern die — allerdings wieder aus späterer Zeit stammende — in Stein übersetzte
Dekorationswand (προσκήνιον) ist; daſs endlich das erhöhte Logeion
überhaupt erst in römischer Zeit durch Tieferlegung des einen
Orchestrahalbkreises, der zu Sitzplätzen verwendet werden sollte,
entstand.

In letzter Zeit wurde die Reihe der obengenannten Schriften
durch eine Abhandlung vermehrt, die wie meine Arbeit durch die
vorjährige Preisfrage der Münchener Universität hervorgerufen wor-
den ist, „Der Standort der Schauspieler und des Chors im griechischen
Theater des 5. Jahrhunderts" von John Pickard, München, Juli 1892.
Gedruckt ist von derselben bis jetzt nur der erste Teil, der den
Schüler Dörpfelds zeigt und die Entwickelung des griechischen
Theaters auf Grund des archäologischen Befundes, vorläufig noch

ohne eingehende Bezugnahme auf die Dramen, beleuchtet. Die Schrift faſst wohl alles zusammen, was vom heutigen Standpunkt aus über die Thymele und die erhöhte Bühne zu sagen ist. Für mich, der sich keiner Autopsie und infolge dessen keiner gründlichen Einsicht in die Erungenschaften der Ausgrabungen rühmen kann, sind die Angaben und Ansichten eines Kenners der Verhältnisse von groſsem Werte. Es handelt sich um Thatsachen, mit denen wir rechnen müssen, und die Monumente reden eine zu deutliche Sprache, als daſs ich nicht von der Richtigkeit der Folgerungen überzeugt wäre, die Dörpfeld und seine Anhänger für das Theater des 4. und 3. Jahrh. daraus ziehen: **für das Theater des 4. und 3. Jahrhunderts;** denn weiter gehe ich nicht mit Pickard, der S. 11 sagt, die Anlage des athenischen Bühnengebäudes aus dem 4. Jahrh. gebe die beste Vorstellung von der scenae frons, vor welcher die Dramen der groſsen Dramatiker gegeben wurden. Wenn die klassischen Dramen der Athener auf der Bühne des 4. Jahrh. aufführbar waren, so ist damit noch nicht bewiesen, daſs sie für eine genau gleichartige Bühne geschrieben sind. Ein so wichtiger Teil der dramatischen Litteratur, wie es die alte Komödie war, kommt für das Theater des 4. Jahrh. nicht mehr in Betracht; mit manchen Stücken der Tragiker ging es wohl ebenso, z. B. mit „Prometheus", der gerade eine so auſsergewöhnliche Inszenierung erfordert. Es ist wahr, eine groſse Umgestaltung der Bühne hat nach Ablauf der Blütezeit des Dramas keine rechte Wahrscheinlichkeit mehr. Die Rückschlüsse, die man macht, sind einleuchtend genug; man vermag eine naturgemäſse Entwickelungsgeschichte aufzustellen, in der keine Sprünge sind. Aber wenn wir etwas Sicheres behaupten wollen, brauchen wir gleichzeitige Zeugnisse. Und ein Bühnengebäude in Athen aus dem 5. Jahrh. haben wir bekanntlich nicht.

Und so hat denn A. Müller in der Besprechung der neueren Arbeiten auf dem Gebiete des griechischen Bühnenwesens, im VI. Supplementband des Philologus, 1. Hälfte, 1—108, seine konservative Richtung nicht verlassen. Wir stellen uns auf seinen Standpunkt, wenn er (S. 32) sagt, daſs wir für die klassische Zeit schlieſslich eben doch auf die Dramen angewiesen sind. Die Darstellungen aus dem Bühnenwesen auf groſsgriechischen Vasenbildern sind leider ebenfalls für die klassische Zeit nicht maſsgebend. Und daſs man mit Vitruv, Pollux, den Lexikographen und Scholiasten nicht weit kommt, zeigt die Schrift A. Höpkens „De theatro Attico saeculi V" Bonn 1884, der unbekannt mit den Ausgrabungsresultaten zu dem Ergebnis gelangt, im 5. Jahrh. hätten Chor und Schauspieler in der Orchestra agiert. Seine Beweisführung[1]), deren Latein ich nicht

---

1) Abgelehnt durch A. Müller, Philol. Anzeiger XV (1885) 526—537; J. Niejahr De Pollucis loco qui ad rem scaenicam spectat. Progr. Greifswald 1885.

immer verstanden zu haben zu meiner Schande gestehen muſs,
stützt sich nur auf wenige Dichterstellen, im übrigen auf die Un-
zahl verwirrter und verwirrender Angaben der späteren Schriftsteller,
mit denen man vielleicht bei geschickter Verwendung alles, aber
viel eher doch noch, wie mir scheint, die alten als die
neuen Anschauungen beweisen kann.

„Von dem, was in den Dramen steht", sagt Wilamowitz,
„läſst sich nichts abdingen." Das ist wahr. Sie sind unsere
ältesten und besten Zeugen, und was sie uns sagen, dagegen können
alle anderen Zeugen nicht aufkommen. Aber es muſs auch etwas
anderes betont werden. Man soll nicht mehr aus den Dramen
herauslesen als darin steht. Wir dürfen die Worte nicht pres-
sen, um szenische Andeutungen zu gewinnen. Wenn wir daher an
die Dramen herantreten, so geschieht es nicht in der Erwartung, in
ihnen die Beweise für eine vorgefaſste Ansicht zu finden. Wollten
wir blofs die Frage der erhöhten Bühne, sei es vom Dörpfeldschen
Standpunkt, wie Pickard, oder von der gegnerischen Seite erörtern,
so brauchten wir nur einen Teil der Möglichkeiten zu berücksich-
tigen, die es für das Erscheinen und Verschwinden der Personen im
Drama gibt. Wir fassen das Thema weiter und ziehen alle Andeutungen über den Ort des Auftretens und Abgehens heran, mag
nun die Person von der Seite oder oben, vom Hintergrunde oder
von unten erscheinen. Bei der ausgedehnten Verwertung, welche
unser Dramenmaterial bereits für die Bühnenaltertümer erfahren
hat, wird es sich mehr oder minder nur um eine Nachlese, eine Re-
vision handeln. Man kann sich aus den reichen Stellensammlungen
in A. Müllers Lehrbuch davon überzeugen, wie der Schatz von
szenischem Material, den die Dramen bergen, gewürdigt und genützt
ist. Dies geschieht seit den Tagen G. Hermanns und seines mit einer
Wut, mit der sonst nur die schwächere Sache verteidigt zu werden
pflegt, angegriffenen Gegners. Es ist bekannt, daſs O. Müllers Ausgabe der „Eumeniden" (1833) und G. Hermanns Kritik dieses Buches
(Opusc. VI, 2) für die Behandlung szenischer Fragen epochemachend
sind. Genellis „Theater zu Athen" Berlin 1818 und Gepperts „Alt-
griechische Bühne", Leipzig 1843, dürfen wohl als veraltet gelten.
Schönborn in seiner „Skene der Hellenen", Leipzig 1858, stützt sich
allerdings zu sehr auf das eine Theater zu Aspendos und operiert
mit Grundsätzen, die sich gegenwärtig[1]) kaum mehr jemand aneignen
wird; aber was das überaus gründliche Werk viel weniger entbehr-
lich macht als z. B. die ebenfalls wertvollen Abhandlungen von
Sommerbrodt[2]), das ist die erschöpfende Verarbeitung des Dramen-

---

1) Aufser Bruno Arnold (De Euripidis re scenica), der sogar die
famosen Periaktendrehungen mitmacht. S. übrigens auch Neckel, das
Ekkyklema, S. 4, der allerdings nicht damit operiert.
2) Gesammelt als „Scaenica" Berlin 1876. Hervorzuheben „De
Aeschyli re scaenica".

materials. Schönborn geht zwar von den Theaterresten und den
szenischen Nachrichten der Alten aus und verfolgt hauptsächlich
den Zweck, an allen erhaltenen Dramen die Haltbarkeit seiner vorher
gewonnenen Grundsätze zu prüfen, d. h. nachzuweisen, dafs alle auf
seiner Bühne aufführbar sind. Dabei gibt er aber die genaueste
Auskunft darüber, wie er sich die Aufführung im einzelnen denkt.
In neueren Forschungen ist die aristophaneische Bühne vor der
tragischen bevorzugt.[1]) In keinem über Bühnenaltertümer handelnden Werke ist die Benutzung der Dramen umgangen.[2])

Was die oben erwähnte Schrift Pickards betrifft, so habe ich
sie benützt, indes wenig ihr zu liebe geändert. Wenn auf dem
gleichen Gebiete gleichzeitig mehrere arbeiten, ist es nun einmal
nicht zu vermeiden, dafs manches zweimal gesagt wird, was nur
einmal gesagt zu werden brauchte. In einer ähnlichen Lage befinde
ich mich der Arbeit des Amerikaners Capps gegenüber. Meine Untersuchung war in ihren Umrissen fertig, als die im Jahre 1891 in
New Haven erschienene Schrift „The stage in the Greek theatre
according to the extant dramas" in meine Hände gelangte. Ihr Stoff
deckt sich zum grofsen Teil mit meinem Thema. Die Stellen, welche
für die Frage der erhöhten Bühne in Betracht kommen, sind in
hübscher, praktischer Anordnung und grofser Vollständigkeit zusammengestellt. Ich mufs offen bekennen, dafs mir auf solche Weise
Capps in vielen Punkten zuvorgekommen ist. Vielleicht gelingt
es mir trotzdem, den einen oder andern neuen Gesichtspunkt in die
Untersuchung zu bringen. Der Umstand, dafs auch Capps das Material nach sachlichen Gesichtspunkten gruppiert, war mir eine er-
freuliche Bestätigung für die Zweckmäfsigkeit der Anordnung, für
welche ich mich entschieden hatte.[3]) Statt dessen Drama für
Drama bis zu Nr. 44 vornehmen, um die Art seiner Aufführung
zu erörtern, das wollte ich um so weniger, als mich die Lektüre
von Schönborns Werk die ganze Trostlosigkeit dieser Anreihung
empfinden liefs. Bei der Stellensammlung tritt natürlich dieses
Prinzip in sein Recht. Es ist hierbei, und meistenteils auch in den

---

1) M. Haupt, de scaena Acharnensium Aristophanis quae parodum
sequitur, Berlin Ind. lect. 1872/73, eine kleine, aber methodologisch sehr
wichtige Schrift. — E. Droysen, Quaestiones de Aristoph. re scaenica.
Bonn 1868. — J. Niejahr, Quaestiones Aristophaneae scaenicae. Greifswald 1877. — Muhl, Symbolae ad rem scaenicam Acharnensium Aviumque
Aristoph. fabb. accuratius cognoscendam. Augsburg 1879.

Eine neue, kurz vor der oben besprochenen Schrift von Capps erschienene Abhandlung von W. White, The stage in Aristophanes, Boston,
Harvard Studies II, ist mir nicht zugänglich geworden.

2) Am wenigsten tritt sie bei Oehmichen zu Tage.

3) Leider hat Capps die hochwichtigen Abhandlungen von Wilamowitz und Todt (siehe unten), erstere wenig, letztere gar nicht berücksichtigt. Auch von den Schriften von Harzmann und Neckel spricht er
so, als ob er sie nicht selbst gelesen hätte. Das Auftreten der Schauspieler hat er nicht eigens behandelt.

Anführungen im Laufe der Untersuchung, eine chronologische Ord-
nung festgehalten, soweit sich eben eine annähernde Chronologie der
griechischen Tragödien geben läfst, also wenigstens dezennienweise.
Die gesonderte Behandlung der einzelnen Dichter und ihrer szenischen Verhältnisse hätte sich nicht empfohlen, weil sie zeitlich zu
weit auseinanderliegende Stücke zusammengebracht, zusammenge-
hörende auseinandergerissen hätte, während wir doch die Dramen,
die ungefähr in derselben Zeit für die Bühne geschrieben wurden,
zusammen betrachten müssen, um das, was sich für die Bühne daraus
ergibt, überblicken zu können. Darum habe ich mich nicht einmal
zu der von Schönborn durchgeführten Trennung des Aristophanes
von den Tragikern entschliefsen können.
     Der älteste für uns erreichbare Status der griechischen Bühne
ist der äschyleische. Die 7 Dramen des Äschylus sind auch die
ältesten, die wir haben, überhaupt, denn von den 7 Sophoklesstücken
ist schwerlich eines (der „Aias" gilt als das älteste) vor der „Orestie",
458, aufgeführt. Feste Daten sind für uns 472 („Perser"), 467
(„Sieben"), 458 und dann erst wieder annähernd das Jahr der „Antigone" (440?). In diesen älteren Jahrzehnten sind die Dramen,
die wir haben, überhaupt spärlich gesät, wir können daher nicht so
leicht verfolgen, wie die weitere Vervollkommnung der Bühnenmittel
von 458 an schrittweise vor sich ging. Im wesentlichen setzen indes
nach meiner Überzeugung alle erhaltenen Stücke seit 458 dieselbe
Bühne voraus. „Alkestis" ist 438 aufgeführt; in den 30er Jahren
allenfalls noch „Elektra" (vgl. Christ, griech. Litt.-Gesch.² S. 205 f.);
am Ende dieses Jahrzehntes steht „Medea" (431). Die Zeit von
430—420 ist ungemein reich an Dramen; auf das Jahr trifft mehr
als ein Stück; Aristophanes' erste, Euripides' zweite Periode fallen
in diese Epoche. Sophokles' „Oidipus Tyrannos" ist wohl gleichfalls
in den ersten Jahren des peloponnesischen Krieges gedichtet. In
der Chronologie der euripideischen Tragödien folgen wir Christ²
S. 218 f.: Hipp. (428). Hec. Cycl. Heracl. Herc. (421? Dietrich,
Rhein. Mus. XLVI, 25 ff.) Androm. Suppl. Die Jahre der aristopha-
neischen Lustspiele sind bekannt mit Ausnahme desjenigen der uns
erhaltenen „Wolken": Ach. 425, Equ. 424, Vesp. 422, Pax 421.
An den uns vorliegenden „Wolken" scheint noch 420 gearbeitet zu
sein.[1]) Vermutlich nach 420 fallen von Sophokles die „Trachinie-
rinnen" (419? Dietrich l. l.) und Oed. Col.; von Euripides die
„Troerinnen" (415), Iph. T., Ion, El., Hel. (412), weiterhin Phoen.,
Or. (408) und seine letzten Werke Bacch. und Iph. Aul. (407), dazwischen hinein von Aristophanes die „Vögel" (414), „Lysistrate"
(411), „Thesmophoriazusen" (411?), von Sophokles der „Philoktet"
(409), nach dem Tode der grofsen Tragiker die drei letzten Komödien

---

1) Kock, Einleitung zu seiner Kommentarausgabe; Droysen, Einleitung zu seiner deutschen Übersetzung des Stückes.

des Aristophanes, „Frösche" (405, konzipiert noch vor dem Tode
des Sophokles), „Ekklesiazusen" (389?), „Plutos" (388); zeitlich
nicht sicher bestimmbar ist der uns erhaltene „Rhesos".

Das Auf- und Abtreten der Schauspieler durch die Hintergrundsthüren.

Zunächst ist hier eine Vorfrage zu erledigen. Wann haben wir
in den Dramen zum erstenmal einen Hintergrund, aus dem Personen
auftreten? Eine Skene brauchen ja die Schauspieler immer, in der
sie sich umkleiden, und in letzter Linie kommen sie immer von
dieser Skene her, mögen sie „von der Seite" oder „aus den Hintergrundsthüren" auf die Bühne treten. Aber in den ältesten Dramen,
die wir haben, gibt es dem Sinne nach nur das erstere, mit anderen
Worten, dieselben repräsentieren einen älteren Stand der Bühne,
indem sie noch nicht den in fast allen späteren Stücken üblichen
Hintergrund, irgend eine menschliche Wohnung mit Ausgängen nach
der Bühne, aufweisen. Ein solcher Hintergrund fehlt nicht nur in
„Hiketiden" und „Prometheus", sondern auch in den „Persern" und
„Sieben". Zwischen diese vier ältesten äschyleischen Dramen und
die im Jahre 458 aufgeführte „Orestie" fällt eine wichtige Neuerung
im Bühnenwesen, die Einführung einer gemalten Hintergrundsdekoration.

Dies halte ich für ein bleibendes Ergebnis der geistvollen Abhandlung von Wilamowitz „Die Bühne des Äschylus" im Hermes XXI
(1886) 597 ff. Gegen diesen bekannten Aufsatz hat B. Todt im
Philologus XLVIII, 505 ff. („Noch einmal die Bühne des Äschylus")
eine lebhafte und zum grofsen Teile gelungene Polemik gerichtet.
A. Müller hat sich ihm im Philologus Suppl. VI, wo er Todts Ansichten ausführlich bespricht, angeschlossen. Wenn man jetzt das
in dem neuen Buche von P. Richter, Zur Dramaturgie des Äschylus,
Leipzig 1892, über diese Fragen Gesagte liest, so bekommt man
den Eindruck, als sei man heute mit den alarmierenden Thesen von
Wilamowitz schon wieder „glücklich" fertig geworden. P. Richter
hat freilich nicht mehr viel dazu gethan; das Szenische scheint mir
überhaupt das am wenigsten Gelungene in seiner Schrift.[1]) Wir
werden speziell bezüglich des Logeions weiter unten noch über

---

1) Dieselbe hat das Verdienst, uns einmal den Aschylus frei von
dem Nimbus des übergewaltigen, seinem Jahrhundert vorauseilenden
Dichters und Denkers zu zeigen als ein Kind seiner Zeit, dadurch kom-
men wir zu einer wirklich gerechten Beurteilung. Nur glaube ich doch,
dafs Äschylus ein Lehrer seines Volkes sein wollte. So hat ihn auch
Aristophanes aufgefafst. Richter widerspricht sich ja selbst ein wenig
S. 235 f.: „Ein Lied, das uns den Dichter in seinem ganzen sittlichen
Ernst zeigt und deutlich sein Bestreben enthüllt, seinem Volke auch ein
Mahner zum Guten zu sein."

Äschylus, Todt und Wilamowitz zu sprechen haben. Nur über das
Allgemeine und die Frage der Bühnenhinterwand müssen wir hier
gleich referieren, ohne in der schon wiederholt besprochenen Sache
etwas wesentlich Neues bringen zu wollen.

Mit der „zentralen Anlage" der äschyleischen Bühne, vor allem
der Kreisform des Zuschauerraumes, ist es, soweit uns erhaltene
Stücke in Betracht kommen, nichts. Das dürfte durch Todts Aus-
führungen in überzeugender Weise dargethan sein. Das Publikum
kann nicht im Kreise herum sitzen, sondern nur auf einer Seite.
Sagt doch Wilamowitz selbst, sobald zwei Schauspieler im Gespräch
mit einander auftraten, „drängte notwendig das Publikum nach der
Stirnseite dieser Gruppe". Es ist also undenkbar, daß noch lange
nach Einführung des zweiten Schauspielers ein Zustand gedauert
habe, der die eine Hälfte der Zuschauer verhinderte, genau zu sehen
und zu hören.[1]) Und so unwahrscheinlich es schon im allgemeinen
ist, daß man sich bis etwa 465 mit dem primitivsten Zustand der
Bühne begnügt habe und dann bis 458 plötzlich alles sich entwickelte, was später da war — so ergibt sich bei dem Versuch,
die Hypothese im einzelnen durchzuführen, erst recht die Unmöglichkeit, daß die vier Dramen für jene alte Bühne berechnet sein
könnten. Fürs erste: eine σκηνή für die Schauspieler muß da sein,
sie darf nicht in großer Entfernung vom Spielplatz liegen und nicht
so, daß ein Schauspieler eventuell je nach der Seite, wohin er abgeht, um das halbe Theater herumlaufen muß, um wieder zu ihr zu
gelangen. Zweitens: die Hypothese leidet an einer Unklarheit bezüglich der mittleren Estrade, welche bald als Logeion, bald nur
als Dekoration (Altar, Felsen etc.) aufgefaßt zu sein scheint und
deren Umfang wohl in der Regel ein „Umkreisen derselben durch
den Chor" ausschließen würde. Drittens: wenn die Zuschauer den
ganzen freien Platz, auf dem gespielt wird, umgeben und überblicken,
so ist es unmöglich, ihnen irgend etwas vorzutäuschen.

Dies die Hauptgründe Todts. Wenn er außerdem betont
(S. 509), daß die Symbolik von rechts und links, Heimat und
Fremde aufgehoben werde, wenn dem einen Teil des Publikums das
links, was dem andern rechts war — so ist darauf weniger zu geben.
Wann jene Symbolik entstand, wissen wir nicht, und wir dürfen
auch annehmen, daß sie überhaupt nicht in ein so starres Gesetz
gezwängt war als Pollux uns glauben machen will.[2]) Die Haupt-

---

1) Ob bereits der erste Schauspieler einen Sprechplatz an einer
Seite der Orchestra haben mußte (Todt S. 530), darüber läßt sich ja
immerhin streiten.

2) Dies ist als das Ergebnis von Niejahrs Commentatio scaenica,
Progr. Halle 1888 (bespr. von A. Müller, Philologus Suppl. VI, 1, 36 ff.)
zu betrachten. Denn daß man da, wo es sich machen ließ und für die
Deutlichkeit etwas erreicht wurde, auf diese für die Orientierung der
Zuschauer äußerst förderliche Typik verzichtet habe, kann Niejahr nicht
beweisen.

sache ist in unserem Falle, daſs zwei Eingänge vorhanden sind, die verschiedene Bedeutung haben, z. B. in den „Ἱκέτιδες" der von der Küste und der von Argos herführende Weg, in den „Persern" der, auf welchem Xerxes und der Bote, und der, auf dem Atossa auftritt.[1]) Daſs diese beiden unterschieden sind, ist unerläſslich. Die auftretenden Schauspieler und Chöre kommen auf zwei Wegen von ihrer ϲκηνή, ihrer Bude, her, die naturgemäſs an dem den Zuschauern gegenüberliegenden Ende der Orchestra steht. Ob sie denselben sichtbar oder durch eine Wand, die spätere Dekorationswand, verdeckt war, ist dabei gleichgültig. Jedenfalls bedeutete die Wand noch nicht die Front eines Hauses u. dgl., wie nachmals.

Des weiteren wenden Todt (S. 514) und P. Richter, um das Vorhandensein einer Bühnenhinterwand zu beweisen, einen Schluſs an, der mir im Prinzip verfehlt scheint. Wenn nämlich der Chor oder Schauspieler etwas schildere, was er in der Ferne sieht, so müsse er notwendig Ausblicke haben, die dem Zuschauer verschlossen waren, und das sei ohne abschlieſsende Hinterwand und ohne irgendwelche, wenn auch sehr primitive Seitendekoration schwerlich zu erzielen gewesen (Richter S. 46 f.). Die „abschlieſsende Hinterwand" ist nicht wesentlich bei einem fingierten Ausblick nach der Seite, Richter braucht eigentlich nur dio Seitenkulissen d. h. Paraskenien (denn so dürfen wir die Seiteufiügel doch wobl nennen), weil hinter diese die Ausblicke, die dem Zuschauer verschlossen sind, sich erstrecken sollen. Mit den Seitenflügeln erhält er natürlich von selbst die Hinterwand. Wir brauchen aber die Seitenflügel nicht. Wenn sie vorhanden sind, können sie zur Motivierung einer solchen Fernsicht verwendet werden. Aus letzterer ist aber ihr Vorhandensein nicht zu erschlieſsen. Wo ein Zugang ist — und selbst bei der Kreisform des Zuschauerraumes wären zwei Zugänge für Schauspieler und Chor nötig —, da kann auch ein Ausblick fingiert werden. Und was nicht im Theater selbst vor sich gehen muſste, das läſst sich der Zuschauer schon erzählen und glaubt es, selbst wenn er dieselbe Fernsicht hätte wie der Schildernde, der dies alles zu sehen behauptet. Darin liegt keine Illusionsstörung, zum allermindesten keine lächerliche. Dabei fragt es sich erst noch, ob denn die Zuschauer von ihren Sitzen aus wirklich denselben Ausblick haben wie Chor und Schauspieler, auch abgesehen von den Paraskenien. Für Hinterwand und „Seitenkulissen" ist also mit dieser Methode nichts zu beweisen. Wir wollen nicht vorgreifen, sonst könnten wir Fälle heranziehen, wo das Herannahen einer Person angekündigt wird, die in diesem Moment kaum schon im Theater selbst erscheint — also eine fingierte Ankündigung —, und die doch ebensowenig aus den Seitenflügeln kommen kann, z. B. Klytämestra in Eur. El. 962 ff.[2])

---

1) Das ist doch keine norma subtilissima, wie sich Niejahr p. 7 ausdrückt!

2) Wir zitieren Äschylus, Sophokles und Euripides nach den

(Noch sicherer ist der Fall im Aesch. Suppl. 180 ff., wenn, wie ich glaube, der König zu Wagen auf die Bühne kommt.)

Im Gegensatz zu Todt (S. 515) halte ich nicht die „Perser", sondern das älteste erhaltene Äschylusstück, die „Hiketiden", für dasjenige, welches der Hypothese von Wilamowitz am günstigsten ist. Daſs jede Andeutung einer Szenerie fehlt, ist schon seit längerer Zeit anerkannt (A. Müller, BA. 113).[1]) Das Einzige, was da ist, ist die κοινοβωμία der argivischen Götter; die ἱκεταδόκος σκοπή 713 ist kein Hügel, der als Warte benutzt wird, sondern eben der erhöhte Platz des Altares. Das Meer ist natürlich deshalb, weil Danaos v. 713 ff. das Nahen des Schiffes verkündet, nicht dargestellt gewesen: die Zuschauer sehen von dem Schiffe ebensowenig etwas als sie den König der Argiver bereits v. 180 ff., wo Danaos sein Gespann in der Ferne zu erblicken behauptet, kommen sehen. Noch weniger darf man die Stadt Argos sehen, denn die ist in beträchtlicher Entfernung zu denken (Schönborn S. 284).

Bezüglich der „Perser" (472) gesteht jetzt auch A. Müller zu, daſs sie der gemalten Dekoration jedenfalls entbehrten (Philologus Suppl. VI S. 16 Anm.), während er sie in den BA. S. 113 und 116 vor dem Königspalast spielen lieſs.[2]) Auffallend ist, daſs Oehmichen, Bühnenaltertümer S. 185, den Gedanken an das Fehlen eines Hintergrundes ganz kurz abweist mit Berufung auf v. 230 (εὖτ' ἄν εἰς οἴκους μόλωμεν) und das, was über die Szenerie der „Phönissen" des Phrynichos in der Hypothesis der „Perser" gesagt sei. Die erstere Stelle ist ebenso wertlos wie 159 f. 524. 849 f., welche bei A. Müller noch angeführt sind; die andere spricht von keinem Palast, sondern nur von Sitzen, die für die Ältesten der Perser hergerichtet werden. Wie könnte denn Atossa für den ganzen Rest des Stückes verschwinden, wenn der Palast auf der Bühne wäre! Nachdem sie v. 852 dahin abgegangen, um Gewänder für ihren Sohn zu holen, muſste sie ja bald darauf mit denselben wieder zum Vorschein kommen und dem Xerxes entgegen gehen, und wenn sie diesen überhaupt trifft, dann kehrt sie natürlich auch mit ihm zurück. Mit ähnlichen Erwägungen beweist Schönborn (S. 195 f.), daſs Xerxes nicht in frisch angelegtem königlichen Schmucke auftrat, wie diejenigen Gelehrten behaupten, denen ein zerlumptes Gewand der äschyleischen Bühne unwürdig scheint.[3]) Er macht darauf aufmerk-

---

Teubnerschen Textausgaben von Weil, Dindorf⁶ (Mekler) und Nauck³, Aristophanes nach Meineke (Tauchnitz).

1) Wenn wir künftig A. Müller ohne Buchtitel zitieren sollten, so möchten wir das Lehrbuch der Bühnenaltertümer verstanden wissen.

2) Letztere Ansicht findet man auch wieder bei Capps, The stage in the Greek theatre, p. 10.

3) Nach G. Hermann die Ausgabe von Teuffel-Wecklein (1886) S. 36. Zweifellos richtig P. Richter S. 100, „mit zerrissenem Gewande, aber natürlich nicht im Bettlerkostüm, sondern im Königsmantel".

sam, daſs niemand den Palast verlassen habe, um dem Xerxes neue
Kleider zu bringen, daſs es aber in der Tragödie keine Hinterthüre
gibt; d. h. wer in den Palast abgegangen ist, kann denselben auf
keinem andern Weg, als über die Bühne wieder verlassen. Nun erklärt Schönborn allerdings das Ausbleiben der Atossa aus den Absichten des Dichters heraus, aber im Widerspruch mit den Absichten
der Atossa. Da wir die zwischen 851 (bezw. 531, was an jene
Stelle zu versetzen ist) und 907 verstreichende Zeit für völlig hinreichend halten, daſs Atossa wieder zur Stelle sein konnte, wenn
der Palast an der Bühne lag, so können wir das Ausbleiben der
Königinmutter nur in der gröſseren Entfernung des Palastes be-
gründet sehen.[1]) Bei Fortsetzung des Weges wird Xerxes zwischen
dem Ort der Handlung und dem Palast seiner Mutter begegnen.

Das Drama spielt beim Grabe des Dareios. So sagt auch die
Hypothesis. Wieder einmal ist, um mit Wilamowitz zu sprechen,
die gute Grammatikerüberlieferung des Altertums an der herrschen-
den Meinung ganz unschuldig gewesen. Die Annahme von Wilamowitz, daſs nur in der Mitte des Stückes der Schauplatz der Handlung
dorthin zu verlegen sei, und somit ein unbemerkter Szenenwechsel,
ohne jede Andeutung und unter Anwesenheit des Chores, vor sich
gegangen wäre, ist von Todt S. 536 ff. zurückgewiesen. Man be-
denke doch, daſs der das Grabmal des Dareios vorstellende hügel-
artige Bau schon von Anfang an auf der Bühne errichtet war, nicht
erst während des Stückes aufgeführt werden konnte. Der Schauplatz bleibt aber dann auch derselbe bis zum Schluſs, was Wilamowitz ebenfalls nicht als sicher annimmt. Wir stimmen da ganz mit
Richter (S. 104 ff.) überein. Das ϲτέγοϲ ἀρχαῖον v. 141 ist das
Grabmal. Auſser diesem war nichts auf der Bühne dargestellt.
Richter zweifelt zwar, ob es nicht doch etwa das Rathaus gewesen
sei. Aber dann müſsten sich die Geronten nicht vor, sondern in
demselben versammeln, d. h. man müſste neben dem Grabmal das
Innere des Hauses erblicken, was für die äschyleische Bühne zu
schwierig ist. Wir haben es eben „mit den ersten Anfängen des
Dramas zu thun." Äschylus läſst aus szenischen Rücksichten mit
einer naiven Freiheit seine Personen an Örtlichkeiten auftreten, die
streng genommen für die Handlung ungeeignet sind. Szenenwechsel
kennt Äschylus in seinen älteren Stücken nicht; er stellte also das
dar, was das Wichtigste und Unentbehrlichste war, was nunmehr für
das ganze Stück sichtbar blieb, mochte es auch für einzelne Teile
des Stückes ungeeignet sein."

Der Schauplatz der „Sieben" (467) ist die Akropolis (v. 240 ff.).
Daſs auſser den oft genannten Götterbildern (wohl wieder eine κοι-

---

1) Man unterschätze doch nicht die Bitte der Atossa, der Chor
wolle den Xerxes, falls er vor ihrer Rückkehr ankomme, zum Palaste
geleiten, v. 530. Vgl. Richter S. 106.

νοβωμία) noch Teile der Burg dargestellt gewesen sein könnten,
dafür finde ich aufser v. 823 f. δαίμονες, οἳ δὴ Κάδμου πύργους |
τούσδε ῥύεσθε, wo in Weils Ausgabe vor τούσδε eine Lücke angenommen ist, keine Andeutung. Schönborn zitiert dafür nicht diesen
Vers, sondern 251 ὦ ξυντέλεια, μὴ προδῷς πυργώματα, woraus
doch gar nichts hervorgeht. Ich halte es natürlich nicht für unmöglich, dafs Türme u. dgl. auf der Bühne damals angedeutet sein
konnten, so gut man den Felsen des Prometheus darstellen konnte,
freue mich aber, dafs selbst Schönborn, der überall schon bei den
ältesten Stücken den ganzen Apparat der späteren Bühnentechnik in
Bewegung setzt, findet, dafs das Stück, sollte auch etwas Ähnliches
dagewesen sein, eigentlich keine besondere Rücksicht darauf nimmt.
Der Königspalast bildete nicht den Hintergrund, denn er wird
nirgends erwähnt, Eteokles kommt sowohl v. 181 wie 372 aus der
Stadt, und wenn er auch anfangs, um auf der Akropolis[1]) seine
Proklamation an die Bürger zu erlassen, von der Seite auftritt, so
schadet das der Wirkung gar nichts. Wären v. 861 Antigone und
Ismene aus dem Palast auf die Bühne getreten, so würde uns das
wohl durch den Chor gesagt; vgl. A. Müller S. 113.

Das war ein etwas langer Exkurs. Er mag mit der exzeptionellen Bedeutung entschuldigt sein, welche die ältesten Dramen des
Äschylus in letzter Zeit durch die mehrfach besprochenen Abhandlungen gewonnen haben.

Das letzte grofse Werk des Äschylus, die Orestie (458), setzt
bereits eine Bühne mit gemaltem Hintergrund voraus, der einen
Palast bedeutet. Palast oder Tempel bilden dann die ständige Szenerie
für fast alle späteren Tragödien. Zelte haben wir im „Aias", in der
„Hekabe", den „Troerinnen", der „aulischen Iphigenie" und dem
„Rhesos", eine Höhle im „Philoktet", sowie in dem Satyrdrama
„Kyklops". Die meisten Komödien spielen vor Privathäusern.

Für die Zahl der Thüren im Hintergrund kommt es auf die
Monumente nicht an, sondern lediglich auf das Bedürfnis der Stücke.
Die Dekoration stellt so viele Zugänge dar als nötig sind; sind
weniger nötig als die in der Skenenwand vorhandenen, so werden
die übrigen verkleidet. Schönborn hat sich die undankbare Mühe
genommen, in allen Stücken die drei Thüren der Skenenwand unter-
zubringen und genau ihre Bedeutung zu bestimmen; wo eben nicht
alle Thüren für Gebäude notwendig sind, läfst er die übrigen einfach ins Freie führen, falls er eine Verwendung für einen solchen
Weg weifs. Nun glauben wir aber, dafs diese Annahmen lediglich
subjektiven Wert haben, und dafs wir uns mit den Ansichten der
neueren Gelehrten im Einklang befinden, wenn wir im Hintergrund

---

1) Womit sich wohl der Begriff der ἀγορά — wohin Wilamowitz
irrtümlich den Schauplatz verlegt — in den Gedanken des Äschylus etwas
vermischt haben mag. Vgl. auch Wieseler, Göttinger Na·hr. 1890, 210 ff.

ohne begründete Veranlassung keine anderen Zugänge angebracht
sein lassen als die in das Innere der nötigen Gebäude oder Zelte
oder Höhlen führenden; schon deshalb, um nicht auf ganz schwan-
kendem Boden zu gehen. Hat man nicht ganz ohne Grund die
Existenz von Periakten im 5. Jahrh. bezweifelt[1]), so wird man auch
nicht geneigt sein, auf der Hintergrundsdekoration aufser dem, was
wirklich da sein mufste, noch die Entfaltung landschaftsmalerischer
Künste anzunehmen. Und wirklich nötig ist eben meist nur der
Palast, der Tempel etc. Und dabei wird dieselbe Dekoration für alle
möglichen Paläste und Tempel ausgereicht haben.[2])

Ein wenig Landschaftsmalerei wird allerdings im „Oidipus auf
Kolonos" gefordert, wo ein Hain im Hintergrund dargestellt sein
mufs. Die einsame Waldgegend im „Aias" darf möglichst primitiv
gewesen sein. Der „Aias" ist um vielleicht 40 Jahre älter als der „Oidipus auf Kolonos". Ob nun bei solchen Szenerien — wo also keine
menschliche Behausung in der Nähe ist —, doch ein Zugang im
Hintergrund angenommen werden darf, durch den man sich „in die
Büsche" zurückziehen oder aus dem Walde heraustreten kann, ist
fraglich; aber vielleicht ist dies in mancher Beziehung wünschenswert.

Im „Aias" ist ein Szenenwechsel unvermeidlich; die das Zelt
darstellende Dekoration mufs v. 814/815 beseitigt werden. Wie?
Offenbar durch Wegziehen nach der Seite, und zwar am besten nach
beiden Seiten. Wir müssen wohl oder übel eine scena ductilis bereits für diese Zeit annehmen. Hinter jener Dekoration wird dann
eine andere dagewesen sein, welche die Waldgegend darstellte (Niejahr, Quaest. Aristoph. scaen. p. 43 verzichtet in dieser Szene auf
jede Dekoration!?), und hier steht bereits Aias vor dem im Boden
befestigten Schwerte; man nimmt an, dafs Aias, nachdem er zu-
sammengesunken ist, den Zuschauern teilweise durch Gebüsch verdeckt wird (Schneidewin-Nauck, Einleitung zur Kommentarausgabe;
Wecklein, Ausgabe, zu v. 815). Nun ist festzuhalten, dafs Tekmessa,
als sie den Aias suchend auftritt, diesen eher liegen sieht als sie
selbst vom Chor erblickt wird; dieser hört zunächst nur ihren Schrei,
und fragt (v. 892): τίνος βοὴ πάραυλος ἐξέβη νάπους; Wäre Tekmessa von der Seite her aufgetreten, so hätte sie auf dem Wege bis
in die Nähe des Aias vom Chor gesehen werden müssen. Sie tritt
vielmehr vom Hintergrund her aus der Dekoration (aus dem νάπος).
Ob das παρά in πάραυλος zu urgieren und auf ein „Danebenheraus-
treten", auf eine Nebenthür zu deuten ist, möchte ich bezweifeln.
Durch denselben Zugang wird auch nachher Teukros gekommen sein,

---

1) Niejahr, Quaest. Aristoph. scaen. p. 6 ff. Es gibt nämlich eigentlich blofs drei Stellen, die auf Periakten hinzudeuten scheinen, Soph.
El. in., Eur. Hel. in. und Ion 76. Das sind einmal bedenklich wenige,
und dann beweist die dritte sehr wenig, während die wichtigste, die
erste, von Niejahr gerade gegen die Periakten verwendet wird.
2) Vgl. Wecklein, Philologus XXXI, 444. Wilamowitz, Herakles II, 50.

obgleich er v. 974 den Leichnam seines Bruders noch nicht erblickt
haben muſs.

Im „Oidipus auf Kolonos" tritt beim Einzug des Chors der Fall
ein, daſs Ödipus sich rasch vor diesem zu verbergen wünscht; er
läſst sich von Antigone in den Hain (κατ' ἄλcoc 114) führen, und
v. 138 (ὅδ' ἐκεῖνοc ἐγώ) tritt er plötzlich wieder hervor. Nach der
Seite kann er sich nicht zurückziehen, weil er während des Abgehens
gesehen worden wäre; denn er war doch schon etwa bis in die Mitte
der Bühne vorgeschritten. Es ist also im Hintergrund ein Zugang.
Schönborn meint, durch diesen habe sich Ödipus auch am Schluſs
entfernt, weil in dieser Richtung die Stätte der Eumeniden gewesen
sei (S. 280; vgl. Wieseler, Götting. Nachr. 1890, 215).

Wo im Hintergrund ein Gebäude oder etwas Ähnliches sichtbar
war, unterrichten uns die Dramen natürlich viel sicherer über die
Benutzung der einzelnen Eingänge. Für die Komödie verdanken wir
E. Droysen (De Aristophanis re scaenica, Bonn 1868) eine Untersuchung über die für das Auf- und Abtreten gebräuchlichen Ausdrücke ἐξιέναι, ἐξέρχεcθαι, εἰcιέναι, εἰcέρχεcθαι, προcιέναι, προc-
έρχεcθαι. Er hat festgestellt, daſs ἐξ- und εἰc- nebst ἔξω und
εἴcω etc. fast immer mit Bezug auf das dargestellte Gebäude gebraucht wird, während προc- das Auftreten von der Seite kennzeichnet,
ἀπο- einen ganz allgemeinen, in szenischer Hinsicht nicht verwert-
baren Begriff des Abgehens gibt. Für die Komödie haben wir dem
nichts hinzuzufügen, als daſs Droysen die Ortsbestimmungen, die
sich nicht auf den Schauplatz der Handlung, sondern auf irgend
eine andere Lokalität beziehen, ganz hätte ausscheiden dürfen, und
daſs er die Fälle, wo ἐξιέναι und εἰcιέναι für sich heiſsen „heraus-
kommen", „hineingehen", als die wichtigeren schärfer von denen
hätte trennen sollen, wo εἰcιέναι, ἐξιέναι, εἴcω, ἔξω etc. durch eine
beigefügte Ortsbestimmung ihre Bedeutung erhalten.

Den von Droysen nachgewiesenen Gebrauch habe ich auch in
den Tragödien als durchweg gültig gefunden. Ein kleiner Unterschied ergibt sich nur daraus, daſs Aristophanes gelegentlich sich
nicht scheut statt von der dargestellten Szenerie vom wirklichen
Skenengebäude zu sprechen[1]), was der Tragiker natürlich nicht darf.
Was die andere, auch in der Komödie seltene Bedeutung von ἐξιέναι
„hinausgehen, weggehen, abgehen" betrifft, so finde ich ein Beispiel
dafür nur in dem von B. Todt Philologus XXXII, 269 mit Recht
verdächtigten Verse Soph. El. 75 νὼ δ' ἔξιμεν, denn Oed. R. 676
οὔκουν ἐκτὸc εἶ; und Oed. C. 824 χώρει, ξέν', ἔξω θᾶccον sind all-
gemeiner, mehr im Sinne von „geh' mir aus den Augen". Unbestimmt
ist Eur. Alc. 610 προcείπατ' ἐξιοῦcαν ὑcτάτην ὁδόν. Für die ana-

---

1) So nehmen wenigstens Droysen u. a. an, und bei Pax 427 wird
es nicht anders gehen, falls wir bei dem überlieferten Text bleiben,
worüber weiter unten.

loge Bedeutung der Komposita mit εἰc- ist zu vergleichen das an
den szenischen terminus technicus anklingende ἐπείcοδος Soph. Oed.
C. 730.

Über die Komposita mit παρά möchten wir noch ein paar Worte
sagen. Das oben erwähnte πάραυλος Soph. Ai. 892 hat, glaube ich,
keine tiefere Bedeutung als „benachbart", vgl. Oed. C. 785; andere über-
setzen es ohnehin mit „mifstönend", indem sie es von αὐλός ableiten.
παραστείχειν, παρέρχεcθαι und verwandte Komposita finden wir wiederholt in den Dramen, aber nicht absolut, sondern meist in Verbindung
mit εἴcω oder εἰc, um das Betreten des Hauses zu bezeichnen, wobei
παρά offenbar die Vorstellung „die Schwelle überschreiten, an den
Thürpfosten vorübergehen" hinzubringt (εἴcω παρελθών Aesch. Cho.
849, εἴcω παρέλθεθ᾽ Soph. El. 1335, παρῆλθ᾽ ἔcω θυρῶνος Oed.
R. 1241 f., πάριτ᾽ εἰc θυμέλας Eur. Ion 228, vgl. Soph. Ai. 741 f.
ἔνδοθεν cτέγης μὴ ᾽Ἐω παρήκειν). Heifst nun δόμους παραστείχειν
dem analog „in das Haus eintreten" oder heifst es „am Hause vorübergehen"? An und für sich kann es beides heifsen, und ich finde auch
für jede der Bedeutungen ein Beispiel. Denn dafs mit δόμους παρα-
cτείχοντα in Aesch. Cho. 568 nicht ein „Vorübergehender" gemeint
ist, scheint nur Nauck anzunehmen, der in der Ausgabe von Soph.
Ant. zu v. 1255 (δόμους παραστείχοντες) jene Stelle zitiert. In
Soph. Ant. ist allerdings die Bedeutung ingredi ganz sicher, aber
jenes ist keine Parallelstelle. Dagegen halte ich Eur. Hipp. 108
παρελθόντες δόμους für eine. Demnach sind die Begleiter des Hippolyt in den Palast abgegangen. Dies ist unsere ganze szenische
Ausbeute aus den Komposita mit παρά. Δωμάτων πάρος cτείχειν,
περᾶν etc. (Soph. Ai. 73. Eur. Phoen. 1264. Or. 111) heifst ebenso
wie δόμων πάροιθε cτείχειν (Eur. Iph. A. 1 f.) oder πρὸ δωμάτων
βαίνειν, ἐκβαίνειν (Or. 1504 f. Iph. A. 820) „aus dem Hause her-
vortreten". Eur. Herc. 139 ist daher Kirchhoffs Konjektur πάρος nicht
in den Text zu setzen. Denn die Voraussetzung, dafs Lykos aus dem
Palaste kommt, ist eine ganz willkürliche. Sehr wohl dagegen könnte
Aesch. Cho. 732 ursprünglich ποῖ δὴ πατεῖc, Κίλιccα, δωμάτων
πάρος; (coni. Herwerden; πύλας codd.) gestanden haben.

Nur eine Thüre im Hintergrund braucht man in Aesch. Ag.,
Eum. (vielleicht eine zweite für die v. 1 auftretende Priesterin),
Soph. Ant., El., Eur. Med., Soph. Oed. R., Eur. Hec., Cycl. (allenfalls
noch ein Versteck für Odysseus, seine Gefährten und Silen v. 195 ff.),
Heracl. (Tempel, nicht auch Palast, wie A. Müller S. 115 behauptet,
sonderbarer Weise mit Berufung auf v. 343 ἀλλ᾽ ἴθ᾽ ἐc δόμους,
γέρον), Herc., Androm. (Palast; auch Tempel der Thetis sichtbar),
Suppl. (Tempel; was für οἶκοι — v. 928 — aufserdem sichtbar sind,
ist unklar), Aristoph. Equ., Soph. Trach., Aristoph. Av., Eur. Iph. T.
(Tempel), Ion (Tempel), El., Hel., Soph. Phil., Eur. Phoen., Or.,
Bacch., Iph. A., Aristoph. Plut., [Eur.] Rhes. Also weitaus die
Mehrzahl der erhaltenen Stücke erfordert nur eine praktikable Thüre

in der Hintergrundsdekoration. Demnach braucht es uns gar nicht
in Staunen zu setzen, dafs die meisten bisher gefundenen Dörpfeldschen Proskenien in ihrem mittleren Teil nur eine Thüre aufweisen[1]);
zumal wenn wir bedenken, dafs in der Entstehungszeit jener Proskenien, also zur Zeit der neuen Komödie, die szenischen Bedingungen
noch einfacher und einförmiger geworden waren. Wo vollends das
Proskenion nur eine Säulenstellung war, deren Intervalle durch
Platten ausgefüllt wurden, da konnten ja ohne weiteres neue Thür-
öffnungen durch Herausnahme der Füllungen geschaffen werden.
Die Anhänger des hohen Logeions können die Monumente überhaupt
nicht anführen, also auch sich ihrer Übereinstimmung mit Pollux
nicht rühmen, da nach Dörpfeld[2]) in keinem der aufgedeckten griechischen Theater die nach dem Zuschauerraum hin liegende Front
des Skenengebäudes in einem solchen Zustand ausgegraben ist, dafs
man die Zahl der vorhandenen Thüren bestimmen könnte.

Indes ist das für uns ziemlich gleichgültig; die alte Bühne
wird ihre Dekoration schon nach ihren Bedürfnissen eingerichtet
haben. Wo deshalb die Stücke zwei oder drei Thüren verlangen,
setzen wir ebensoviele auch an, für die Dekoration natürlich, nicht
für die Rückwand. Und wo ein Gebäude zwei Eingänge haben
mufste, da hat man vielleicht aus architektonischen Rücksichten eine
dritte Thüre hinzugefügt, z. B. in den „Choephoren", welche zwei
Eingänge fordern (712 ἄγ' αὐτὸν εἰc ἀνδρῶναc εὐξένουc δόμων.
878 f. γυναικείουc πύλαc | μοχλοῖc χαλᾶτε), und infolge dessen auch
im „Agamemnon", weil dieser dieselbe Szenerie hat. Ja, vielleicht hatte
der Königspalast der Dekoration ständig seine drei Eingänge. Bezüglich der „Alkestis" will ich zwar nicht bestimmt behaupten, dafs man
mit einer Thüre nicht auch auskommen könnte (χωρὶc ξενῶνέc εἰcιν
οἳ c' ἐcάξομεν 543, die Trennung braucht nicht äuferlich sichtbar
zu sein). Dagegen schliefse ich aus Eur. Hipp. v. 108 f. (χωρεῖτ'
ὀπαδοί, καὶ παρελθόντεc δόμουc | cίτων μέλεcθε), dafs die Diener
durch eine andere Thüre ins Haus gehen als Hippolyt, denn dieser
entläfst sie, er geht nicht mit ihnen, geht aber doch auch gleich ab.
Ferner sind zwei Thüren notwendig in Soph. Ai., für das Zelt des
Aias und für ein Zelt, in das sich Tekmessa nach v. 595 begiebt,
s. R. Enger, Philologus VIII 160 ff.[3]) Und weil v. 814 die beiden
Hälften des Chors, den Aias suchend, nach den beiden Seiten hin
abgehen, und es angemessen ist, dafs Tekmessa einen dritten Weg
einschlägt, so ist vielleicht hier im Hintergrund noch eine dritte

---

1) In Epidauros ist an den vorspringenden Ecken je eine, welche
zur Aufstellung der Periakten gedient haben soll. In Athen sind in dem
zwischen der Zeit Lykurgs und Neros errichteten „Proskenion" in der
Mitte drei Thüren unmittelbar nebeneinander gewesen.
2) Berl. Philolog. Wochenschr. X (1890) 1532 ff. (Rezension von
Oehmichens „Bühnenwesen").
3) Der Artikel enthält hübsche Bemerkungen über das Ekkyklema.

Thüre gewesen, die ins Freie führte. In Aristoph. Pax sind zwei Thüren nötig für das Haus und die Stallung des Trygaios, in Nub. für die Behausungen des Strepsiades und Sokrates, drei Thüren in Aristoph. Ach. (Haus des Dikaiopolis, des Euripides und des Lamachos), und Vesp. (Thüre, bei der Philokleon v. 152 ausbrechen will, eine andere, durch die Bdelykleon v. 168 auf die Bühne tritt, und Thüre des Hofraumes, aus der Philokleon mit dem Esel kommt, vgl. E. Droysen p. 45 f.), wohl auch in Eur. Tro. (benutzt 153, 176 und 307).

Für einige Komödien läfst sich die Entscheidung ohne Eingehen auf die Frage des Szenenwechsels nicht geben.

Die Mühe, die sich Niejahr genommen hat, um in jedem einzelnen Fall die Unnötigkeit des Szeneriewechsels darzuthun, hat sich insofern nicht recht gelohnt, als er den im „Aias" doch nicht wegdisputieren kann, der uns auf alle Fälle zwingt zuzugeben, dafs ein Szeneriewechsel im altgriechischen Drama denkbar war. Da wir diesen einen sicheren Fall haben, und zwar schon in alter Zeit, kann die Frage auch für andere Stücke nur mehr die sein, ob der Wechsel nötig, nicht ob er möglich ist. In den „Eumeniden" haben wir nur einen Szenenwechsel, keinen Szeneriewechsel, indem blofs ein Setzstück vertauscht wird. Wir dürfen ohne weiteres annehmen, dafs bei Äschylus dieselbe Tempelfront erst den Apollontempel in Delphi, dann das Atheneheiligtum auf der Burg in Athen bedeuten konnte. Im Hinblick auf diesen Fall kann ich Niejahr prinzipiell nichts einwenden, wenn er in den Komödien — in szenischer Beziehung berühren sich ja aristophanische Kühnheit und äschyleische Naivetät sehr nahe — sich durchgehends nicht scheut, demselben Haus nach einander verschiedene Bedeutungen zu geben. Aber es widerstrebt doch recht dem Gefühl, wenn am Schlufs dieselbe Bedeutung wieder angenommen werden mufs, die es am Anfang, aber nicht in der Mitte hatte. Und ich finde keinen Fall, in dem Niejahr diesen Wechsel in der Bedeutung desselben Gebäudes recht wahrscheinlich gemacht hätte. Auch Nilsson De mutationibus scenae quae sunt in fabulis Graecorum, Lund 1884, der weniger radikal vorgeht als Niejahr, sagt (p. 62), die dargestellten Häuser könnten nicht bald dem bald jenem gehören, dafür könnten aber so viele Häuser dargestellt sein als man braucht. In den „Acharnern" ist z. B. kein Grund, warum nicht für Euripides ein eigenes Haus dagewesen sein soll.[1]) In den „Ekklesiazusen" wechselt weder die Szenerie noch

---

1) Wenn wir mit dieser Annahme nicht fehlgehen, dann ist auch das Vorhandensein der drei Thüren in der stabilen Szenenfront so gut wie bewiesen. Denn nicht das Haus des Euripides, sondern nur das des Dikaiopolis kann der Mittelthür entsprechen. Das Haus des Euripides fordert aber ein Ekkyklem, und ein solches kann nur da stattfinden, wo nicht blofs die Dekoration, sondern auch die stabile Rückwand eine Thüre hat.

ihre Bedeutung, sondern es sind während des ganzen Stückes dargestellt: das Haus des Blepyros und der Praxagora, das ihres Nach-
bars (v. 327 ff. 730 ff.) und ihrer Nachbarin (v. 33), das von dem
ersten alten Weib und dem jungen Mädchen bewohnte (v. 877 ff.),
und vielleicht noch ein viertes für das zweite alte Weib (v. 1049 ff.),
wenn man nicht annehmen will, daſs in einem der Häuser, da wir
doch wegen v. 960 ff. ein zweistöckiges brauchen, mehr als eine
Partei wohnt. Im „Frieden" soll nach Nejahr das eine dargestellte
Haus zuerst die Wohnung des Trygaios, dann die der Götter, dann
wieder die des Trygaios bedeuten. Das beruht auf der unannehm-
baren Voraussetzung, daſs Trygaios auf seinem κάνθαρος sich nur
wenig in die Luft erhebt und nach kurzem Schweben wieder auf den
Boden herabgelassen wird, der von da an den Himmel bedeute. So
einfältig wird doch dieses Drama nicht inszeniert gewesen sein, von
dem uns berichtet wird, daſs es ein Ausstattungsstück war (Hypoth. I).
In der „Lysistrate" kann man nach v. 253 einen Szeneriewechsel
annehmen, falls man sich nicht dazu verstehen will, Privathäuser
neben dem Akropoliseingang sich dargestellt zu denken. Doch geht
dies meines Erachtens bei Aristophanes an. Der Szeneriewechsel ist
also nicht nötig. Εἰσιοῦσαι v. 246 und τὰς πύλας ταύτας v. 251
fügen sich dieser Annahme am leichtesten. Man braucht dann drei
praktikable Thüren, nämlich zum Hause der Lysistrate (v. 199), zu
dem der Kalonike (v. 5) und zur Akropolismauer, wobei letztere den
gröſseren Teil der Szenerie eingenommen haben und das Akropolisthor so ziemlich in der Mitte der Bühne gewesen sein wird.

Es bleiben nun noch die „Thesmophoriazusen" und die „Frösche".
Zu diesen Stücken sind in den Scholien Nachrichten über einen Szenenwechsel erhalten, und zwar zu dem ersteren eine, die sich rühmt,
eine παρεπιγραφή[1]) zu sein, also etwas sehr Altes, mindestens von
einem Regisseur, wenn nicht vom Dichter selbst Stammendes. Es
heiſst dort zu v. 277 παρεπιγραφή· ἐκκυκλεῖται ἐπὶ τὸ ἔξω τὸ θεσμο-
φόριον. ἐκκυκλεῖται ist zum mindesten sehr ungeschickt gesagt, denn
unter ἐκκυκλεῖσθαι stellt man sich gemeinhin etwas anderes vor als
die Vertauschung eines Szenenhintergrundes mit einem andern.
O. Müller und andere meinten, das Innere des Thesmophorions sei
sichtbar geworden. Dann müſste der gröſste Teil des Stückes im
Inneren eines Gebäudes spielen; wie soll das mit einem Chor von
24 Choreuten nebst ein paar Schauspielern bei der geringen Tiefe der
Bühne bewerkstelligt worden sein, und vor allem so bewerkstelligt, daſs
die Szene ästhetisch befriedigend wirkt? In einem offenen Theater
ist das nicht so leicht wie bei uns! Man sollte sich auch eingestehen,
daſs ein Analogon in keinem griechischen Drama nachzuweisen ist
auſser der nicht zur Aufführung gekommenen zweiten Bearbeitung

---

1) παρεπιγραφή == szenische Andeutung im Text oder szenische
Notiz neben dem Text (E. Droysen).

der „Wolken". Sonst verlegen die Griechen so manche Szene, die eigentlich im Inneren spielen müfste, auf den Platz vor dem Hause, man denke nur an den kranken Orestes bei Euripides und den schlafenden Strepsiades in den „Wolken"[1]) — hier würden sie eine Szene ins Innere verlegen, die man sehr gut vor dem Tempel vorgehend denken kann, womit also gar nichts gewonnen wäre. Es ist ja eine ἐκκλησία (v. 277. 300), keine βουλή. Wie es bei der wirklichen athenischen Thesmophorienfeier in dieser Beziehung gehalten wurde, weifs ich nicht, nur dafs griechische Tempel im allgemeinen für eigentliche Versammlungsorte zu klein sind. Zu diesen Bedenken kommt, dafs mit dem besten Willen weder bei dem vom Scholiasten gekennzeichneten Vers noch bei einem anderen eine Gelegenheit zu erspähen ist, wo die Szene hätte verändert werden können. Zu einem vollständigen Szeneriewechsel ist es nötig, dafs die Schauspieler die Bühne verlassen. Ihre Unterhaltung ist aber an dieser Stelle nirgends abgebrochen und wieder angeknüpft, sondern ist bis zum Abgehen des Euripides so, dafs man ohne die Bemerkung des Scholiasten gar nicht auf den Gedanken einer Unterbrechung käme. In der Mitte des v. 279 findet dann natürlich auch kein Szenenwechsel statt. Auch eine teilweise Szenenveränderung, indem nun das Innere des schon vorher dargestellten Thesmophorions gezeigt würde, könnte unmöglich an der Stelle eintreten, wo der Scholiast sie anmerkt. Denn von diesem Moment an wäre die Szene im Inneren des Tempels, befände sich also auch Euripides noch zwei Verse lang dort; auch die Thesmophoriazusen wären schon da, und doch beginnen sie ihre Versammlung erst 295, während Mnesilochos bis dahin noch 16 Verse in ihrer nächsten Nähe sprechen konnte! Auf die Worte τὸ τῆς ἐκκλησίας σημεῖον ἐν τῷ θεσμοφορείῳ φαίνεται kann doch unmöglich bereits die Verwandlung eintreten! Die Bemerkung des Schol. verliert also an Wert, da sie an einer unmöglichen Stelle steht. Vielleicht sind jene eben zitierten Worte an allem schuld; entweder kann sie jemand als παρεπιγραφή = Andeutung (eines Szenenwechsels) im Text aufgefafst haben, oder es stand wirklich eine παρεπιγραφή daneben, deren Wortlaut uns nicht mehr erhalten ist und die einfach das Sichtbarwerden eines kleinen σημεῖον an dem dargestellten Thesmophorion verlangte.

In den „Fröschen" würde man nur eine Dekoration, darstellend ein Haus mit einer praktikablen Thüre, brauchen, falls dieses Haus zuerst die Wohnung des Herakles (auf der Oberwelt), dann die Residenz des Pluton (in der Unterwelt) bedeuten könnte. Das wäre so ziemlich das Kühnste, was Aristophanes der Phantasie seiner Zuschauer zumutet. Ein Hinabsteigen der Schauspieler ist zwar nicht nachweisbar, dieselbe Bühne, die vorher die Oberwelt bedeutet hatte, bedeutet nachher den Hades, aber damit sie das kann, mufs

---

1) Über das letztere vgl. Niejahr, Quaest. Aristoph. p. 37.

doch erst das auf der Oberwelt zu denkende Haus entfernt werden. Denn auch das halte ich nicht für möglich, daß beide Gebäude von Anfang an dargestellt sind und in der ersten Hälfte das eine, in der zweiten das andere ignoriert wird. Die Scholien haben an zwei Stellen Bemerkungen, zu v. 181 ἐνταῦθα δὲ τοῦ πλοίου ὀφθέντος ἠλλοιῶ-cθαι χρὴ τὴν cκηνὴν καὶ εἶναι κατὰ τὴν Ἀχερουcίαν λίμνην τὸν τόπον ἐπὶ τοῦ λογείου ἢ τῆc ὀρχήcτραc, μηδέπω δὲ ἐν Ἅιδου, und zu v. 274 μεταβέβληται ἡ cκηνὴ καὶ γέγονεν ὑπόγειοc, wozu auch v. 270 ἐν Ἅιδου λοιπὸν τὰ πράγματα. Diese letzteren Sätze brauchen sich nicht notwendig auf einen Szeneriewechsel zu beziehen, bei dem ersteren Scholion leugnet dies nur Niejahr (Quaest. Ar. scaen. p. 17), weil es ihm nicht paßt. Nun ist aber gerade an der ersteren Stelle von dem Abschied des Dionysos von Herakles bis zum Er-blicken des Sees v. 181 wieder gar keine Gelegenheit für eine Ver-wandlung zu finden, Dionysos und Xanthias sind fortwährend auf der Bühne und haben sich kaum in Bewegung gesetzt, so sind sie auch schon am See. Warum soll dieser nicht neben dem Haus des Herakles auf der Bühne sein dürfen? Wegen des Toten, der sonst auch bei Charon einsteigen müfste? (Nilsson p. 56 f.). An den denkt ja niemand mehr, sobald er hinausgetragen ist. Daſs das Schiff auf dem Boden der Bühne fortbewegt werden mufste, ist klar. Ein Teil der Bühne bedeutet also den See. Die Frage, ob man auch auf dem Hintergrund etwas von dem See gesehen habe, könnten wir uns darnach eigentlich schenken. Ich glaube es nicht. Von dem Ein-steigen in den Kahn bis zum Aussteigen und dem Verschwinden des Charon ist nun wieder kein Moment zu entdecken, wo wir annehmen möchten, daſs der Kahn die Bühne verlassen habe und dann nach erfolgtem Szenenwechsel wieder erschienen sei. Nilsson meint v. 268/269; ebenso ein Scholiast, der ein an dieser Stelle beigesetztes κορωνίc-Zeichen darauf bezieht. Möglich, aber auch nicht einleuch-tend. Sicher sind Dionysos und Xanthias nachher während ihres Marsches v. 272 ff. immer auf der Bühne. Gut, während die Schau-spieler am Orte bleiben, kann der Ort nicht wechseln. Aber kann er nicht wechseln, während die Schauspieler selbst unterwegs sind? Die von diesen durchwanderte Gegend wird uns ja gar nicht näher bezeichnet. Kann da nicht, während sie im Schiffe über den See rudern oder besser nachher während der Wanderschaft zu Fuſs hinter ihrem Rücken die ursprüngliche Dekorationswand weggezogen worden sein, so daſs dann, sobald es sich wieder um eine bestimmte Örtlichkeit handelte, d. h. vom Einzug der Mysten an, der Palast des Pluton in der Mitte des Hintergrundes sichtbar war?

So viel von Hinterwand, Hintergrundsthüren, Szeneriewechsel.

Das Ekkyklema.

Eine besondere Art des Erscheinens von innen her ist das Ekkyklema, über das so viel gestritten worden ist. Es wird nie möglich sein anzugeben, wie diese Maschine konstruiert war. Über die Verwendung derselben hat neuerdings Neckel, Das Ekkyklema, Progr. Friedland 1890, gehandelt und ist dabei zu eigentümlichen Schlüssen gelangt, welche er in folgenden Sätzen zusammenfafst: 1) das Ekkyklem ist eine Erfindung der jüngeren Tragödie; 2) es ist von Äschylus und Sophokles nicht angewendet worden; 3) Euripides hat es gebraucht, vielleicht häufiger als andere Tragiker; 4) in der Komödie ist es nur zum Zweck der Parodie verwendet worden; 5) in den uns erhaltenen Dramen ist es nur in Eur. Herc., in Aristoph. Ach. und Thesm. und vielleicht in Equ. zur Anwendung gekommen.'

Dörpfeld, welcher die Schrift Neckels rezensiert hat, hält das Ekkyklema für eine lächerliche und der ernsten attischen Tragödie unwürdige Einrichtung und giebt höchstens die Anwendung durch die Durchschnittstragiker zu. Er läfst es unentschieden, ob Neckel der Beweis des 3. Satzes gelungen ist.

Es giebt eigentlich nur zwei konsequente Wege des Vorgehens: entweder findet man die Vorstellung des Ekkyklema unerträglich — dann schaffe man es ab; man hat sich dann nur mit den Stellen abzufinden, wo Aristophanes es parodiert, und darüber auszusprechen, woher denn die Überlieferung über eine so sonderbare Maschine stamme. Oder man gibt das Ekkyklem zu, — dann nützt es nicht viel, wenn man ein paar der Fälle, wo es angewendet sein soll, wegstreitet. Neckel nun hat sein Resultat bereits gefunden, ehe er an die Besprechung der einzelnen Fälle herantritt. Es sei unwahrscheinlich, dafs so feinsinnige Dichter wie Äschylus und Sophokles den Zuschauern Mord- und Greuelszenen, wie sie ja das Ekkyklem gewöhnlich zeigte, vorgeführt hätten. Das könne nur der mangelhafte Geschmack mittelmäfsiger Tragödienschreiber als Effektmittel aufgebracht haben. Wenn damit ein Stein auf Euripides geworfen werden soll, für den ja nachher die Verwendung des Ekkyklems nachgewiesen wird, so findet Neckel damit hoffentlich recht wenig Beifall. Nun weiter: Aristophanes verspottet das Ekkyklem; dasselbe kann also keine Einrichtung des Äschylus und Sophokles sein; sonst würde es Aristophanes nicht verspotten! Aristophanes macht sich über alles lustig, und öfters auch über die Theatermaschinerie, ohne dafs er dabei eine bestimmte Dichterpersönlichkeit angreift. Es ist wahr, wo das Gebiet der Tragödie gestreift wird, ist Euripides der am härtesten Mitgenommene. Dafür stand er eben auch im Vordergrund des Interesses und bot als moderner Dichter dem Aristophanes die meisten Angriffspunkte. Aber dafs er auch der Er-

finder oder Meister des Ekkyklema sein soll, ist doch eine sonderbare Entdeckung.

Neckel führt sehr richtig aus, dafs die Anwendung des Ekkyklema in szenische Widersprüche verwickelt, indem man das auf
demselben Stehende als im Inneren befindlich betrachten soll, während
doch die so erscheinenden Personen sich mit den vor dem Hause
befindlichen unterreden. Aber er betont nicht genug, dafs diese
Schwierigkeit beim „Herakles", wo er das Ekkyklem zuläfst, ganz
dieselbe bleibt als in der „Orestie" und im „Aias"; dieser Widerspruch könnte also gegen die ganze Einrichtung, aber nicht einseitig
gegen bestimmte Fälle der Anwendung geltend gemacht werden;
sonst verliert die Beweisführung das Gewicht, und man kommt
schliefslich darauf hinaus: ja, dem Euripides traue ich so etwas zu,
aber dem Äschylus und Sophokles nicht. Meines Erachtens ist es den
Zuschauern überhaupt viel zugemutet, wenn sie sich immer gegenwärtig halten sollen: hier liegt ein Widerspruch vor; diese auf dem
Ekkyklem stehende Person habe ich mir im Inneren des Hauses zu
denken; der Chor und die anderen Schauspieler sind vor dem Hause;
das geht nicht. Warum sollten sie die Sache nicht unbefangener
betrachtet haben? Man will den Zuschauern das zeigen, was innen
ist, deshalb schiebt man es heraus, indem man fingiert, die Thüre
werde geöffnet, und nun ist eine Verbindung zwischen aufsen und
innen hergestellt, der Chor und der Zuschauer sieht die betreffenden
Personen, sie sind jetzt faktisch aufsen und deshalb sprechen sie zu
ihm.[1]) Die grofse Naivetät, welche in dieser Einrichtung zu Tage
tritt, scheint mir auf das Entstehen derselben in einem frühen Sta-
dium der Bühnenentwicklung hinzudeuten. Müfste ich von den drei
grofsen Tragikern denjenigen bezeichnen, der am ehesten der Erfinder
des Ekkyklems sein könnte, so würde ich nimmermehr auf den
reflektierenden Euripides raten, sondern nur auf Äschylus.

Und doch gestehe ich Neckel gerne zu, dafs in der „Orestie"
keine Anhaltspunkte zu finden sind, welche zur Annahme des Ekkyklems geradezu zwingen.[2]) Der seit O. Müller dafür angeführte Vers
Ag. 1379 ἔϲτηκα δ᾽ ἔνθ᾽ ἔπαιϲ᾽ ἐπ᾽ ἐξειργαϲμένοιϲ kann zur Not
auch, wie Neckel sagt, bedeuten „nun ich ihn erschlug, stehe ich am
Ziele", wenn nicht etwa die temporale Bedeutung von ἔνθα doch
erst nach Äschylus entwickelt ist. Man sucht vergebens nach alten
Parallelstellen. Von 1372 an ist Klytämestra sichtbar, daneben die
Leiche des Agamemnon, die v. 1404 f. 1414. 1433. 1489 ff. 1503.
1521 ff. 1539. 1581. 1603. 1611 u. ö. erwähnt wird, und die der
Kasandra, v. 1440 ff.[3]) Klytämestra könnte aus dem Palast getreten

---

1) Vgl. Geppert, Altgriech. Bühne S. 174 f.
2) So auch P. Richter S. 173. 216. 273.
3) Capps stimmt Neckel bei, bezweifelt sogar das Ekkyklem im
„Herakles", und hält es für genügend, wenn der Chor die Leichen
oder Personen im Inneren hinter der geöffneten Thüre erblicke. Über

und die Leichen hinter ihr herausgetragen worden sein. Aber ein Bedenken haben wir: die silberne Badewanne v. 1539 f. πρὶν τόνδ᾽ ἐπιδεῖν ἀργυροτοίχου | ὁροίτης κατέχοντα χαμεύνην! Der Chor mufs sie sehen, und zwar sieht er Agamemnons Leiche in der Wanne liegen. Sollte sie so herausgetragen worden sein? Neckel scheint es nicht anzunehmen, und ich fände es abgeschmackt. Wenn man aber die Wanne mit der Leiche darin innen stehen sieht, so ist dagegen nichts einzuwenden. Es bleibt also doch beim Ekkyklem, und Klytämestra steht, wenn sie uns sichtbar wird, doch „an dem Platze wo sie ihn erschlug". Dafs in den „Choephoren" die Leichen völlig in der gleichen Weise erscheinen müssen als im „Agamemnon", ist unbedingt einleuchtend. Das sind Parallelszenen. Andeutungen haben wir im Text des Stückes keine. Mit dem v. 973 ἴδεcθε χώραc τὴν διπλῆν τυραννίδα werden sowohl Orestes als die beiden Leichen sichtbar. Die Plötzlichkeit, mit der dies eintritt, kann nicht für das Ekkyklem beweisend sein. A. Müller (S. 142) scheint allerdings geneigt, da, wo vom Heraustragen der Leichen nichts gesagt wird, Ekkyklema anzunehmen. Man darf dieses Argument ex silentio nicht überschätzen, besonders bei Äschylus nicht. Äschylus ist mit Andeutungen über szenische Vorgänge sparsamer als jeder der späteren Dichter. Die Angaben der Scholiasten über Anwendung des Ekkyklems können uns nicht überzeugen. In Soph. Ant. beweist, wie Neckel richtig bemerkt, v. 1301 f. ἡ δ᾽ ὀξύθηκτος ἥδε βωμία πέριξ | λύει κελαινὰ βλέφαρα nicht das Ekkyklem, da ἥδε nur die Anwesenheit von Eurydikens Leiche, nicht die des Altars bezeugt. Wenn er aber auch v. 1293 ὁρᾶν πάρεcτιν· οὐ γὰρ ἐν μυχοῖc ἔτι gegen das Ekkyklem anführt, so urgiert er die Bedeutung des Ekkyklems wieder zu sehr.

Zweimal scheint indes entschieden ein Anzeichen gegen das Heraustragen einer Leiche da zu sein, und das ist der Befehl zum Öffnen der Thüre Soph. El. v. 1458 cιγᾶν ἄνωγα κἀναδεικνύναι πύλαc (der Vers ist nicht intakt) und Eur. Hipp. v. 808 f. χαλᾶτε κλῇθρα, πρόcπολοι, πυλωμάτων, | ἐκλύεθ᾽ ἁρμούc. In beiden Fällen wird mit dem Öffnen der Zweck erreicht, dafs die Leiche sichtbar wird; infolge dessen könnte das „Öffnen der Thüre" hier wohl bedeuten, dafs das Ekkyklem eintritt. Vom Öffnen der Thüre ist auch Soph. Ai. 344 ff. ἀλλ᾽ ἀνοίγετε . . . . ΤΕΚ. ἰδοὺ διοίγω und Eur. Herc. v. 1029 f. ΧΟ. ἴδεcθε, διάνδιχα κλῇθρα | κλίνεται ὑψιπύλων δωμάτων die Rede. Wer das Ekkyklem verwirft, nimmt an, dafs das Öffnen der Thüre genügt habe. Nun ist wohl nicht zu zweifeln, dafs sowohl Aias[1]) als Herakles nicht blofs dem Chor, sondern auch den

---

Ag. sagt er p. 38 „There are many indications that the bodies are in sight of the chorus, but none that they were seen by the whole theatre." Wie stellt sich eigentlich Capps indications der letzteren Art vor?

1) Die toten Tiere brauchen allerdings dem Zuschauer nicht vor

Zuschauern sichtbar werden. Das ist aber durch das blofse Öffnen
der Thüre einfach nicht zu erreichen. Die Thüre ist nicht breit, nur
ein Teil der Zuschauer kann ein Stück weit hinter die geöffnete
Thüre hineinsehen, aufserdem ist es da innen dunkel. Was gesehen
werden soll, mufs zum mindesten auf die Schwelle derselben gebracht
werden. Durch das Ekkyklem wurde aber gerade ermöglicht, eine
Person ein wenig aus der Thüre vorzuschieben. Deshalb nimmt
Neckel für den „Herakles" das Ekkyklem an, und trotzdem für den
„Aias" nicht, obwohl die beiden Fälle so analog sind, dafs sie unseres
Erachtens nicht getrennt werden können.

Bezüglich der „Acharner" und der „Thesmophoriazusen" ist die
Anwendung des Ekkyklems nicht zweifelhaft. Denn beide Male wird
der Ausdruck ἐκκυκλεῖcθαι selbst gebraucht (Ach. 408 f. Thesm. 96.
265). Aus Ach. 409 καταβαίνειν δ᾽ οὐ cχολή und 410 ἀναβάδην
kann man nur schliefsen, dafs der Boden des Ekkyklems hier mehr
als sonst erhöht ist. Equ. 1249 κυλίνδετ᾽ εἴcω τόνδε τὸν δυcδαίμονα ist zwar eine tragisch klingende Phrase, mufs aber nicht auf
das Ekkyklem gedeutet werden.

Über die Darstellung des Phrontisterions in den „Wolken" ist
deswegen so schwer zu sprechen, weil dieses Stück so, wie wir es
haben, nicht zur Aufführung gelangte und besonders in der Szene,
die in und vor dem Phrontisterion spielt, ältere und neu gearbeitete
Partien in widerspruchsvoller Weise neben einander stehen. Noch
schwieriger wird die Sache dadurch, dafs das Phrontisterion ein
wirkliches, solid hergestelltes Häuschen sein mufste, weil es am
Schlufs in Brand gesteckt wird. Nach v. 181 ff.

ἄνοιγ᾽ ἄνοιγ᾽ ἀνύcας τὸ φροντιστήριον,
καὶ δεῖξον ὡς τάχιστά μοι τὸν Cωκράτη.
μαθητιῶ γάρ· ἀλλ᾽ ἄνοιγε τὴν θύραν —

wird das Innere des Phrontisterions mit den Schülern und dem auf
der κρεμάθρα befindlichen Sokrates sichtbar. Wenn hier das Ekkyklem angewendet wurde, so geschah es in einer den übrigen Fällen
ganz analogen Weise, und Neckel hat zu viel behauptet, wenn er
die Anwendung desselben für ausgeschlossen erklärt. A. Müller, auf
den er sich dabei beruft, führt (S. 148) die „Wolken" nicht an, sondern sagt nur, das Ekkyklem sei nicht dazu bestimmt, Gebäude zu
zeigen. Hier handelt es sich gar nicht um ein Gebäude, sondern um
das Innere eines solchen, freilich um den ganzen Innenraum, wovon
uns sonst keine sichere Analogie vorliegt (s. o. S. 656). Vielleicht war
das Ekkyklem doch zu wenig geräumig, um hier das gewünschte Bild
zu geben. Deswegen und wegen der κρεμάθρα, die von oben herab-
hängen mufs, halte ich das Auseinanderziehen der Kulissenwand für
wahrscheinlicher. Beweisen läfst es sich nicht. Der Fall ist ein

---

Augen geführt zu werden; der Chor steht näher und sieht sie infolge
dessen, Neckel a. a. O.

besonderer und vielleicht vom Dichter noch gar nicht mit den praktischen Forderungen der Bühne in Einklang gesetzt. Der Schol. zu v. 184 scheint an das Ekkyklema gedacht zu haben. Der Schol. zu v. 218 mit seinem παρεγκύκλημα kann hier nicht in Betracht kommen. Denn wie E. Droysen p. 25 ff. (er schreibt konsequenter Weise überall παρεκκύκλημα) durch Sammlung der Stellen zeigt, hat dieses Wort bei den Scholiasten die gleiche Bedeutung wie παρεπιγραφή.[1]

Für Eur. Hec. nach 1051, El. 1172, ferner für Soph. Oed. R. 1297, Aristoph. Equ. 1151 (O. Müller, Eumeniden S. 100 ff.) und Equ. 1326 (Niejahr, quaest. Ar. scaen. p. 31) hat man ohne Grund Ekkyklema angenommen.

Aufserdem hat Neckel mit vollem Recht noch in einem Falle die Benutzung des Ekkyklems bestritten.[2] Es handelt sich dabei um einen ganzen Chor, um die Eumeniden nämlich. Es ist eine alte Frage, wann diese zum Vorschein kommen. V. 64, meinen diejenigen, welche in v. 67 καὶ νῦν ἁλούσας τάσδε τὰς μάργους ὁρᾷς einen Beweis sehen, dafs sie nicht nur dem Orestes, sondern auch den Zuschauern sichtbar waren (cf. Scholien; O. Müller, Eumeniden S. 101; Schönborn S. 208; Niejahr, de Poll. loc. p. 16; A. Müller, Philol. Suppl. S. 44); Hermann läfst sie v. 94 erscheinen (De re scenica in Aesch. Or. Opusc. VIII, 158 ff.). In beiden Fällen mufs der Chor, da er noch schläft, auf dem Ekkyklem erscheinen; denn O. Müllers Vorhang ist ja doch nur ein Phantasiegebilde gewesen. Nicht Neckel, sondern Genelli (S. 220) hat zuerst die Ansicht ausgesprochen, dafs der Chor erst 143 ff. erscheint, indem die Eumeniden nacheinander erwachen und aus dem Tempel stürzen. Damit gewinnen wir eine äufserst künstlerische fortwührende Steigerung der Spannung bis zu dem Moment, wo die Erinyen erscheinen, und dieser Moment ist nicht derart, dafs die Aufmerksamkeit der Zuschauer dadurch von anderen wichtigen Vorgängen abgezogen wird, wie dies sowohl v. 64 ff. als v. 94 ff. der Fall wäre; ferner brauchen wir keine Ekkyklema anzunehmen, welches ja für die 12 oder (v. 64, mit Apollon, Hermes und Orestes) 15 Personen gar nicht grofs genug hätte sein können; endlich schliefsen wir uns, was Neckel nicht genug betont, wieder an die alte Überlieferung an, dafs Äschylus die Erinyen einzeln (σποράδην) auftreten lassen und damit einen unglaublich schreckhaften Eindruck auf die Zuschauer gemacht habe (vita Aesch.). Auf das zweite Eintreten der Erinyen kann das nicht mehr passen. Dafs bei den Worten des Apollon v. 179 f. ἔξω, κελεύω, τῶνδε δωμάτων τάχος | χωρεῖτ’ der Chor nicht mehr im Tempel, sondern nur auf dem Vorplatze

---

1) Ich kann mir freilich eigentlich nur denken, dafs παρεκκύκλημα blofs durch eine Art Mifsverständnis, etwa durch Vermittlung der Bedeutung „Nebenhandlung“ zu jenem sonderbaren Sinn gekommen ist, und ursprünglich doch mit dem Ekkyklema zusammenhängt.

2) Ihm schliefst sich P. Richter an (S. 220 ff.).

desselben zu sein braucht, hat bereits G. Hermann (opusc. VI, 2 p. 163)
festgestellt. Er hätte ja sonst das erregte Lied v. 143—178 auf dem
Ekkyklem singen müssen! Unser Ergebnis ist, dafs in Aesch. Eum.
der Innenraum des Tempels weder durch Ekkyklem noch sonstwie
gezeigt wurde, und mit Absicht haben wir oben bei Besprechung
von Aristoph. Thesm. 277 ff. gesagt, es gebe kein Stück, wo der
ganze Innenraum eines Gebäudes dargestellt sei, aufser den ,,Wolken".

Ein Moment, das beim Ekkyklem Schwierigkeiten macht, hat
Neckel gar nicht erwähnt: wie durch dieselbe Thür, aus der das
Ekkyklem herausgeschoben ist, eine andere Person auftreten oder
abgehen kann. In Aristoph. Ach. ist dies zwar nicht notwendig, da
alle Gegenstände, welche Euripides dem Dikaiopolis verabreichen
läfst, auf dem Ekkyklem sein können, aber Thesm. 238 läfst sich
Euripides einen Leuchter (λύχνον) aus dem Haus bringen (ἔνδοθεν),
und in Eur. Her. tritt Amphitryon v. 1040 f. (πρέϲβυϲ ὑϲτέρῳ ποδὶ |
πικρὰν διώκων ἤλυϲιν πάρεϲθ' ὅδε) in dieser Weise auf; eine zweite
Thüre ist nicht dazu vorhanden. Man ist daher gezwungen anzunehmen, dafs entweder neben dem Ekkyklem noch Platz für das
Auftreten einer Person gewesen sei, oder dafs dieses so weit aus der
Thüre vorgeschoben war, dafs man hinter ihm herausgehen konnte
(A. Müller S. 143). Uns fehlt natürlich darüber jede Anschauung.
Es braucht wohl nicht erwähnt zu werden, dafs das Herausschieben
des Ekkyklems auf einer nicht einmal 3 m. tiefen Bühne äufserst
unangenehm und platzraubend gewesen sein mufs.

Beschäftigen wir uns im Anschlufs an das Ekkyklema gleich
noch mit andern bühnentechnischen Vorrichtungen!

Wo erscheinen Personen in der Höhe?

Eine neue Untersuchung von Crusius, zu den Bühnenaltertümern, Philologus XLVIII, 696—705, hat es sehr wahrscheinlich
gemacht, dafs zum Heben von Personen, die in der Luft schwebend
erscheinen, nur eine Maschine vorhanden war, die gewöhnlich
schlechthin μηχανή, von den Komikern κράδη genannt wird und
deren technische Bezeichnung vielleicht γέρανος war (oder αἰώρημα!).
(Vgl. übrigens Wecklein, Philologus XXXI, 451.) Das ist also die
Flugmaschine. Dann gab es aber auch ein θεολογεῖον, auf dem
Götter in ruhiger Stellung erschienen; Pollux IV, 130 bringt ein Beispiel aus der ,,Ψυχοϲταϲία". Es scheint eine Oberbühne gewesen zu
sein, ein Balkon, auf dem die betreffenden Gottheiten vorgeschoben
wurden (Luc. Philops. 29 spricht von θεὸν ἀπὸ μηχανῆϲ ἐπεισκυ-
κλεῖν; Pollux führt IV, 127 das θεολογεῖον unter den Maschinen an).
Wie diese Vorrichtungen beschaffen waren und gehandhabt wurden,
sind natürlich technische Fragen. Wo in den erhaltenen Dramen
von der einen und wo von der anderen Einrichtung Gebrauch gemacht wurde, das zu bestimmen ist schwierig und zum Teil unmög-

lich mangels genügender Andeutungen im Text. Eine wichtige Anregung verdanken wir auch hier wieder Wilamowitz, der in einer kurzen, aber fast das ganze Material überblickenden Anmerkung Herakles I 354 (wozu II, 53) das Auftreten der Götter auf der Bühne, das Erscheinen mittels Flugmaschine und das Erscheinen auf dem Götterbalkon (θεολογεῖον) untersucht. Er hält die Flugmaschine für älter als das θεολογεῖον und von letzterem verdrängt. Wir wollen das Material daraufhin nochmal mustern.

Zunächst scheint uns die Bemerkung von der Flugmaschine, „die Äschylus so oft anwendet“ (Herakles II, 53), einer starken Einschränkung bedürftig. Der älteste Fall wäre der der Okeaniden im „Prometheus“. Ihr Erscheinen soll entschieden als eine Luftfahrt gedacht werden; Prometheus hört sie nahen, sieht sie aber noch nicht; sie scheinen sich ihm von der Seite zu nähern, während er infolge seiner Lage nur geradeaus zu sehen vermag.[1]) Sie kommen auf einem Flügelwagen. Das geht aus dem Texte hervor. Die Illusion würde nur dann vollständig gewahrt, wenn sie auch durch die Luft schwebten, doch geht das, glaube ich, über das technische Können der ältesten Bühne hinaus. In dieser Beziehung muſs Todt (Noch einmal die Bühne des Äsch., Philol. XLVIII, 505 ff.) widersprochen werden. Er, der das Versinken des Chors am Schlusse des „Prometheus“ für undurchführbar hält, weil er den alten Maschinisten diese Leistung nicht zutraut, glaubt, daſs man den ganzen Chor auf einer Flugmaschine hineinbefördert habe, auf der das Leben und die gesunden Glieder[2]) von 12 athenischen Bürgern doch ungleich mehr gefährdet waren! Meines Wissens kommt es selbst heutzutage auf der Bühne nicht vor, daſs so viele Personen mittels einer Flugmaschine gehoben werden.

Prinzipiell ist deshalb die Sache so wichtig, weil der älteste Fall von Anwendung einer Flugmaschine, den wir nachweisen können, unbedingt nicht nur das Vorhandensein einer Bühnenwand involviert, sondern die Existenz eines mindestens zweistöckigen Bühnengebäudes, in dessen oberem Stockwerk man bereits begonnen hatte eine komplizierte Maschinerie einzurichten. Über das Alter des „Prometheus“ ist zwar immer noch keine Einigung erzielt, aber wahrscheinlich ist er — nach den von Christ, Litteraturgesch.[2] S. 185 gegebenen Anzeichen — doch 466 aufgeführt. In dieser Zeit ist das schon im allgemeinen äuſserst schwierige bühnentechnische Kunststück doppelt unwahrscheinlich; die daraus zu ziehenden Konsequenzen, d. h. also Vorhandensein einer zweistöckigen σκηνή mit Schnürboden zur Zeit der „Prometheus“-Aufführung sind daher abzulehnen. Todt zieht diese Konsequenzen; er freut sich natürlich, daſs er aus einem so

1) Warum sieht eigentlich Prometheus den Hermes v. 941 kommen, dagegen die Okeaniden nicht sofort?
2) S. 625.

alten Stück bereits diesen Stand der Bühne nachweisen kann. Wilamowitz („Die Bühne des Äschylus") hatte den „Prometheus" noch
für die kreisrunde Bühne in Anspruch genommen.[1]) Er nimmt an,
dafs die Okeaniden auf einem hohen Wagen auf den Spielplatz ge-
rollt wurden. Letzteres ist auch A. Müllers Ansicht (Philol. Suppl.
S. 44), und da der Wagen genannt wird (v. 133, cf. 272. 280), sein
Fliegen uns undenkbar erscheint, so bleiben wir dabei. Dann mufs
wohl auch Okeanos auf diese Weise ankommen, der Gleichheitlichkeit
wegen. Man darf dem Dichter nicht verwehren, von einer Luftfahrt zu sprechen, wenn nicht buchstäblich jedes seiner Worte auch
auf dem Theater ausgeführt werden konnte. Nein, wir glauben, dafs
die Worte des Dichters mächtig genug sind, die Illusion
wenn nötig zu ersetzen. Sehr hübsch führt Niejahr in den Quaest.
Ar. scaen. p. 11 f. (er spricht von den Periakten) aus, dafs die Dichter
oft durch gröfseren Aufwand von Worten und eingehendere Schil-
derung den Zweck verfolgen, der Phantasie der Zuschauer das nahe
zu bringen, was nicht auf der Bühne dargestellt war.

Bezüglich der Art, wie Hermes 941 auftritt, könnte ein Zweifel
bestehen. Doch ist kein Anhaltspunkt dafür da, dafs er durch die
Luft kommt. Die Worte des Prometheus 941 ff. erlauben gar keinen
Schlufs, abgesehen davon, dafs Hermes als Διὸς τρόχις (Läufer) bezeichnet ist. Im Widerspruch gegen Schönborn, der in diesem Drama
den ausgiebigsten Gebrauch von den „Balkonen" seiner Skenenwand
macht — das ganze Stück soll in der Höhe auf den Balkonen spielen —
halte ich das Auftreten zu Fufs nicht für des Hermes unwürdig,
ebensowenig einen dem Platz des Prometheus gegenüber niederen
Standpunkt, und glaube, dafs er nach v. 1079 Zeit gehabt hat, in
würdevoller Weise sich zu entfernen.

P. Richter meint (S. 220), in den „Eumeniden" sei Apollon
v. 64 nicht mit Orestes aus dem Tempel getreten, sondern habe aus
der Luft, von der Flugmaschine herab zu ihm gesprochen. Es ist
das eine blofse Vermutung, denn der Text bietet nichts, woraus ein
Beweis erbracht werden könnte. Mir ist die Sache nicht blofs deswegen unwahrscheinlich, weil Richter sofort bezüglich des Hermes
in Verlegenheit kommt, den er auch auf die Maschine stellen mufs
und nicht mit Orestes abgehen lassen kann, sondern hauptsächlich
deswegen, weil ich nicht weifs, wie Orestes dazu käme, das einmal
gewonnene schützende Asyl auf eigene Faust wieder zu verlassen;
denn wo er ein anderes findet, weifs er ja noch nicht, es bedarf doch
erst der ermutigenden Aufforderung Apollons und der Mitteilung,

---

1) Es ist nicht einzusehen, warum Todt S. 522 die Äufserung von
Wilamowitz, von einer Hinterwand sei keine Rede, gerade in dem Sinn
von „im Stück wird nicht von der Hinterwand gesprochen" auffafst und
sich dagegen ereifert. Eine so intelligenzlose Bemerkung, wie er sie
damit Wilamowitz zutraut, würde er sich selbst schwerlich unterschieben
lassen.

dafs er in Athen Schutz finden werde, um ihn zum Fortgehen zu bringen. Daher scheint es, dafs Apollon erst zu Orestes hingetreten ist und ihn aus dem Tempel herausführt, wo wir dann Zeuge ihres weiteren Gesprächs sind.

Über Aesch. Eum. 397 ff. hat man von jeher gestritten. Wilamowitz sagt, die Athene sei sicher per Flugmaschine gekommen, P. Richter läfst sie „auftreten", A. Müller (S. 134) auf einem bespannten Wagen hereinfahren. Die Sache liegt so. In den Worten der Göttin v. 403 ff.

> ἔνθεν διώκους᾽ ἦλθον ἄτρυτον πόδα,
> πτερῶν ἄτερ᾽ ῥοιβδοῦςα κόλπον αἰγίδος,
> πώλοις ἀκμαίοις τόνδ᾽ ἐπιζεύξας᾽ ὄχον,

werden unvereinbare Angaben gemacht. Entweder kommt die Göttin ἄτρυτον πόδα διώκουσα unter dem Sausen der geschwungenen (als Segel benutzten, Schol.) Aegis, oder auf einem mit πῶλοι ἀκμαῖοι bespannten Wagen. Es kommt also ganz darauf an, wie man den Text herstellt. Paley wollte v. 404 oder 405 auswerfen; aber 403 und 404 sind unzertrennlich; und v. 403 enthält das Hauptverbum (ἦλθον); also ist 405 entweder eingeschoben oder fehlerhaft überliefert (κώλοις(!?) Wakefield, οὐκ ἐπιζεύξας᾽ Pauw, πνοαῖς ἀκμαίοις Weil).[1]) Wilamowitz, Herakles II, 153 Note 63 hat wahrscheinlich das Richtige: v. 405 eine Schauspielerinterpolation aus einer Zeit, der das Fliegen durch die Luft zu einfach war. Auf jeden Fall ist der Wagen ganz schlecht bezeugt. Athene ist vielmehr ohne Flügel und ohne Wagen vom Skamander her durch die Luft geeilt. Damit ist aber nicht gesagt, dafs sie notwendig auch auf der Bühne noch schwebend erscheinen mufs, statt einfach von der linken Seite her zu Fufs aufzutreten. Sie geht v. 489 zu Fufs nach der Stadt hin ab. Das ist ziemlich allgemein angenommen. Sie müfste also jedenfalls den Boden des Logeions mit der Maschine erreichen. Die Maschine müfste dann ohne die Göttin wieder fortschweben. Da soll sie lieber gleich zu Fufs auftreten. Der Text legt dem nichts in den Weg.

Der Gebrauch der Flugmaschine ist daher bei Äschylus in den erhaltenen Dramen nicht nachzuweisen. Dagegen hat er in der Ψυχοστασία sicher eine Art Götterbalkon (θεολογεῖον) verwendet. In den älteren Stücken des Sophokles ist weder das eine noch das andere zu konstatieren. Die „Medea" des Euripides nennt Wilamowitz in dem oben berührten Zusammenhange (II, 53 „die Flugmaschine, die Äschylus so oft anwendet, auf der noch Medeia abfährt") so, als ob sie das letzte oder eines der letzten Stücke wäre, in welchen geflogen wird. Ich finde vielmehr, dafs es das älteste ist, in dem dies sicher geschieht. Es müfste denn der „Bellerophontes"

---

1) Auch zu v. 403 sind Änderungen vorgeschlagen worden, die aber den Hauptgedanken nicht alterieren

älter sein (aufgeführt vor 425, cf. Aristoph. Ach. 426 ff.). Abgesehen
von diesen beiden Fällen ergibt sich eine Bewegung durch die Luft,
also eine Anwendung einer Flug- oder Hebemaschine, an folgenden
Stellen aus dem Text.

    Eur. Andr. 1226 ff.:

        XO. τί κεκίνηται; τίνος αἰσθάνομαι
           θείου; κοῦραι, λεύσσετ' ἀθρήσατε·
           δαίμων ὅδε τις λευκὴν αἰθέρα
           πορθμευόμενος τῶν ἱπποβότων
           Φθίας πεδίων ἐπιβαίνει.

    Aristoph. Pax 80 f.

        ὁ δεσπότης γάρ μου μετέωρος αἴρεται
        ἱππηδὸν ἐς τὸν ἀέρ' ἐπὶ τοῦ κανθάρου.

Die Anrede an den μηχανοποιός v. 174 hat keinen Sinn, wenn Trygaios auf seinem Platze bleibt und die Dekoration um ihn her herabgelassen wird, wie E. Droysen p. 50 nach Geppert annimmt. Auch
hat Niejahr (Quaest. Ar. scaen. p. 21 f.) nicht, wie A. Müller S. 152
angibt, glaublich gemacht, dafs Trygaios sich über das Logeion
nur wenig erhebt, dann aber wieder niedergelassen und das Logeion
als Olymp angesehen wird. Die Wohnung der Götter mufs höher
liegen als die des Trygaios, und solange man ein hohes Logeion
annimmt, mufs man auch die Szenen bei dem Haus des Trygaios
auf, nicht vor dasselbe verlegen.

    Eur. Ion 1549 f.

        ἔα· τίς οἴκων θυοδόκων ὑπερτελὴς
        ἀντήλιον πρόσωπον ἐκφαίνει θεῶν;

    1555 f. ἐπώνυμος δὲ σῆς ἀφικόμην χθονὸς
        Παλλάς, δρόμῳ σπεύσας' ....

    1570 ἐφ' οἷσιν ἔζευξ' ἅρματ' ....

    [Eur.] Rhes. 886 ff.

        τίς ὑπὲρ κεφαλῆς θεός, ὦ βασιλεῦ,
        τὸν νεόδμητον νεκρὸν ἐν χειροῖν
        φοράδην πέμπει;
        ταρβῶ λεύσσων τόδε φάσμα.

Bei Aristoph. Av. 1199 ff. (Iris) ist die Sache doch auch nicht
so zweifelhaft als A. Müller (S. 152) es darstellt.

v. 1172 f. τῶν γὰρ θεῶν τις ἄρτι τῶν παρὰ τοῦ Διὸς
        διὰ τῶν πυλῶν εἰσέπτετ' ἐς τὸν ἀέρα.

    1176 f.   ὅτι δ' εἶχε πτερά,
        τοῦτ' ἴσμεν.

    1197 ff. ὡς ἐγγὺς ἤδη δαίμονος πεδαρσίου
        δίνης πτερωτὸς φθόγγος ἐξακούεται.

    ΠΕΙΘ. αὕτη σὺ ποῖ; ποῖ ποῖ πέτει; μέν' ἥσυχος,
        ἔχ' ἀτρέμας· αὐτοῦ στῆθ'· ἐπίσχες τοῦ δρόμου.

1229 f. φράϲον δέ τοί μοι τὼ πτέρυγε ποῖ ναυϲτολεῖϲ;
   IP. ἐγώ; πρὸϲ ἀνθρώπουϲ πέτομαι παρὰ τοῦ πατρόϲ·
1260   ἑτέρωϲε πετομένη.

Eine solche Stelle würde vielleicht nichts beweisen, alle mitsammen genügen sie wohl zu dem Nachweis, daſs Iris wirklich geflogen kam.

Streiten kann man dagegen über Aristoph. Thesm. 1010 ff. und
1098 ff. Schönborn gibt wenig Aufschluſs über die Stelle, Niejahr
gar nicht, Droysen p. 69 erklärt sich gegen die Anwendung einer
Maschine, da sie nicht notwendig sei. Es handelt sich darum, wie der
wirkliche Perseus in Euripides' „Andromeda" erschienen ist, und
darnach richtet sich, was hier notwendig ist. Das erstemal sagt
Mnesilochos:

v. 1010 ff.   ἀνὴρ ἔοικεν οὐ προδώϲειν, ἀλλά μοι
         ϲημεῖον ὑπεδήλωϲε Περϲεὺϲ ἐκδραμὼν

         . . . .

         ἥξει με ϲώϲων· οὐ γὰρ ἂν παρέπτετο.

Hier scheint Euripides-Perseus in der That vorübergehend in der
Höhe oben sichtbar geworden zu sein. 1098 kommt er dann — dazwischen spielt die köstliche Echoszene — wirklich herbei. Die Verse

   ὦ θεοὶ τίν᾽ ἐϲ γῆν βαρβάρων ἀφίγμεθα
   ταχεῖ πεδίλῳ; διὰ μέϲου γὰρ αἰθέροϲ
   τέμνων κέλευθον πόδα τίθημ᾽ ὑπόπτερον

beweisen nichts für oder gegen das Fliegen. Aber v. 1115 f.

   φέρε δεῦρό μοι τὴν χεῖρ᾽ ἵν᾽ ἄψωμαι κόρηϲ, | φέρε Ϲκύθ᾽

sind doch nur so zu erklären, daſs Euripides-Perseus auf der Maschine
steht und die Unterstützung des Skythen in Anspruch nimmt, um
herunter und zu seiner Andromeda hin zu gelangen.

Das Erscheinen von Göttern in der Höhe ist durch die
Worte des Dichters auſserdem angedeutet:
Eur. Herc. 812 ff.

                     ἔα ἔα·
   ἆρ᾽ εἰϲ τὸν αὐτὸν πίτυλον ἥκομεν φόβου,
   γέροντεϲ, οἷον φάϲμ᾽ ὑπὲρ δόμων ὁρῶ;
Gemäſs v. 872 f.

   ϲτεῖχ᾽ ἐϲ Οὔλυμπον πεδαίρουϲ᾽, Ἶρι, γενναῖον πόδα·
   εἰϲ δόμουϲ δ᾽ ἡμεῖϲ ἄφαντοι δυϲόμεϲθ᾽ Ἡρακλέουϲ

verschwindet Iris nach oben, Lyssa nach unten.
Eur. El. 1223 ff.

   ἀλλ᾽ οἵδε δόμων ὑπὲρ ἀκροτάτων
   φαίνουϲί τινεϲ δαίμονεϲ ἢ θεῶν
   τῶν οὐρανίων; οὐ γὰρ θνητῶν γ᾽
   ἥδε κέλευθοϲ.

(Or. 1625 ff. ist zweifelhaft, da der v. 1631 ἥδ' ἐcτίν, ἣν ὁρᾶτ' ἐν αἰθέροc πτυχαῖc von Nauck angefochten ist. Vgl. 1683 f. ἐγὼ δ' | Ἑλένην Δίοιc μελάθροιc πελάcω.)

Soph. Phil. 1420 (Herakles)

       ἀθάνατον ἀρετὴν ἔcχον, ὡc πάρεcθ' ὁρᾶν.

Plötzlich und ohne Ankündigung erscheinen Götter in folgenden Fällen:

       Eur. Suppl. 1183 Athene.

           Iph. T. 1435 Athene.

           Hel. 1642 Dioskuren.

    [Eur.] Rhes. 595 Athene.

Die Stelle Eur. Bacch. 1330 ist lückenhaft.

In folgenden Fällen ist ein Auftreten der Götter auf dem Logeion angedeutet:

       Eur. Alc. v. 22 f. (Apollon)

           ἐγὼ δέ, μὴ μίαcμά μ' ἐν δόμοιc κίχῃ,

           λείπω μελάθρων τῶνδε φιλτάτην cτέγην.

       Hipp. v. 53 (Aphrodite)

           ἔξω τῶνδε βήcομαι τόπων.

       Ion v. 76 (Hermes)

           ἀλλ' εἰc δαφνώδη γύαλα βήcομαι τάδε.

       Bacch. v. 1 ff. (Dionysos)·

           ἥκω Διὸc παῖc τήνδε Θηβαίων χθόνα

      . . . .

           μορφὴν δ' ἀμείψαc ἐκ θεοῦ βροτηcίαν.

Wahrscheinlich ist es bei Athene in Soph. Ai. (κἂν ἄποπτοc ἦc ὅμωc v. 15 ist nur als allgemeine Bemerkung zu fassen, „selbst dann wenn du mir fern" — wir sagen nicht „unsichtbar", denn dem Aias war sie sichtbar, warum nicht auch dem Odysseus! Die Stichomythien ferner machen sich nur gut, falls Athene dem Odysseus und Aias nahe gegenübersteht, vgl. Schönborn S. 249. Drittens erblickt Aias die Göttin sofort beim Heraustreten aus dem Zelt.)

Eur. Hipp. v. 1283 (Artemis; v. 1440 sagt Hippolyt zu ihr χαίρουcα καὶ cὺ cτεῖχε, παρθέν' ὀλβία. Vgl. Wilamowitz Hippolytos z. St. Wenn 1391 ff. Hippolyt die Göttin wirklich nicht sieht, so spricht das nicht dagegen).

Eur. Tro. v. 1 (Poseidon ἥκω λιπὼν Αἴγαιον ἁλμυρὸν βάθοc) und v. 48 (Athene; auf dem Logeion jedenfalls, wenn Poseidon dort erscheint; nach ἕρπ' Ὄλυμπον 92 braucht sie nicht nach oben zu verschwinden).

Aus all dem ergibt sich, daſs man im allgemeinen mit Recht die Göttererscheinungen im Prolog und die am Schluſs der Dramen geschieden hat.[1]

---

1) S. A. Müller S. 151. Wilamowitz I 354.

a) Die den Prolog sprechenden Götter treten, wie sich aus Andeutungen teils sicher erkennen, teils vermuten läfst, auf der Bühne auf; es ist dies ja auch sehr wohl vereinbar mit den Anschauungen, welche die Griechen von ihren Göttern hatten. Sie liefsen sie doch nicht immer im Olymp thronen, sondern auch fleifsig in direkten Verkehr mit den Menschen treten.

b) Die am Schlusse von Dramen (einmal in der Mitte) eingreifenden werden in der Regel wirkliche dei ex machina gewesen sein, da bei einigen das Erscheinen in der Höhe feststeht, bei anderen das Sichtbarwerden ein plötzliches, unvermitteltes ist. Nur Artemis im „Hippolyt" scheint eine Ausnahme zu machen, falls es nicht gewagt ist, dies aus dem einen Worte cτεῖχε zu schliefsen. Die Sitte oder Unsitte der dei ex machina und die Neigung, einen ausschweifenden Gebrauch von den Maschinen zu machen, war eben im J. 428 noch nicht so eingerissen.

Ich kann nun kein Anzeichen verschiedener Arten des Erscheinens darin erblicken, wenn einmal eine Flugbewegung angedeutet wird, ein anderesmal der Gott plötzlich da ist. A. Müller geht hierin sehr weit. Er unterscheidet Aufschweben von unten, Herabschweben von oben und Erscheinen in ruhiger Stellung, für welch letzteres er das θεολογεῖον in Anspruch nimmt. Wir möchten das Resultat unserer vorstehenden Übersicht in folgenden Punkten zusammenfassen:

1) Es ist nicht nachgewiesen, dafs Äschylus die Flugmaschine anwandte, wohl aber brauchte er einmal einen Götterbalkon, was durch hinreichend zuverlässige Überlieferung beglaubigt ist.

2) Es ist daher unrichtig, dafs die Flugmaschine das ältere, das θεολογεῖον erst später aufgekommen sei. Sichere Beispiele von dem Erscheinen von Göttern u. s. w. im Fluge haben wir von 431 („Medea") an, und noch in Aristoph. Av. (414). Eur. Ion. [Eur.] Rhes.

3) Weitere Kennzeichen als die Erwähnung des Fliegens haben wir nicht; auf eine Entscheidung über die Art, wie das Erscheinen in den übrigen Fällen bewirkt wurde, müssen wir daher verzichten; ausgenommen das Auftreten der Götter auf dem Logeion, s. o.

4) Soll aber ein Unterschied zwischen dem θεολογεῖον und der Maschine, womit die Götter schwebend dargestellt wurden, bestehen, und aller Wahrscheinlichkeit nach bestand ein solcher, dann halten wir die Flug- oder Hebemaschine, mag man sie nun μηχανή oder αἰώρημα oder γέρανος nennen, für eine vollkommenere Einrichtung als einen Balkon, auf den jemand heraustritt oder mit dem jemand vorgeschoben wird, daher für eine jener Zeit, wo die Götter in den Tragödien nur so herumflogen, zuzutrauende Erfindung. Damit ist nicht gesagt, dafs sie das θεολογεῖον verdrängt habe. Dagegen spricht schon der Name, denn der wird doch schwerlich älter sein als das Wort λογεῖον, das bekanntlich im 5. und 4. Jahrh. fehlt.[1])

---

1) Reisch, Zeitschrift für die österr. Gymn. 1887, 277.

Die Oberbühne ist überhaupt nicht zu entbehren. Es ist ja bekannt und steht fest, dafs auf dem Dach der jeweilig dargestellten Gebäude oder sonst in der Höhe in vielen Stücken solide Vorrichtungen sein mufsten, welche den Schauspielern den Aufenthalt und die Bewegung daselbst gestatteten. Die betreffenden Fälle sind bei A. Müller S. 140 f. zusammengestellt, und es ist dem nichts mehr hinzuzufügen, als dafs, wie wir glauben, auch im mittleren Teile von Aristoph. Pax die Schauspieler dort oben agierten.

Diesen oberen Raum haben wir im Theater von Epidauros, falls die säulengeschmückte Wand das προσκήνιον, nicht das ὑποσκήνιον ist, solid in Stein aufgeführt. Das, was man früher als Logeion betrachtet hat, verwandelt sich somit in ein θεολογεῖον. Götter werden nicht mehr oft von dieser Plattform aus gesprochen haben, aber in vielen Stücken wird man sie gebraucht haben, war sie auch nicht mehr so leicht veränderlich und allen Bedürfnissen anzupassen wie die Holzgerüste des 5. Jahrhunderts. Die szenischen Bedürfnisse waren ja auch geringer geworden. Noch später stand Nero da oben und sah den Gladiatoren zu, Suet. Ner. 26.

Das Aufsteigen von Personen aus der Unterwelt.

Durch eine der interessantesten Errungenschaften der Theaterausgrabungen haben wir jetzt Kenntnis davon, wie das Theater des 4. Jahrh. das Erscheinen von Personen von unten herauf bewerkstelligte. In Eretria, dann in Sikyon, Magnesia, Tralles sind unterirdische Gänge gefunden worden, die vom Bühnengebäude her gegen den Mittelpunkt der Orchestra führen (Pickard S. 18 f. 22). Es war einer der wichtigsten Gründe, die man für die Existenz eines hohen Bühnengerüstes anführen konnte, dafs die in den Dramen erscheinenden Geister einen Raum brauchen, aus dem sie aufsteigen können. Dieser Einwand ist nun gegenstandslos geworden, denn nunmehr kann Dörpfeld auch mit einem solchen Raum — wenn auch noch nicht in Athen — dienen. Der Sinn von Pollux' Rede (IV, 132) bleibt zwar nach wie vor dunkel, was der Unterschied zwischen den ἀναπιέσματα und den χαρώνιοι κλίμακες war und wie sie beide gebraucht wurden, darüber wird man sich schwerlich je einigen.[1]) Aus welcher Zeit die Einrichtung dieser doppelten Art von Versenkungen stammt, die uns Pollux da beschreibt, oder vielmehr nicht beschreibt, wissen wir ebenfalls nicht. Wir wollen im Folgenden nochmals feststellen suchen, ob und wie oft in den uns erhaltenen Dramen eine

---

1) Poll. IV, 132 αἱ δὲ χαρώνιοι κλίμακες, κατὰ τὰς ἐκ τῶν ἐδωλίων καθόδους κείμεναι, τὰ εἴδωλα ἀπ᾽ αὐτῶν ἀναπέμπουσιν· τὰ δὲ ἀναπιέσματα, τὸ μέν ἐστιν ἐν τῇ σκηνῇ ὡς ποταμὸν ἀνελθεῖν ἢ τοιοῦτόν τι πρόσωπον, τὸ δὲ περὶ τοὺς ἀναβαθμούς, ἀφ᾽ ὧν ἀνέβαινον Ἐρινύες. Vgl. namentlich A. Müller, Philologus XXIII, 835 f. XXXV, 304. Wecklein ebenda XXXI, 442.

Versenkungsvorrichtung gebraucht wurde. Dabei geben wir aber im
voraus ausdrücklich zu, dafs die Notwendigkeit einer solchen Vor-
richtung noch nicht beweisen würde, dafs im 5. Jahrh. bereits ein
unterirdischer Hohlraum ähnlich dem in Eretria gefundenen da war.
Ebensogut kann ein über dem Boden erhöhtes Gerüst den Hohlraum dargeboten haben. Denn nur dies, dafs wir ein solches nicht
notwendig anzunehmen brauchen, können wir mit Berufung
auf den Fund von Eretria sagen. Weiter als dazu bringt uns die
Frage des Aufsteigens und Versinkens von Personen noch nicht.

1) Der Schatten des Dareios in den „Persern" mufs von unten
aufsteigen und wieder nach unten versinken. Darauf führen uns die
Worte des Dichters

> v. 630 πέμψατ᾽ ἔνερθε ψυχὴν ἐc φῶc
> 645 πέμπετε δ᾽ ἄνω
> 697 ἐπεὶ κάτωθεν ἦλθον
> 839 ἐγὼ δ᾽ ἄπειμι γῆc ὑπὸ Ζοφὸν κάτω.

Das Heraustreten auf einen Balkon der Skenenwand, wodurch er
scheinbar auf den Gipfel des Grabhügels zu stehen käme (Schönborn;
Teuffel-Wecklein Ausgabe, Einleitung), genügt, glaube ich, nicht.
Ich halte es für illusionsstörend, ganz abgesehen davon, dafs dann
damals schon das Skenengebäude ein zweites Stockwerk und Balkone
gehabt haben müfste, was man hoffentlich nicht aus diesem Stück
wird beweisen wollen. Gerade für die „Perser" wird doch sogar
noch die Existenz einer Hinterwand überhaupt geleugnet! Aber mit
Unrecht. Wilamowitz hätte seiner Orchestrahypothese sehr genützt,
hätte er den in Rede stehenden szenischen Vorgang sowie den am
Schlusse des „Prometheus" erklärt. Aber er verzichtet darauf. Nun
ist es klar, dafs auf einem freien Tanzplatz, der nach keiner Seite
durch eine Bühnenwand abgegrenzt war, den Augen der Zuschauer
nichts verborgen werden konnte, und dafs wir den Schauspieler, der
vorher (bis 514) den Boten spielen mufste, nicht ungesehen in den
in der Mitte des Ganzen stehenden hügelartigen Bau bringen können;
man müfste denn den unterirdischen Gang (von Eretria) für älter
als alle anderen Bühnenvorrichtungen, selbst die cκηνή, halten.
Wenn man dies nicht thut, so darf eben das Grab des Dareios nicht
den Mittelpunkt des Spielplatzes einnehmen, sondern mufs an die
eine Seite desselben in eine solche Nähe der cκηνή (wir sagen
absichtlich noch nicht „Bühnenhinterwand") verlegt werden, dafs
zwischen dieser und dem Grabmal eine den Zuschauern unsichtbare
Verbindung hergestellt werden konnte. So weit sprechen wir noch
ungefähr im Sinne der Todtschen Beweisführung. Die „Perser" verlangen statt eines kreisrunden, überallhin freien Spielplatzes einen
nach einer Seite abgeschlossenen. Aber ein hohes Bühnengerüst
verlangen sie aus dem einfachen Grunde nicht, weil der Grabhügel
des Dareios selbst hoch und geräumig genug ist, um einem Schau-

spieler den Aufenthalt darin zu ermöglichen, wenn er nur Gelegenheit hat, von rückwärts ungesehen hineinzugelangen. Das Grabmal kann also auf ebenem Boden errichtet sein, einen weiteren Versenkungsraum brauchen wir nicht. Das hat auch P. Richter (S. 103 f.) konstatiert.

2) Am Schlusse des „Prometheus" muſs der Held unter Blitz und Donner in den Boden versinken. Man nimmt gewöhnlich an, der Titan sei durch eine Puppe dargestellt gewesen (so auch Wilamowitz). Dann macht sich das Versinken noch leichter, als wenn der Schauspieler selbst am Felsen hing. Aber unmöglich ist es im letztgenannten Falle auch nicht, und bei einer Puppe liegt die Gefahr, daſs die Würde der äschyleischen Bühne verletzt wurde, allzu nahe, weshalb ich nicht recht daran glauben kann. Mit einer Puppe kann man, auch wenn sie noch so gut gemacht ist, Illusion schwerlich erzielen, und so wird sie lächerlich. Die Anstrengung des Schauspielers, der als Prometheus das ganze Stück hindurch am Felsen hängen muſs, ist keine so unmenschliche, wenigstens wird sie in unserer Zeit sowohl bei Wiedergabe des „Prometheus" als in Vorführungen, wo ähnliche Leistungen gefordert werden, einem Manne zugemutet.[1]) Eine andere Frage ist, was wir mit dem Chor am Schlusse machen. Den Worten der Dichtung wäre es am angemessensten, wenn er mit Prometheus versinken würde. Hermes mahnt die Okeaniden, sie mögen eilig den Ort verlassen, 1058 ff., worauf sie sich mit Prometheus solidarisch erklären, 1067 ff. Infolge dessen kündigt ihnen Hermes an, daſs sie sich mit ins Unglück stürzen, 1071 ff. Jetzt darf doch der Chor seinen Entschluſs nicht mehr ändern. Das wäre unwürdig. A. Müller hält es für das Richtige, daſs der Chor mit versinkt.[2]) C. Fr. Müller läſst ihn wieder davonfliegen (S. 18), und zwar nimmt er mehrere Flügelwagen an, etwa für je zwei Okeaniden einen (S. 14). Todt läſst ihn bei Beginn des Gewitters und Erdbebens lautlos in den Klüften der Felsen verschwinden. Es ist zuzugeben, daſs der letzte Ausweg durch den Text nicht gerade ausgeschlossen wird, so daſs es sich wesentlich um die bühnentechnische Frage dreht. Non liquet.[3])

---

1) Gegen die Darstellung durch eine Puppe ausführlich C. Fr. Müller, die szenische Darstellung des äschyleischen Prometheus, Stade 1871 S. 7 ff. Wir müssen nicht um jeden Preis mit zwei Schauspielern auskommen, da uns nichts zwingt, den Prometheus vor das Auftreten des Soph. zu setzen (vgl. Christ² S. 185). Auch ist ein Unterschied zwischen dem dritten Schauspieler, der als wesentliches Glied des ganzen dramatischen Baues fungiert und ein bei der ganzen Anlage desselben ausgenütztes Kunstmittel bildet, und einer aus momentanem Bedürfnis an einer Stelle des Dramas beigezogenen Hilfsperson, die man Parachoregem nennt. Der vollgültigen Rezeption des dritten Schauspielers geht ein Übergangszustand vorher (vgl. auch P. Richter S. 50 f.).

2) Philol. Suppl. S. 44. Ebenso Capps, The stage in the Greek theatre p. 20. P. Richter S. 80.

3) Ich höre, daſs man bei einer Aufführung des „Prometheus" in

Nun hat aber Todt geglaubt, aus dem Versinken des Prometheus ergebe sich unbedingt die Existenz des hohen Logeions in äschyleischer Zeit; das ist nicht richtig. Gar nichts ergibt sich daraus als die Notwendigkeit eines nach einer Seite abgeschlossenen Spielplatzes, wie wir ihn auch für die „Perser" gefordert haben. Denn das Versinken des Felsens mit dem angeschmiedeten Helden setzt wieder einen Mechanismus voraus, der nicht in der Mitte des leeren, kreisrunden Spielplatzes (Orchestra), sondern nur unter dem Schutze einer Skenenwand in Bewegung gesetzt werden kann, welche die Vorbereitungen zum Herablassen des Felsens verbirgt. Die Gesamthöhe des Aufbaues, des Teils also, der versinkt, und desjenigen Raums, in den er versinkt, schätzt Todt auf 24 Fuß. Sagen wir im Vergleichswege 20 Fuß. Kann nun Todt beweisen, daß der untere Teil, der stehen bleibt, eben das Logeion ist? Es kann doch ebensogut auch das Ganze ein den Felsen (mit verschiedenen Absätzen, Zacken und Klüften) darstellendes Setzstück gewesen sein. Prometheus sinkt dann mit dem oberen Teil des Felsens in den unteren, der stehen bleibt, hinein.

In diesen zwei Stücken hat es sich um ein Aufsteigen und Versinken gehandelt, zu dessen Erklärung man eines eigenen Versenkungsraumes unter der Bühne nicht bedarf. Anders verhält es sich in den übrigen Fällen, nämlich mit Klytämnestra in den „Eumeniden", Thanatos in der „Alkestis", Polydoros in der „Hekabe".

3) Bezüglich des Thanatos in Eur. Alc. lautet die Ankündigung v. 24 ff. ἤδη δὲ τόνδε Θάνατον εἰcορῶ πέλαc
ἱερῆ θανόντων, ὅc νιν εἰc ῎Αιδου δόμουc
μέλλει κατάξειν· cύμμετροc δ᾽ ἀφίκετο.

Wir erfahren nur, daß er sich am Schluß der Unterredung in den Palast begibt: v. 74 cτείχω δ᾽ ἐπ᾽ αὐτήν, ὡc κατάρξωμαι ξίφει. Woher er auftrat, hören wir nicht; ἀφίκετο gibt die Art des Kommens nicht an; εἰcορῶ πέλαc verlangt kein plötzliches Sichtbarwerden. Gegen dasselbe spricht vielmehr ein wichtiges Moment, die Anapäste v. 28 ff.; es ist anzunehmen, daß Thanatos da noch in Bewegung ist und die Anapäste sein Auftreten begleiten.[1]) Schönborn entscheidet sich (S. 136) auch für das Auftreten von der Seite[2]), und dieses hat auch alle Wahrscheinlichkeit für sich.

4) Zu einem noch bestimmteren Resultate kommen wir bezüg-

München vor einigen Jahren (nicht im Hoftheater) die Okeaniden am Schluß seitwärts entfliehen ließ, und daß dies die Wirkung nicht beeinträchtigte. Ich würde sie lieber versinken lassen. Das Schlußwort hat der Chor auch in Aesch. Ag. nicht. In Soph. Trach. ist es zweifelhaft.

1) Cf. A. Müller S. 149.

2) „sodann ist sein Amt derart, daß man glauben muß, er wandle auf der Erde hin und her." Daß Apollon auf dem Logeion erscheint, wo die den Prolog sprechenden Götter gewöhnlich auftreten, nötigt den Thanatos allerdings auch dorthin zu kommen, aber nicht auf einem bestimmten Wege.

lich des Polydoros in der „Hekabe". Er kommt allerdings aus der
Unterwelt:

v. 1 f. ἥκω νεκρῶν κευθμῶνα καὶ σκότου πύλας
λιπών, ἵν' Ἅιδης χωρὶς ᾤκισται θεῶν.

Da er aber noch nicht bestattet ist, ist er überhaupt noch nicht zur
Ruhe der Toten eingegangen, sondern schwebt noch ruhelos umher
(τριταῖον ἤδη φέγγος αἰωρούμενος v. 32); eben ist er seiner Mutter
im Traume erschienen (νῦν δ' ὑπὲρ μητρὸς φίλης | ἄισσω v. 30 f.,
φάντασμα δαιμαίνους' ἐμόν 54, cf. 69 f. 72 f. 702 ff.), er kommt
also aus dem Zelte, in welchem Hekabe liegt (Genelli S. 73). Nach
ἐκποδὼν χωρήσομαι v. 52 geht er wirklich ab, und zwar nach der
Seite des Meeres, wo sein Leichnam liegt; er wird bewirken, daſs
eine Sklavin ihn auffindet (v. 47 f.).[1]) Eine Versenkung kommt nicht
zur Anwendung.

5) Den Schatten der Klytämestra in den „Eumeniden" läſst
Schönborn aus dem Tempel kommen; Todt (S. 540) bemerkt, sie
dürfe nicht aus dem Tempel des Gottes erscheinen, dessen Gebot
ihren Tod herbeigeführt hat. Ich fürchte, daſs es aus dem Text
überhaupt nicht nachweisbar ist, woher sie kam. Ich möchte mich
am liebsten an die Worte αἰσχρῶς δ' ἀλῶμαι v. 98 halten und
glauben, daſs Klytämestra umherirrt wie der Geist des Polydor, so
daſs sie nicht direkt aus der Unterwelt zu kommen braucht. Sie
muſs auch nicht plötzlich verschwinden, denn bis der Chor allmählich erwacht, hat sie Zeit, langsam nach der Seite sich zu entfernen.
Sieht es nicht so aus, als ob der Dichter mit solchen Angaben wie
das αἰωρούμενος des Polydor, womit jenes ἀλῶμαι zu vergleichen
wäre, sich über die technische Unmöglichkeit, den Schatten von unten
kommen zu lassen, hinweghelfen wollte? Todt meint aber, Äschylus
hätte die Erscheinung der Klytämestra nicht konzipiert, wenn er sie
nicht hätte von unten aufsteigen lassen können. Ich glaube doch.
Sobald der Dichter einmal eine Totenerscheinung konzipiert hatte,
ist die Möglichkeit, daſs er auf einen solchen Gedanken überhaupt
kommen konnte, nicht mehr zu leugnen. Die erste äschyleische
Totenerscheinung war aber, soweit wir Kunde haben, der Schatten
des Dareios. Bei dem lag eine technische Unmöglichkeit nicht vor.
Wir wissen natürlich auch nicht, ob bei der Klytämestra eine solche
vorlag. Was ich über deren Erscheinen gesagt, hat blofs subjektiven
Wert. Konstatieren möchte ich nur, daſs die Existenz eines eigenen
Versenkungsraumes im 5. Jahrh. aus den erhaltenen Dramen nicht
mit Sicherheit nachzuweisen und in keinem der in Betracht kommenden Fälle notwendig gefordert ist.[2])

---

1) Ausführlich spricht darüber Schönborn S. 233.
2) Um im „Aias" des Soph. den Schauspieler des Aias, nachdem
dieser sich getötet, wegzubringen, braucht man ebenfalls keine Versenkung; hinter die Dekoration mufs er immer fallen, auch wenn er

Aus den verlorenen Dramen können wir auch nicht viel entnehmen. In der umfangreichen Abhandlung von G. Ettig „Acherun-
tica sive descensuum apud veteres enarratio" Leipzig 1891 finden
sich die Totenerscheinungen bei den Tragikern (p. 294) und Komikern (p. 302 ff.) zusammengestellt. Wenn das Aufsteigen des Achilleus aus seinem Grab in Sophokles' „Polyxene" nicht blofs erzählt,
sondern den Zuschauern vorgeführt wurde (cf. frg. 480 N.), so ist das
derselbe Fall wie bei Dareios in den „Persern". Protesilaos bei
Euripides kann ebensogut aufgetreten als von unten heraufgestiegen
sein. Und ebenso wäre es Vermessenheit, die Art, wie Archilochos
in Kratinos' Archilochoskomödie, Solon in desselben Komikers „Χεί-
ρωνες" und die in den „Δῆμοι" des Eupolis aus dem Jenseits zitierten
Staatsmänner Altathens erschienen sind, angeben zu wollen.

Auftreten, Abgehen und Bewegungen des Chors.

Der älteste Bestandteil des griechischen Theaters ist die Orchestra. Sie war bereits da, als noch keine Sitze für die Zuschauer
errichtet waren; sie war da, als es eine den Spielplatz abschliefsende
Skenenwand noch nicht gab. Sie wurde, wie die Aufdeckung der
gemauerten Orchestra-Einfassung aus dem 5. Jahrh. in Athen zeigt,
früher in Stein ausgeführt, als alles, was zur σκηνή gehörte. Seit
wann wir ungefähr eine Skenenwand mit Sicherheit annehmen dürfen,
haben wir oben gesehen: seit in den Stücken auf eine Hintergrundsdekoration angespielt wird, nach unserer Kenntnis also seit der
Orestie (458), die zuerst vor einem Palast spielt. Die Erwägungen
über die Handhabung der Versenkungen in den „Persern" und im
„Prometheus" führten uns aber noch etwas weiter hinauf, bis 472.
Der Kernfrage, ob zwischen der Skenenwand und der Orchestra in
alter Zeit noch etwas war, was einen eigenen Namen verdient —
der gehen wir vorläufig noch aus dem Wege. Wir halten uns also
bis auf weiteres an den üblichen Sprachgebrauch: „Orchestra" == der
für den Chor vorzugsweise bestimmte Ort; „Bühne" == der Platz,
auf dem man sich für gewöhnlich nur die Schauspieler denkt.

In der Orchestra singt der Chor seine Stasima und führt seine
Tänze auf. Es besteht kaum ein Streit darüber, dafs er bei seinem
Einzug in der Regel die breiten seitlichen Zugänge zur Orchestra,
welche sich zwischen der Front des Bühnengebäudes und den cornua
des Zuschauerraumes erstreckten, benutzt hat. Sein Einzug heifst
πάροδος[1]), und πάροδοι heifsen diese Zugänge[2]) Bei Aristophanes

---

hinabgelassen wird, um das Hinablassen zu verbergen; ebensogut kann
er, während seine Angehörigen vor ihm stehen, hinter der Dekoration
eine Thüre der Skenenwand erreichen.
  1) Aristot. Poet. 12. Poll. IV, 108. 109.
  2) Dafs ihnen dieser Name zukommt, hat wenigstens nur Wieseler
(Ersch u. Gruber Bd. 83, 225 ff.) bestritten, der ihn nur auf Zugänge zur

finden wir dafür 3mal dem Namen εἴcoδoc, Nub. 326, Av. 296
und in einem Fragment aus den Νῆcoι im Scholion zu der zweiten
Stelle.
    Indes war er nicht an diesen Eingang gebunden.
    Der Chor kommt mehrmals aus dem Hintergrund:
    1) In Aesch. Cho., wo er Dienerinnen der Klytämestra darstellt.
Schönborn S. 222 f. und nachher Todt, Philologus XLI, 221 ff. und
XLVIII, 535 Anm. haben einen Szenenwechsel in den „Choephoren"
angenommen. Aber wenn der Hauptgrund der ist, dafs im ersten
Teil nirgends vom Palast, im zweiten Teil nirgends mehr vom Grabmal die Rede sei, so ist es damit nichts. Denn die Stelle v. 722 f.,
wo das letztere angeredet wird, sucht Todt vergebens wegzudispu-
tieren.[1]) Dafs es nicht unmittelbar vor dem Palast liegen kann, ist
richtig, aber der Schlufs, der daraus zu ziehen ist, ist ein anderer.
    2) In Aesch. Eum. stürzen die Erinyen aus dem Tempel, in
dem sie vorher schlafend gesessen (s. o. S. 663). In demselben Stück
haben wir einen Nebenchor, fackeltragende προπομποί, die vor 1005,
wo Athene auf sie hinweist (πρὸc φῶc ἱερὸν τῶνδε προπομπῶν),
aus dem Tempel getreten sind.[2])
    3) Auch die Parodos in Eur. Tro. dürfen wir hieherziehen. Im
Hintergrunde war nämlich das Schiffslager der Griechen dargestellt,
und es scheint, dafs v. 153 ff. verschiedene Abteilungen des Chors
zu Worte kommen, die allmählich aus den drei Zelten, die den
Hintergrundsthüren entsprechen, oder aus zwei Zelten, die das mitt-
lere flankieren, sich sammeln. Es wird in diesen Versen fortwährend
auf die Zelte hingedeutet:

    v. 154 ff. διὰ γὰρ μελάθρων
                ἄιον οἴκτουϲ....

                . . . .

                Τρῳάϲιν, αἳ τῶνδ' οἴκων εἴϲω
                δουλείαν αἰάζουϲιν.
        166   Τρῳάδεϲ, ἔἔω κομίϲαϲθ' οἴκων
        176 f. Τρομερὰ ϲκηνὰϲ ἔλιπον
                τάϲδ' Ἀγαμέμνονοϲ.[3])

eigentlichen Bühne beziehen wollte. Die letzteren hat Poll. IV, 126 sicher
nicht unter πάροδοι verstanden, weil er diese nicht von einem anderen
Standpunkt aus als rechts und links bezeichnen durfte wie die Periakten.
Die gegenwärtige Ansicht geht dahin, dafs der Name πάροδοc vom Einzug des Chors auf den Weg, den er benützte, und später erst auf die
Eingänge zur eigentlichen Bühne übertragen wurde. A. Müller, Philologus XXXV, 324 ff. BA. 58 ff.
    1) Vgl. Nilsson, De mutationibus scenae quae sunt in fabulis Grae-
corum p. 14 ff.
    2) Der Streit um den Schauplatz des zweiten Teils der „Eumeniden"
dürfte jetzt durch Wecklein, Sitz.-Ber. d. bayr. Ak. d. W. 1887, I, 62 ff.
erledigt sein, trotz P. Richter, Zur Dramaturgie des Aesch., 237.
    3) Cf. Christ, Teilung des Chors im alten Drama, Abhandl. der

4) In der Mitte des Stückes in Eur. Hel. 515.

Capps („The stage in the Greek theatre") führt ferner (p. 9) an Aristoph. Lys. und Thesm., Ran. und Eccl. Bezüglich der „Lysistrate" ist das entschieden irrig, denn der Weiberchor kommt nicht aus der Burg heraus, sondern von aufsen her (θύραcιν v. 353) den in der Burg belagerten Genossinnen zu Hilfe, cf. v. 320 ff.

> cπευcτέον ἐcτὶ θᾶττον,
> πέτου πέτου Νικοδίκη,
> πρὶν ἐμπεπρῆcθαι Καλύκην κτλ.

326   ἀλλὰ φοβοῦμαι τόδε, μῶν ὑcτερόπουc βοηθῶ.

322 ff. ταῖcιν ἐμαῖc
> δημότιcιν καομέναιc
> φέρουc᾽ ὕδωρ βοηθῶ.

Der Schol. läfst sie durch eine der ἄνω πάροδοι kommen, was wegen des grofsen Raumes, den ein ganzer Chor braucht, unwahrscheinlich ist. Richtiger entscheidet sich Niejahr, De Poll. loc. p. 6, für den Weg durch die Orchestra, weil die Frauen über 30 Verse brauchen, ehe sie ihr Ziel erreichen, und die Befürchtung äufsern, sie könnten zu spät kommen.

Den Chor der „Thesmophoriazusen" läfst Schönborn wenigstens zum Teil v. 280 mit Fackeln aus dem Tempel treten, weil Mnesilochos den um den Tempel verbreiteten Fackelglanz erwähnt. Aber der Chor kann nachher die Fackeln nicht mehr brauchen, auch darf er während der Verse 280 bis 294, die Mnesilochos spricht, sich nicht stumm in dessen nächster Nähe aufhalten, vielmehr werden die Frauen sich erst beim Tempel einzufinden beginnen, nachdem das cημεῖον τῆc ἐκκληcίαc (v. 278) erschien. Der Chor ist allerdings während der Ansprache der Heroldin schon da; v. 312—331 ist nicht sein Einzugslied; dessen Kürze gestattet also auch über den Weg, den er zurücklegte, keine Vermutungen.

Bezüglich der „Frösche" ist nicht einzusehen, warum der Chor der Mysten aus Plutons Palast kommen sollte. Aus der Aufforderung an den Hierophanten v. 351 προβάδην ἔξαγ᾽ ἐπ᾽ ἀνθηρὸν ἔλειον δάπεδον kann man das wenigstens nicht schliefsen. Auf die Bezeichnung des Zieles fällt das Gewicht, „die Prozession hinausführen" kann der Hierophant auch wenn sie nicht aus einem Hause herauskommt. Eine szenische Andeutung gewinnen wir also aus dem ἔξαγ᾽ nicht. E. Droysen hat ihm soviel ich sehe auch keine szenische Bedeutung beigelegt.

In den „Ekklesiazusen" kommt nur Praxagora und die erste Frau (v. 35) aus einem Haus im Hintergrund, die übrigen von der

Seite; von ihrem Auftreten wird das Verbum προσιέναι gebraucht
v. 28 f. 31. 42. 55. S. E. Droysen p. 13. Niejahr glaubt übrigens
(de Poll. loc. p. 7), der Chor trete überhaupt erst v. 285 auf, die
vorher die Versammlung abhaltenden Frauen hätten damit nichts zu
thun, er bestehe aus den ἕτεραι γυναῖκες, welche gemäfs v. 280
ἐκ τῶν ἀγρῶν kommen sollen. Das scheint ein Irrtum zu sein.
Man vergleiche v. 277 ff.

βαδίζετ᾽ ᾄδουσαι μέλος
πρεσβυτικόν τι, τὸν τρόπον μιμούμεναι
τὸν τῶν ἀγροίκων.

Der Chor soll sich also nur den Anschein geben, als komme er vom
Lande (damit nämlich die Bürger, wenn sie plötzlich so viele un-
bekannte Gesichter in der Ekklesia sehen, nicht stutzig werden, cf.
383 ff.). Die Schauspieler gehen nach der Aufforderung ἡμεῖς δέ γε |
προΐωμεν αὐτῶν 279 f. voraus. Auf die ἕτεραι γυναῖκες, die nachher erst erwähnt werden, kann sich αὐτῶν nicht beziehen.[1])

Der Chor geht in den Palast ab:

1) in Aesch. Chor. fin., getreu seiner Stellung. Er kam auch
dorther.

2) der Nebenchor in Eur. Hipp., aus dem Jagdgefolge des
Hippolyt bestehend, v. 113, cf. 108 f. χωρεῖτ᾽, ὀπαδοί, καὶ παρελ-
θόντες δόμους | σίτων μέλεσθε, wahrscheinlich aber nicht durch die
gleiche Thüre wie Hippolyt.

3) In der Mitte des Stückes in Eur. Hel. v. 385, cf. 327 θέλω
δὲ κἀγὼ σοὶ συνεισελθεῖν δόμους. 331. 334.

In allen übrigen Fällen benutzt der Chor die seitlichen Zugänge,
und zwar entspricht es fast immer seiner Bedeutung, dafs er von
der traditionell sogenannten Seite der Heimat, dem Zuschauer von
rechts, auftritt und dahin abgeht, denn er stellt gewöhnlich Leute
dar, die an dem Orte der Handlung oder in der Nähe ihren Wohn-
sitz haben. Ich finde nur folgende Fälle, wo dies nicht eintritt.

Der Chor kommt von links:

1) Aesch. Eum. bei der ἐπιπάροδος v. 244 (von Delphi her).

2) Wahrscheinlich Aristoph. Ach. (von derselben Seite wie Amphitheos, der von Sparta kommt; die Szene ist in Athen).

3) Eur. Ion 184 (von Athen her).

4) Soph. Phil. (von rechts kommt Philoktet).

5) Eur. Bacch. vor 55 (aus Lydien).

6), 7) [Eur.] Rhes. 1 und 671. Ich denke mir die Sache so.
Die Handlung ist von troischer Seite aus dargestellt. Man befindet

---

1) Anders Schönborn S. 283. Vgl. aber Myriantheus, Marschlieder
des griech. Drama S. 88 f. Unklar Schol. προηγησώμεθα τῶν λοιπῶν
γυναικῶν.

sich im troischen Lager, das zwischen dem Griechenlager und der Stadt zu denken ist. Auf der einen Seite, sagen wir auf der linken, weil es die traditionelle Seite der Fremde ist, gelangt man also an das Griechenlager; auf der anderen, der rechten, gegen die Stadt zu. Der Chor, der die Nachtwache hat, hat seine Aufmerksamkeit auf das feindliche Lager zu richten; wenn er dem Hektor die Vorgänge dort meldet, kommt er daher, wenn er seinen Dienst fortsetzt, geht er wieder dahin ab. Rhesos lagert so, dafs das Lager des Hektor zwischen ihm und dem Griechenlager ist, was uns v. 846 gesagt wird. Also kommt man nach der rechten Seite zu in das Lager des Rhesos. Dorthin geht Hektor mit Rhesos ab, und dorther kommen Odysseus und Diomedes mit den geraubten Rossen, gleich nachher kommt der Chor von der anderen Seite und greift sie auf, sie entkommen aber gegen das Griechenlager zu.

Einmal ist der Chor bereits bei Beginn des Stückes anwesend, in Eur. Suppl. Er mufs sich natürlich vorher vor den Augen der Zuschauer an seinen Platz begeben haben. Dabei mag man ihn von der Seite kommen lassen, von der er auch im Stück hätte kommen müssen d. h. von der Fremde.

Der Chor geht nach links ab:

1) Aesch. Eum. beim ersten Abtreten v. 231.
2) Eur. Cycl.
3) Eur. Tro.
4) Eur. Ion.
5) Soph. Phil.
6) Aristoph. Ran. 1523.
7) [Eur.] Rhes. 564 s. o.

In Soph. Ai. teilt sich der Chor 814, um Aias aufzusuchen, und die eine Hälfte geht nach Osten, die andere nach Westen (v. 805 f.), und ebenso kommen die Halbchöre v. 866 ff. wieder von verschiedenen Seiten herein.

Die erhöhte „Bühne".

Nach dieser Zusammenstellung müssen wir uns auch mit den sonstigen Bewegungen des Chors beschäftigen.

In den ersten Anfängen der Tragödie soll einer aus dem Chor einen neben dem Altar stehenden Tisch (nach Pickard vielmehr das βῆμα, Bestandteil des Altars) erstiegen und von diesem erhöhten Sprechplatze aus sich mit dem Chor unterredet haben (Poll. IV, 123); und man glaubt, dafs sich aus diesem Tisch (βῆμα) mit der Zeit das Bühnengerüste entwickelt habe (Wieseler, Ersch u. Grubers Enzykl. Bd. 83 S. 206. A. Müller S. 2); auch Wilamowitz hält einen erhöhten Standpunkt für den Sprecher für notwendig. Andererseits hat man darauf hingewiesen, dafs der Kothurn, die Erfindung des Äschylus, eben ein Ersatz sein sollte für den erhöhten Standort, der es dem

Schauspieler ermöglichte, nicht auf einen bestimmten Platz beschränkt
zu sein und sich überall aus der Schar der Choreuten abzuheben,
weil er sein Gerüst mit sich herumtrug (Kawerau „Theatergebäude"
bei Baumeister 1734, Pickard a. a. O.); deshalb sei auch der alte Name
für Logeion und für Kothurn der gleiche, nämlich ὀκρίβας (Höpken,
De theatro Attico saeculi V p. 10 f. Kombinationen aus dem Worte
ὀκρίβας sind mit Vorsicht aufzunehmen, s. Rohde „Scenica" Rhein.
Mus. XXXVIII, 251 ff.).

Wer annimmt, dafs die Schauspieler im griechischen Theater
auf einem 12 Fufs hohen Logeion agierten, glaubt[1]) jedenfalls nicht
im Ernst, dafs der Chor 12 Fufs tiefer stand und von da hinauf-
blickte und mit den Schauspielern droben eine Unterhaltung führte,
falls er anders sich ihnen verständlich machen konnte, und sich dabei
noch den Anschein gab, als ob er „auch dazu gehörte". Man möge
doch bedenken, dafs es sich nicht um die Zeit handelt, in der Chor
und Schauspieler bereits innerlich von einander getrennt, ersterer
nur mehr ein aus Gewohnheit mitgeschlepptes Inventarstück des
Dramas war, als welches er während der Handlung gleichgültige
Bemerkungen machte und die Pausen mit beliebigen Liedern aus-
füllte. Die äschyleische Tragödie vor allem zeigt durchweg ein leb-
haftes Zusammenspiel von Schauspielern und Chor, wofür wir zahlreiche Beispiele weiter unten an ihrem Orte beibringen werden. Der
Chor ist zum Teil noch mithandelnde Person. Es war die Zeit noch
nicht lange vorüber, wo er überhaupt das herrschende Element, ja
das einzig Vorhandene war. Die Schauspieler nahmen bald den
höheren Rang ein, aber der Chor verträgt es im ganzen klassischen
Drama nicht, dafs man ihn bei Seite schiebt und zu einer lächer-
lichen Rolle verdammt, er mufs jederzeit in die Handlung eingreifen
können, und er thut es oft genug; das setzt voraus, dafs die Verbindung zwischen seinem gewöhnlichen Standpunkt und dem der
Schauspieler leicht zu bewerkstelligen ist, dafs zwischen beiden Teilen
kein unwahrscheinlicher Abstand besteht.

G. Hermann hat bekanntlich vor der Bühne ein eigenes Gerüst
für den Chor, die Orchestra im engeren Sinne, vorausgesetzt, und
Wieseler hat in seiner Untersuchung über die Thymele des griechischen Theaters, deren Resultate in seiner Darstellung des „griechischen Theaters" in Ersch und Grubers Enzyklopädie wiederholt
werden, auf dieses Gerüst den Namen θυμέλη übertragen. Die meisten
Gelehrten haben ihm beigestimmt. Indes will Wecklein diesen Namen
doch dem Altar belassen.[2]) Wie schwach die Existenz eines Gerüstes
für den Chor bezeugt ist, hat neuerdings Petersen, Wiener Studien
VII, 175 ff. dargelegt, und das Wenige, was A. Müller „Scaenica"
Philologus XLV, 237—239 dagegen bemerkt, und was sich zum Teil

---

1) Aufser Harzmann, Quaestiones scaenicae, Marburg 1889, p. 27.
2) Philologus XXXI, 439 ff.

auch in seinem Lehrbuch findet, ist ohne Gewicht. Allein ein solches
Gerüst ist bei einer 10—12 Fufs hohen Bühne unentbehrlich, wie
es ja auch im wesentlichen aus dieser Höhe gefolgert worden ist.
Als Höhenunterschied zwischen ihm und der Bühne hat Hermann
2 Fufs angenommen (opusc. VI, 2, 153), andere mehr.

Pickard hat in genauen, durch eine Zeichnung verdeutlichten
Erörterungen gezeigt, wie sich dem Auge eines Zuschauers in der
Proedrie, also auf dem besten Platze, ein solches Gerüst mit den
darauf und den auf der dahinter liegenden Bühne agierenden Personen darstellen mufste. Er hat es auch nicht versäumt, auf das
hinzuweisen, was ein natürliches Spiel bezüglich des Verhältnisses
zwischen Chor und Schauspielern verlangt.

Je mehr sich Stellen finden, die darauf hindeuten, dafs der
Chor den Schauspielern oder die Schauspieler dem Chor nahe standen,
eine lebhafte Kommunikation zwischen beiden Teilen bestand, der
Chor die Bühne, die Schauspieler die Orchestra betraten, desto mehr
müssen wir die Überzeugung gewinnen, dafs ein bedeutender Höhenunterschied nicht angenommen werden kann.

„Vergegenwärtigen wir uns", sagt A. Müller S. 124, „nach An-
leitung der erhaltenen Dramen das Spiel des Chors, so ergibt sich
zunächst, dafs der Chor der Bühne nahe stand." Dagegen ist nun
zu bemerken, dafs die Stellen, die man für eine geringe Entfernung des Chors von der Bühne (bezw. den Schauspielern)
anführen kann, einen zweifelhaften Wert haben. Capps (p. 56) hat
die von Müller gegebenen Stellen um einige vermehrt. Ich habe
noch zwei dazugethan. Es sind nun folgende:

Aesch. Pers. 686 ὑμεῖς δὲ θρηνεῖτ' ἐγγὺς ἑςτῶτες τάφου.
Soph. Ai. 1182 f. ὑμεῖς τε μὴ γυναῖκες ἀντ' ἀνδρῶν πέλας
           παρέστατ'.
Eur. Med. 1293 γυναῖκες, αἳ τῆςδ' ἐγγὺς ἕστατε στέγης.
Soph. Oed. R. 1047 ἔστιν τις ὑμῶν τῶν παρεστώτων πέλας.
Eur. Hipp. 777 βοηδρομεῖτε πάντες οἱ πέλας δόμων.
Eur. Cycl. 100 Cατύρων πρὸς ἄντροις τόνδ' ὅμιλον εἰσορῶ.
Soph. Oed. Col. 803 πεῖθεν οἷός τ' εἶ μήτε τούςδε τοὺς πέλας.
Eur. Ion 510 f. πρόσπολοι γυναῖκες, αἳ τῶνδ' ἀμφὶ κρηπῖδας
                      δόμων
       θυοδόκων φρούρημ' ἔχουσαι δεσπότην φυλάσσετε.
Eur. Phoen. 277 καὶ τάςδ' ἔρωμαι, τίνες ἐφεστᾶσιν δόμοις.
Aristoph. Eccl. 1114 ὑμεῖς θ' ὅσαι παρέστατ' ἐπὶ ταῖσιν θύραις.[1])

Indessen Müller weist ja selbst (ebenso wie Schönborn S. 145)
darauf hin, dafs die Bezeichnungen „nah" und „fern" relativ sind.
Wir können schon in die Lage kommen, bestimmt auf die Stellung

---

1) Aesch. Suppl. 208 θέλοιμ' ἂν ἤδη col πέλας θρόνους ἔχειν gehört
nicht hieher. Wichtig wäre Soph. El. 1322 für das Nahestehen des Chors,
wenn es sicher wäre, dafs dieser den Vers spricht.

des Chors nächst der Bühne zu schliefsen, wenn er nämlich Dinge im
Innern des Hauses erwähnt, die er aus gröfserer Entfernung nicht
wahrnehmen könnte. Solche Fälle nimmt Capps (p. 38) überall
da an, wo man sonst von Ekkyklema spricht, weil er glaubt, dafs
die Leichen etc. gar nicht den Augen des Zuschauers sichtbar geworden. Und ich gebe diesen Fall wenigstens in Soph. Ai. 346 ff. zu,
wo der Chor die von Aias angerichteten Greuel sehen mufs, während sie die Zuschauer kaum gesehen haben. Dagegen gilt für die
oben zitierten Stellen samt und sonders die Mahnung zur Vorsicht,
die Müller mit dem Hinweis verbindet, dafs an anderen Stellen
wieder eine gröfsere Entfernung des Chors angedeutet sei. Das
letztere ist freilich durch die zwei Fälle, die er anführt, nicht bewiesen.[1]) Auf der anderen Seite ist auch das nicht einzusehen, warum
aus Stellen, wo es nicht dazu kommt, dafs der Chor die
Bühne betritt, geschlossen werden soll, dafs er dies nicht ohne
Schwierigkeit bewerkstelligen konnte. Wenn zahlreiche Stellen beweisen, dafs der Chor die Bühne betreten hat, und wenn, wie Capps
(p. 43) richtig bemerkt, die Veranlassung dazu öfters eine so gering-
fügige ist, dafs es unschwer hätte vermieden werden können, so ergibt sich daraus, dafs dies leicht geschehen konnte. Wenn es ein
paarmal nicht geschieht, was kommt darauf an? Der Dichter hat
es eben so arrangiert, aber nicht weil er sich fürchten mufste, den
Chor auf die Bühne steigen zu lassen; in den Fällen, wo der Chor
ins Innere gehen will oder soll (Soph. Ai. 328 ff. Eur. Hipp. 782 ff.
Hec. 1042 ff. Cycl. 630 ff. Androm. 817 ff. Ion 219 ff., wozu Capps
Med. 1275 ff. fügt), liegt der Grund natürlich darin, dafs der Spiel-
platz nicht leer werden darf. An den genannten Stellen handelt
es sich faktisch immer um ein Hineingehen, nicht, wie man durch
Müllers Worte zu glauben verleitet werden könnte, blofs um ein
Betreten der Bühne. Eur. Bacch. 594 ff. dürfte nichts beweisen,
Eur. Suppl. 941 ff. können wir uns bei dem von Theseus angeführten
Grunde umsomehr beruhigen, als der Chor in diesem Stücke bereits
vorher an die auf der Bühne befindlichen Leichen herangetreten ist.
Capps hat sich (p. 41 ff.) die Mühe genommen, all diese Fälle ein-
zeln zu besprechen. Wie wenig Wert sie in szenischer Beziehung
haben, dürfte klar sein.

Und nun die Fälle, wo der Chor (oder der Chorführer) nachweisbar die Bühne besteigt, oder, um vorsichtiger zu sprechen, wo
der Chor in die Handlung der Schauspieler mit eingreift
und mit den letzteren in so enge Berührung tritt, dafs er
den Platz, wo sie sich befinden, betreten haben mufs.
A. Müller hat S. 124 ff. eine Anzahl dieser Stellen angeführt, Capps

---

1) S. 124 A. 4. Aufser Eur. Cycl. 635 Soph. Oed. C. 164 πολλὰ
κέλευθος ἐρατύει. Der Vers hat schwerlich den Sinn, den Müller (und
auch Capps) hineingelegt; ἐρατύοι coni. Musgrave. Besser verweist Capps
(p. 56 f.) auf den Hipp. 566 ff. und Or. 208.

(s. bes. die Abschnitte Chorus called to the palace p. 37 ff. und Encounters between actors and chorus p. 47 ff.) hat sein Verzeichnis ergänzt. Der Vollständigkeit halber geben wir auch nochmal eine Zusammenstellung, welche von derjenigen Capps' in Einzelheiten abweicht, dagegen in Bezug auf das Schlufsresultat vollständig mit ihr übereinstimmt. Wir lassen im Folgenden öfters Stellen, die Capps, Harzmann u. a. besprochen haben, weg, wenn sie uns als unbrauchbar erscheinen, haben es aber nicht für nötig gehalten, uns in jedem einzelnen Fall deswegen zu rechtfertigen.

1) Aesch. Ag. 1650 ff. ist der Chor bereit, mit Aigisthos und seinen Begleitern handgemein zu werden. Möglicherweise hat er sich bereits 1371 dem Palaste genähert und auf die Bühne begeben (Wecklein, Orestie S. 228).

(Aesch. Cho. 983 f. OP. ἐκτείνατ᾿ αὐτὸ καὶ κύκλῳ παρασταδὸν | στέγαστρον ἀνδρὸς δείξαθ᾿ möchte ich lieber mit G. Hermann (De re scenica in Aesch. Or.) als eine Aufforderung an die Diener, als mit dem Schol. als Aufforderung an den Chor auffassen. Der Chor ist vielmehr derjenige, dem es zunächst gezeigt werden soll. Wäre der Chor mit jener Aufforderung gemeint, dann müfste er allerdings zu Orestes herantreten. Für den Gegenstand unserer Untersuchung ist dies insofern indifferent, als der Chor, wenn nicht hier, so doch später die Bühne betreten mufs; denn er hat ja am Schlufs in den Palast abzugehen.)

(Aus Eur. Hipp. 804 f. XO. ἄρτι γὰρ κἀγὼ δόμοις, | Θησεῦ, πάρειμι σῶν κακῶν πενθήτρια scheint mir Capps zu viel zu schliefsen.)

(Eur. Heracl. 270 ff. finde ich keinen Beweis für ein persönliches Eingreifen des Chors. Wenn der Herold sagt μιᾶς γὰρ χειρὸς ἀσθενὴς μάχη, so fühlt er sich zu schwach dem Gefolge der Könige gegenüber. Noch weniger bezieht sich δότ᾿, ὦ τέκν᾿, αὐτοῖς χεῖρα δεξιὰν δότε, | ὑμεῖς τε παισί (307 f.) auf den Chor, sondern natürlich auf Demophon und Akamas, deren Anwesenheit Capps entgangen zu sein scheint.)

2) Eur. Herc. 747 ff.

ἀλλ᾿ ὦ γεραιέ, καὶ τὰ δωμάτων ἔσω
σκοπῶμεν, εἰ πράσσει τις ὡς ἐγὼ θέλω.

Bewegung gegen den Palast zu. Mit 761

σιγᾷ μέλαθρα· πρὸς χοροὺς τραπώμεθα

Rückkehr auf den ursprünglichen Platz.

In demselben Stück nähert sich der Chor noch zweimal der Bühne, bezw. dem auf derselben sichtbaren Herakles, ohne dafs man feststellen kann, ob er wirklich unmittelbar an den letzteren herangetreten ist; nämlich vor v. 1047, wo Amphitryon ihn mit den Worten ἑκαστέρω πρόβατε sich entfernen heifst, und 1109 f.

AM. γέροντες, ἔλθω τῶν ἐμῶν κακῶν πέλας;
XO. κἄγωγε σὺν σοί.

Da ein Betreten der Bühne doch nicht notwendig anzunehmen ist, wollen wir für den „Herakles" nur einen Fall anrechnen.

3) Eur. Suppl. 815 ff.

    XO. δόθ', ὡc περιπτυχαῖcι δὴ
            χέρας προcαρμόcαc' ἐμοῖc
            ἐν ἀγκώcι τέκνα θῶμαι.

    ΑΔ. ἔχεις ἔχεις —

Die Mütter sind an die Leichen ihrer Söhne herangetreten, d. h., wenn diese auf die Bühne hineingetragen worden, so ist der Chor auf die Bühne gekommen.

4) Aristoph. Ach. 325 ff. Der Chor dringt auf Dikaiopolis ein; dieser nimmt einem der Greise einen Kohlenkorb weg; 563 ff. geht nochmal der eine Halbchor auf Dikaiopolis los, wird aber von dem anderen zurückgehalten.

    ΗΜ. ἀλλ' οὔτι χαίρων ταῦτα τολμήcει λέγειν.

    ΗΜ. οὗτοc cὺ ποῖ θεῖc; οὐ μενεῖc;

5) Aristoph. Equ. greift der Chor bei und nach seinem Einmarsch (247) den Paphlagonier an:

    247 f. παῖε παῖε τὸν πανοῦργον καὶ ταραξιππόcτρατον.

    251 f. ἀλλὰ παῖε καὶ δίωκε καὶ τάραττε καὶ κύκα
            καὶ βδελύττου, καὶ γὰρ ἡμεῖc, κἀπικείμενοc βόα.

    257. παραβοηθεῖθ' ὡc ὑπ' ἀνδρῶν τύπτομαι ξυνωμοτῶν.

    266. ξυνεπίκεις θ' ὑμεῖc;

(v. 490 ff., was A. Müller und Capps ebenfalls hieherziehen, erledigt sich bei Zuteilung der betreffenden Verse an den Demosthenes, dem sie wohl gehören [Enger].)

6) Aristoph. Vesp. Nach Müller v. 403, wahrscheinlich aber erst 455 geht der Chor zum Angriff auf Bdelykleon und Xanthias vor.

7) Aristoph. Pax 246 f. ἀλλὰ ταῖc ἅμαιc | εἰcιόντεc ὡc τάχιcτα τοὺc λίθουc ἀφέλκετε. E. Droysen behandelt p. 10 f. diese Stelle, kommt aber zu keinem Resultat. Man muſs allerdings eingestehen, daſs eine befriedigende Erklärung der ganzen Szene noch nicht gefunden ist. An der neuen Ansicht von Capps (p. 76 f.), daſs der Chor auch in der Höhe erschienen sei, und daſs hier ein ausgiebiger Gebrauch vom Dach des Dörpfeld'schen Proskenions gemacht werde, habe ich auszusetzen, a) daſs die Worte des Hermes v. 564 f.

    ὦ Πόcειδον, ὡc καλὸν τὸ cτῖφοc αὐτῶν φαίνεται
    καὶ πυκνὸν καὶ γοργὸν ὥcπερ μᾶζα καὶ πανδαιcία

doch zu leicht genommen sind; b) daſs nicht erklärt ist, wie man sich im Stück das Hinaufsteigen der Landleute in den Himmel zu denken hat, wozu doch Trygaios seinen κάνθαροc brauchte; c) daſs nicht angegeben wird, wann der Chor Zeit hat, von der Höhe wieder iu die Orchestra herabzukommen; d) daſs der Raum der oberen

Plattform, namentlich bei den einfacheren Vorrichtungen der alten, noch nicht aus Stein erbauten Skene doch wohl für die Bewegungen des Chors nicht ausreichte. Ich glaube daher, daſs der Chor doch unten bleibt (it is not possible to avoid confusion between heaven and earth in this play, Capps p. 77!). Eine Verbindung mit dem Trygaios läſst sich immerhin herstellen, und die Landleute können an einem ihnen zugeworfenen Seile ziehen. Nur müssen sie der Bühnenwand dabei möglichst nahe sein. Deshalb scheint es sich mit dem εἰcιόντεc so zu verhalten wie Schönborn ausführt: Der Dichter will den Chor auf die Bühne bringen. Infolge dessen sagt Hermes, sie sollen hineinkommen. εἰcιέναι heiſst ja nach den Untersuchungen E. Droysens „ins Haus“, also „ins Skenengebäude hinein gehen“. Der Chor bewegt sich gegen die Bühne hin; dort läſst ihn aber dann Trygaios beten und hierauf das Seil ergreifen. 551 ff. fordert Trygaios die Landleute zum Fortgehen auf, 560 heiſst er sie zu der Göttin flehen; inzwischen ist der Chor gerade in der Orchestra angekommen, wo ihn der Dichter haben wollte. Das weitere Heimgehen εἰc ἀγρόν kommt nicht zur Ausführung, ebensowenig als vorher das εἰcιέναι.

8) Soph. Oed. Col. 826 ff. Der Chor (bezw. der Chorführer) sucht die Wegführung der Antigone durch persönliches Eingreifen zu hindern (836 ΚΡ. εἴργου). 856 f. hindert er den Kreon am Fortgehen: ἐπίcχεc αὐτοῦ, Ξεῖνε. ΚΡ. μὴ ψαύειν λέγω. | ΧΟ. οὗτοι c᾿ ἀφήcω.[1])

9) Aristoph. Av. Der Chor macht einen Angriff auf die beiden Athener, v. 352 ff.

> ἀλλὰ μὴ μέλλωμεν ἤδη τῷδε τίλλειν καὶ δάκνειν
> ποῦ ᾿cθ ὁ ταξίαρχος; ἐπαγέτω τὸ δεξιὸν κέρας.

ΕΥΕΛΠ. τοῦτ᾿ ἐκεῖνο· ποῖ φύγω δύcτηνος; ΠΕΙΘ. οὗτοc οὐ μενεῖς;
ΕΥΕΛΠ. ἵν᾿ ὑπὸ τούτων διαφορηθῶ; ΠΕΙΘ. πῶc γὰρ ἂν τούτουc
δοκεῖc
ἐκφυγεῖν κτλ.

v. 400. ἄναγ᾿ ἐc τάξιν πάλιν ἐc ταυτόν.

10) Eur. Hel. 1627 ff. tritt der Chor (Chorführer) dem Theoklymenos in den Weg:

> οὗτοc ὦ, ποῖ cὸν πόδ᾿ αἴρειc, δέcποτ᾿, εἰc ποῖον φόνον;
ΘΕΟΚΛ. οἷπερ ἡ δίκη κελεύει μ᾿· ἀλλ᾿ ἀφίcταc᾿ ἐκποδών.
ΧΟ. οὐκ ἀφήcομαι πεπλῶν cῶν.
1631. ΘΕΟΚΛ. ... εἰ μή μ᾿ ἐάcειc. ΧΟ. οὐ μὲν οὖν c᾿ ἐάcομεν.

11) Aristoph. Lys. Gleichviel ob ein Szenenwechsel stattfindet oder nicht, im zweiten Teile ist jedenfalls die Akropolismauer mit

---

1) Dieser Fall ist der einzige in Soph., wo A. Zernecke, De choro Sophocleo et Aesch. Diss. Breslau, Posen 1885, p. 28 f., das Besteigen der Bühne gelten lassen will. Seine Ausführung bezüglich des Phil. (p. 27 f.) ist nicht überzeugend.

einem Thor sichtbar. Dieses Thor ist das Ziel des Chors der Greise,
der v. 254 ff. einzieht, und von 307 an damit beschäftigt ist, Feuer
an die Mauer zu legen. Er wird in seinen Vorbereitungen gestört
durch die Ankunft des Weiberchors, vor dem er sich schliefslich in
die Orchestra zurückzieht. A. Müller bezeichnet v. 476—483 als
Abzugslied der Greise, v. 539—547 als das der Frauen (von der
Bühne in die Orchestra). Es scheint jedoch, als ob sich im Text
kein bestimmter Anhaltspunkt dafür gewinnen liefse; es ist nicht
notwendig mit dem Schol. anzunehmen, dafs die Weiber da, wo sie
die Greise mit Wasser begiefsen, höher stehen als die letzteren; ob
die Chöre oder einer derselben bei dem Handgemenge zwischen den
Frauen und der Skythenwache 456 ff. noch auf dem Logeion sich
befinden darf, hängt mit der Frage nach der Tiefe desselben zusammen.[1]) Bei der Parabase 614 ff. sind sie jedenfalls beide in der
Orchestra.[2]) v. 1042 vereinigen sie sich (ἀλλὰ κοινῇ cυcταλέντες
τοῦ μέλουc ἀρξώμεθα), cf. 1021 ff. und Hypoth. I.

12) Aristoph. Lys. Der Chor verläfst die Szene v. 1215 nicht,
aber er hat sich, nachdem alle Schauspieler in die Burg abgegangen
sind, von v. 1188 an ebenfalls dahin in Bewegung gesetzt. Wie er
vor das Thor gelangt ist, kommen bereits die ersten Gäste, die an-
getrunkenen Athener, wieder heraus. Die Leute, die diesen den
Weg versperren und aufgefordert werden, Platz zu machen (παρα-
χωρεῖν οὐ θέλεις; | ὑμεῖς τί κάθηcθε; κτλ. 1216 ff.) können nur
Choreuten sein, die sich's dort bequem gemacht haben. (Vgl. Beer,
Die Zahl der Schauspieler bei Aristophanes, Leipzig 1844, S. 93 f.
Eine andere Erklärung gibt E. Droysen p. 62 f.)

13) Soph. Phil. 150 ff. besichtigt der Chor die Höhle des Philoktet, die natürlich im Hintergrund dargestellt ist; v. 144 ff.

> ΝΕ. νῦν μέν, ἴcωc γὰρ τόπον ἐcχατιαῖc
>   προcιδεῖν ἐθέλειc ὄντινα κεῖται,
>   δέρκου θαρcῶν· ὁπόταν δὲ μόλῃ
>   δεινὸc ὁδίτηc, τῶνδ' ἐκ μελάθρων
>   πρὸc ἐμὴν αἰεὶ χεῖρα προχωρῶν etc.
> 159 f. οἶκον μὲν ὁρᾷc τόνδ' ἀμφίθυρον
>   πετρίνηc κοίτηc.   .

14) In Eur. Or. sieht Elektra den Chor herankommen (v. 132 f.)
und ersucht ihn, leise aufzutreten (136 f.) und sich dem Lager
des kranken Orestes nicht zu nähern (142). Der Chor ist da noch
in Bewegung, und indem er sich bemüht, sich möglicht stille zu ver-

---

1) Vgl. übrigens Niejahr, De Poll. loc. p. 6: wäre der Weiberchor
da noch auf der Bühne gewesen, so wäre er während des Kampfes nicht
gleichgültig geblieben und jedenfalls von Lysistrate auch zu Hilfe gerufen worden.

2) v. 828 ff. beweist nichts dagegen.

halten, strebt er doch dem Lager des Orestes zu (149 πρόϲιθ᾽ ἀτρέμαϲ, ἀτρέμαϲ ἴθι). Aus v. 170 ff.

> Οὐκ ἀφ᾽ ἡμῶν, οὐκ ἀπ᾽ οἴκων
> πάλιν ἄρα μεθεμένα κτύπου
> πόδα ϲὸν εἱλίξειϲ;

müssen wir schliefsen, dafs er in der That ganz an die Geschwister
(und den Palast) herangetreten ist. Deshalb dürfen wir den Fall
hier anführen. Eine mehr als einmalige Annäherung und Entfernung
kann ich nicht bemerken.

(Bezüglich Rhes. 1 ff. wissen wir nicht, wie nahe der Chor dem
Zelte des Hektor, den er wach ruft, kommt.)

Diese 14 Fälle — und wir haben uns bestrebt, nur die sicheren
in Rechnung zu bringen, so dafs wir die eingeklammerten nicht mit-
zählten —, erfordern ein mindestens 27maliges Überschreiten der
Grenze zwischen Ochestra und Bühne (in Aesch. Ag. braucht der
Chor nicht mehr in die Orchestra zurückzugehen). Fügen wir dazu
noch die oben angeführten Stellen, wo der Chor aus dem Hintergrunde sich in die Orchestra begibt (4), wo er aus der Orchestra
zum Palast geht (2) und wo er ursprünglich auf der Bühne ist und
dann dieselbe verläfst (1), so erhalten wir die Zahl von 34 solchen
Übergängen, und zwar aus allen Perioden des klassischen Dramas.
Wenn Capps andere Zahlen gewinnt, so hat das keinen Einflufs
auf die Folgerungen, welche sich ergeben. So viel dürfte klar sein:

1) Es ist keineswegs eine seltene Ausnahme, wenn der Chor
den Spielplatz der Schauspieler betritt; er thut dies so oft, dafs es
nicht mit Schwierigkeiten verbunden gewesen sein kann; das Niveau,
auf dem der Chor stand, kann mindestens nicht viel tiefer als das
der Schauspieler gewesen sein.

2) Die Regel des Pollux, dafs die Orchestra ausschliefslich dem
Chor, die Bühne ausschliefslich den Schauspielern gehöre, ist durch
eine solche Zahl von Ausnahmen durchbrochen, dafs kaum mehr von
einer Regel die Rede sein kann. Und doch haben wir noch nicht
einmal die stärksten Beweise für ihre Nichtigkeit erwähnt:

**Das gemeinsame Auftreten und Abgehen des Chors und
der Schauspieler.**

Wir müssen freilich die Liste Capps' (s. bes. die Abschnitte
3. Chorus and actors depart together p. 12 ff. uud 4. Chorus and
actors enter together p. 20 ff.) auch hier wieder etwas reduzieren.
Die sicheren Fälle sind meines Erachtens folgende.

Chor und Schauspieler treten mitsammen auf:

1) Eur. Alc. 861 (ἐπιπάροδοϲ) bei der Rückkehr von der Bestattung der Alkestis. v. 872

XO. πρόβα πρόβα· βᾶθι κεῦθοϲ οἴκων.

2) Aristoph. Plut. 253 ff. Karion mit dem Chor, den er geholt hat.

> ὦ πολλὰ δὴ τῷ δεσπότῃ ταὐτὸν θύμον φαγόντες
> ἄνδρες φίλοι καὶ δημόται καὶ τοῦ πονεῖν ἐρασταί,
> ἴτ᾽ ἐγκονεῖτε σπεύδεθ᾽ ὡς ὁ καιρὸς οὐχὶ μέλλων.

cf. 290 ff.   καὶ μὴν ἐγώ βουλήσομαι . . . . .
> ὑμᾶς ἄγειν . . . .
> . . . .
> ἔπεσθ᾽ ἀπεψωλημένοι.

Chor und Schauspieler treten mitsammen ab:

1) Eur. Hel. 385 in den Palast.
2) Aesch. Suppl. 1018 ff.
3) Aesch. Pers. 1076.
4) Aesch. Sept. Die beiden Halbchöre, Antigone und Ismene mit der Leiche des Eteokles, bezw. des Polyneikes 1072 und 1078.
5) Eur. Alc. 746, vgl. 606 ff. 739 f.
6) Soph. Ai. 1419 (vgl. 1413).
7) Eur. Cycl. 707 f.:

> ἡμεῖς δὲ cυνναῦταί τε τοῦδ᾽ Ὀδυccέως
> ὄντες τὸ λοιπὸν Βακχίῳ δουλεύcομεν.

8) Eur. Suppl. 1234, vgl. 1231 cτείχωμεν, Ἄδραcθ᾽.
9) Aristoph. Ach. 1231 ff. ἔπεσθέ νυν ᾄδοντες ὦ τήνελλα καλλίνικος. | ΧΟ. ἀλλ᾽ ἑψόμεσθα κτλ.
10) Aristoph. Vesp. 1535 ff.:

> ἀλλ᾽ ἐξάγετ᾽, εἴ τι φιλεῖτ᾽ ὀρχούμενοι, θύραζε
> ἡμᾶς ταχύ κτλ.

11) Aristoph. Pax 1357, vgl. 1339 ff. 1356.
12) Soph. Trach. 1278, vgl. 1275:

> λείπου μηδὲ cύ, παρθέν᾽, [ἀπ᾽] οἴκων.

13) Eur. Tro. 1332.
14) Aristoph. Av. 1765 (ἔπεσθε νῦν 1755).
15) Aristoph. Lys. 1279—1322, vgl. 1275 ff.:

ΛΥ. ἀνὴρ δὲ παρὰ γυναῖκα καὶ γυνὴ
> cτήτω παρ᾽ ἄνδρα, κᾆτ᾽ ἐπ᾽ ἀγαθαῖς cυμφοραῖς
> ὀρχηcάμενοι θεοῖcιν εὐλαβώμεθα
> . . . .

16) Soph. Phil. 1471, vgl. 1469 (χωρῶμεν δὴ πάντες ἀολλεῖς).
17) Aristoph. Ran. 1524 ff.:

> φαίνετε τοίνυν ὑμεῖς τούτῳ
> λαμπάδας ἱεράς, χἄμα προπέμπετε.

18) Aristoph. Eccl. 1149 ff., vgl. 1165 f.

19) Aristoph. Plut. 1208 f.

ΧΟ. οὐκ ἔτι τοίνυν εἰκὸς μέλλειν οὐδ᾽ ἡμᾶς, ἀλλ᾽ ἀναχωρεῖν
ἐς τοὔπισθεν· δεῖ γὰρ κατόπιν τούτων ᾄδοντες ἕπεσθαι.

Wahrlich, der Satz des Pollux, ἡ ϲκηνὴ μὲν ὑποκριτῶν ἴδιον,
ἡ δὲ ὀρχήϲτρα τοῦ χοροῦ, muſs eine ganz besondere Weisheit ent-
halten; denn was hat man sich nicht, aus Ehrfurcht vor ihm, für
unmögliche Situationen gefallen lassen! Führt doch A. Müller S. 119
mit vielen Worten aus, daſs in solchen Fällen, wie das Leichenbegängnis
in der Alkestis ist, angenommen werden müsse, daſs Chor und Schauspieler sich durch die Zugänge derselben Seite entfernen. Also Admet
durch den Seitenzugang der Bühne, der Chor durch die Parodos! Dadurch soll die Vorstellung unterstützt werden, daſs sie einen Leichenzug bilden! Das einzig Natürliche ist, daſs Schauspieler und Chor
faktisch mitsammen gehen, und es sind Stücke da, wo der Chor direkt
aufgefordert wird, zu folgen, oder der Schauspieler, voranzugehen.
Aber wie ungern hat man es gelten lassen, daſs der Chor ausnahms-
weise einmal die Bühne oder der Schauspieler einmal die Orchestra
betreten darf! In vielen Fällen konnte man eben um diese Ausnahme
nicht herum, und es kam nur darauf an, sich für die eine oder andere
Ausnahme zu entscheiden. Das ist manchmal nicht schwer. In den
Komödien, wo am Schluſs der allgemeine Auszug unter Tanz erfolgt, muſs die Orchestra dazu benutzt worden sein. Es kommen
also Philokleon und die Karkiniten, Peithetairos und Basileia (cf.
Av. 1761), Lysistrate, Blepyros und wohl auch Trygaios in die
Orchestra; ebenso Chremylos, cf. ἀναχωρεῖν Plut. 1208. Und Karion
tritt in demselben Stück (s. o.) mit dem Chor wohl ebenfalls in der
Orchestra auf; denn sie brauchen sehr lange, bis sie das Haus erreichen. Auch für die „Alkestis" läſst sich wahrscheinlich machen,
daſs der Chor nicht über die Bühne abgeht, s. Schönborn S. 137.
In anderen Fällen dagegen ist nur das festzustellen, daſs der Chor
und die Schauspieler beisammen sind.

In den „Hiketiden" des Äschylus z. B. sitzen Danaos und seine
Töchter an demselben Altar v. 208 ff. (θέλοιμ᾽ ἂν ἤδη ϲοὶ πέλας
θρόνους ἔχειν); der Herold der Aigyptiaden legt Hand an die Da-
naiden (902 f. εἰ μή τιϲ ἐς ναῦν εἶϲιν αἰνέϲας τάδε, | λακὶς χιτῶνος
ἔργον οὐ κατοικτιεῖ. 909 ἕλξειν ἔοιχ᾽ ὑμᾶς ἀποσπάϲας κόμης.
904 ΧΟ. διωλόμεϲθ᾽ ἄελπτ᾽, ἄναξ, πάϲχομεν). In den „Persern"
redet der Bote zunächst mit dem Chor, obwohl Atossa anwesend ist
(249—289), er steht also dieser mindestens nicht näher als jenem;
während Atossa am Grabe opfert, nimmt der Chor mit seinem Ge-
sange an der heiligen Handlung teil, und Dareios sagt v. 684 ff.,
daſs sowohl der Chor wie Atossa dem Grabe nahe stehen. Im „Prometheus" ist vielleicht anzunehmen, daſs am Schlusse alles durch
dieselbe Versenkung hinabgelassen wird; folglich müſste sich der
Chor ganz dem Prometheus nähern, sich um ihn gruppieren.

In den „Thesmophoriazusen" ist es unerläfslich, dafs der Chor
mit den wenigen Schauspielern eine Festversammlung darstellt;
und ebenso liegt die Sache bei der Versammlungsszene in den „Ekklesiazusen"; entweder ist der Chor auf der Bühne oder die Schauspieler sind in der Orchestra. In Eur. Herc. v. 527 bemerkt der
auftretende Herakles seine Familie ὄχλῳ ἐν ἀνδρῶν! Der Chor
mufs nahe bei Megara und Amphitryon stehen; sonst kann Herakles
das nicht sagen.

In der Iph. T. des Eur. sind 1068 ff. Chor und Schauspieler
sich so nahe, dafs Iphigenie an die einzelnen Griechinnen herantretend
sie anfleht, zu ihrer Rettung mitzuwirken:

$$\text{ἀλλὰ πρός cε δεξιᾶc,}$$
$$\text{cὲ καὶ c' ἱκνοῦμαι, cὲ δὲ φιλῆc παρηίδοc}$$
$$\text{γονάτων τε . . . . . .}$$

Rhes. 681 werden Diomedes und Odysseus vom Chor verhaftet.

Für die Bestimmung des Ortes, wo solche Szenen spielen, ist
zum Teil die Lage der Altäre und ähnlicher Bestandteile der szenischen
Dekoration wichtig. Und Niejahr (de Poll. loco), dem ja hauptsächlich daranliegt (gegen Höpken) die Schauspieler aus der Orchestra
zu verbannen, sucht daher für seine Untersuchung einen festen Punkt
damit zu gewinnen, dafs er mittels anderer Anzeichen die Lage der
Altäre etc. auf dem Logeion wahrscheinlich macht, wie ja schon
G. Hermann eine derartige Dekoration der Orchestra als unzulässig
bezeichnet hat. Niejahr operiert aber viel zu sehr mit den relativen
Begriffen der Nähe und Ferne, als dafs er jeden Zweifel beseitigen
könnte. Er urgiert z. B. entschieden zu sehr das ἐπ' ἐξόδοιcι in
Eur. Hel. 1165 (bezüglich des Grabmals). Indes ich gebe gerne zu,
dafs die Altäre in der Nähe des Hauses lagen, zumal der des Agyieus
— wofür Niejahr z. B., abgesehen von der Stelle des Pollux, noch
Aristoph. Vesp. v. 875 γεῖτον ἀγυιεῦ τοὐμοῦ προθύρου προπύλαιε
(Bentley; προθύρου πρόcθ' πύλαc R; προπύλου προσπύλαc V.;
προπύλου πάρος αὐλᾶc Meineke) hätte anführen können —; obwohl ich auch umgekehrt sagen könnte, das Grabmal des Proteus
lag in der Orchestra, weil Helene über 50 Verse (330—385) braucht,
um den Palast von dort aus zu erreichen; und obwohl auch in den
„Choephoren" das Grab des Agamemnon nicht in nächster Nähe des
Palastes sein kann, einmal aus demselben psychologischen Grund,
den Schönborn für einen Szenenwechsel geltend macht, und dann,
weil Orestes schon v. 10 den Chor aus dem Palast kommen sieht
und doch nach 11 Versen, v. 21, noch Zeit hat, sich ungesehen zu
entfernen. Und wenn das Grab in der Orchestra lag, dann müssen
natürlich Orestes und Elektra auch die Orchestra betreten. Lag in
Eur. Iph. T. der Altar auf der Bühne, so mufste der Chor, welcher
der Iphigenie beim Opfer (vgl. v. 63 ff. 167 ff.) zur Seite steht, auf
die Bühne kommen.

Um kurz zu sein: wir kommen damit nicht weit, wenn wir die Frage, ob das Grabmal und der Altar auf dem Logeion oder in der Orchestra stand, früher stellen als die Hauptfrage, ob denn Logeion und Orchestra überhaupt zwei getrennte Dinge sind. Man höre endlich auf, dies ohne weiteres vorauszusetzen und jenes ausschliefslich den Schauspielern, diese ausschliefslich dem Chor zuzuweisen; denn man ist doch immer genötigt, entweder nach der einen oder anderen Richtung Ausnahmen zuzulassen. Je zahlreicher diese Ausnahmen sind, desto mehr verliert man überhaupt jeden sicheren Halt für die Lokalisierung der szenischen Vorgänge. Nun sehen wir aber, dafs sich uns der Unterschied zwischen Logeion und Orchestra mehr und mehr verwischt hat, denn der Szenen, wo ein Überschreiten der Grenze zwischen beiden, wo ein Zusammenspiel der Schauspieler und des Chors unerläfslich ist, sind zu viele. Packen wir also gleich die Frage fest an, ob denn überhaupt ein Höhenunterschied zwischen „Bühne" und „Orchestra" bestand. Sie ist zeitgemäfs. Denn was früher zu bezweifeln nie jemand eingefallen wäre, ist jetzt geleugnet worden. Und die es leugnen, führen die Monumente zu ihren Gunsten an und sind durch sie zu ihren fere inauditae opiniones, wie Harz- mann meint (Quaestiones scaenicae p. 13), gekommen.

Das Logeion ist nach Vitruv im griechischen Theater 10—12 Fufs hoch. 12 Fufs beträgt auch die Höhe der in Epidauros noch nachweisbaren Wand. Man weifs, was gegen die Auffassung dieser Wand als vorderer Grenze des Logeions spricht: Die bedeutende Höhe ist unpraktisch und unnötig; eine Verbindung mit der Orchestra fehlt; wird eine solche durch ein vorgebautes Gerüst und eine Treppe hergestellt, so wird die architektonische Wirkung der Vorderwand vernichtet; der Zweck der Thüren ist unklar, zumal die Treppe gerade da angesetzt werden müfste, wo die Mittelthüre ist. Über die Tiefe der Bühne liefse sich allein ein Kapitel schreiben; sie ist, wenn man noch den von den Dekorationen beanspruchten Raum abrechnet, eine ganz unverhältnismäfsig geringe. Dabei ist zu bedenken, dafs die Masse der Menschen, welche sich auf der griechischen Bühne zu bewegen hat, manchmal eine recht beträchtliche ist. Dafür nur einige Beispiele: Aesch. Eum. 566 Athene mit 12 Richtern und dem Herold, dazu Orestes und Apollon, 1003 zu Athene und den Richtern nebst Herold noch ein Nebenchor von Fackelträgerinnen; Soph. Oed. R. 1 ff. Kinder um den Altar, Priester, Ödipus; Eur. Heracl. 180 ff. Kinder des Herakles um den Altar, Iolaos, Kopreus, Demophon, Akamas, Gefolge; Eur. Suppl. Chor um den Altar, Aithra, Adrastos mit Kindern der verstorbenen Helden, dazu 87 Theseus mit Gefolge; 794 ff. die Leichen der 7 Helden, Theseus, Adrastos mit Begleitung; Aristoph. Ach. 40 ff. Prytanen, Skythenwache, Dikaiopolis, Amphitheos, Volk, dann die Gesandten etc.; Soph. Trach. 255 ff. Deianeira, Bote, Lichas, Zug der gefangenen Frauen; Aristoph. Lys. 956 ff. Getümmel, Kampf der Frauen mit der Skythenwache. Dazu zähle man

alle jene oben angeführten Fälle, wo der Chor die Bühne besteigt
oder auf derselben auftritt.

Man wird auch das zugeben, daſs man nicht eine so hohe Bühne
benützt haben wird, wenn man sie entbehren konnte; und wenn dieselbe im Theater des 4. Jahrh. wirklich fehlt, so ist es nicht wahrscheinlich, daſs man im 5. Jahrh. eine solche gehabt und dann ab-
geschafft habe. Wie käme auch Vitruv zu einer Angabe, die nur
auf die Bühne des 5. Jahrh. (die Bühne von Holz!) Bezug hat?
Es wäre ja nicht unmöglich, daſs seine bestimmte Überlieferung über
das 12 Fuſs hohe Logeion auf einem Irrtum beruht.

Über all das verweise ich jetzt am besten auf Pickards Disser-
tation. Dieselbe hat allerdings von Seite Oehmichens (Wochenschr.
f. klass. Philol. 1892, 1137—1143) eine wenig günstige Besprechung
erfahren, und Oehmichen hat dabei Veranlassung genommen, von
neuem gegen die Dörpfeldschen Ansichten Stellung zu nehmen.
Hauptsächlich hat er auf die Stelle bezüglich des ὀκρίβας in Plat.
Conv. 194 B verwiesen, und die Frage der Versenkungen mit besonderer Betonung des „Prometheus" ins Feld geführt. Während
Oehmichens auf Pollux gestützte Bemerkung, daſs die Okeaniden im
„Prometheus" die Flugmaschine nicht benützt haben können, sich
mit der oben S. 665 f. vertretenen Auffassung deckt, glaube ich doch,
daſs in der Frage der Versenkungen jenem Autor zu viel Vertrauen
geschenkt und die generelle Bedeutung der in Eretria und ander-
wärts gefundenen Versenkungsräume mit Unrecht angezweifelt ist.
Was Pollux betrifft, so will ich nicht bestreiten, daſs seine Angaben
auf frühere Zeit zurückgehen können; aber es finden sich bereits in
den möglicherweise bis auf die Alexandriner zurückreichenden Notizen
der Scholien irrige Anschauungen, worüber ich auf das im Anhang
verzeichnete Material verweise. Solche Notizen sind keine Autorität
für uns. Wir brauchen nicht in jedem Falle eine alte Überlieferung
hinter ihnen zu wittern. Vielmehr glauben wir nach wie vor ein
gutes Recht zu haben, die Dramen, falls wir sie vorsichtig benützen,
als unsere entscheidenden Quellen anzusehen.

Ich benütze um so mehr die Gelegenheit, meinen Standpunkt
hier nochmals zu verteidigen, als inzwischen einer unserer gröſsten
Historiker und Archäologen, Ernst Curtius, in dieser Sache das Wort
ergriffen hat (Orchestra und Bühne. Aus einem Vortrag in der
archäologischen Gesellschaft zu Berlin, Januarsitzung 1893. Berl.
Philol. Wochenschr. 1893, 97—100), indem er mahnt, vor Erscheinen
der in Aussicht gestellten entscheidenden Publikationen eine Stellung-
nahme zu den schwebenden Fragen zu unterlassen. Es liegt mir
natürlich fern, den berufenen Kennern der Monumente vorgreifen zu
wollen. Aber E. Curtius verwahrt sich ja selbst gegen ihre Rückschlüsse; denn „daſs keine Fundamente von Bühnenbau nachgewiesen
sind, welche über Lykurgs Zeit hinausreichen, beweist doch nur für
die Bauzeit eines stehenden Bühnengebäudes". Für die nichtstehende

Bühne brauchen wir also andere Zeugnisse. Und wenn die Bühne nicht stehend war, sondern immer wieder neu aufgeschlagen werden mußte, so darf man sich doch die Sache nicht so leicht vorstellen, daß man die athenischen Zimmerleute Zeit haben läßt, für die Bedürfnisse nicht nur jedes Spieltages, sondern geradezu jedes einzelnen Stückes wieder eine vollständige neue Bühne aufzuführen. Daß man aber, wie Curtius ferner bemerkt, eine Bühne deswegen bauen mußte, weil die dramatischen Spiele etwas ursprünglich dem Dionysosfest Fremdartiges waren und keinen Anspruch auf die Orchestra hatten, ist doch kaum durchschlagend. Nach ihrer Rezeption waren sie nichts Fremdartiges mehr, selbst wenn sie es in ihrer ersten Entwicklung gewesen wären, und sie haben sich wahrlich schön in den alten Rahmen eingefügt. Nachdem wir gewohnt sind, uns Bühne und Orchestra als deutlich getrennt zu denken, mag dies unserm ästhetischen Gefühl, das Curtius in so schönen Worten sprechen läßt, eine unerläßliche Forderung zu sein scheinen. Aber darauf allein kann es doch nicht ankommen, daß uns der Gedanke lieb geworden ist. Wenn wir uns von dem Gewicht der Gegengründe überzeugen, werden wir eben auf ihn verzichten müssen.

Wir sind bei diesem Exkurs zum Teil von Oehmichens Bemerkung über die Versenkungen ausgegangen. Dies ist eigentlich von unserm Standpunkt aus insofern nicht ganz berechtigt, als wir bereits oben S. 672 f. darauf hingewiesen haben, daß die Frage der Versenkungen in der Beweisführung für oder gegen das hohe Logeion eine bestimmte Handhabe nicht bietet. Es ist nicht zu übersehen und von Pickard mit Recht betont, ein wie gewichtiges Zeugnis für das Spielen der Schauspieler in der Orchestra darin liegt, daß der unterirdische Gang in Eretria unter den Mittelpunkt der Orchestra führt. Zum mindesten aber glauben wir konstatiert zu haben, daß der „Prometheus", auch abgesehen von einem unterirdischen Hohlraum, für ein hohes Logeion nicht beweisend ist, wie Todt behauptet. Auch andere Anzeichen einer erhöhten Bühne, die Todt in den vier älteren äschyleischen Stücken finden wollte, vermag ich nicht anzuerkennen. In den „Schutzflehenden" muß man von den Stufen des Altars aus einen weiteren Umblick haben als von der ebenen Fläche, auf der der Chor steht. Aber wenn Todt sich auf die Ausdrücke πάγος ἀγωνίων θεῶν 189 und σκοπὴ ἱκεταδόκος 713 und auf den hügeligen Charakter der Gegend (γᾶ βοῦνις 118 und 776) beruft (S. 510), so vermißt man in diesen „Beweisen" überzeugende Kraft.[1]) Es ist schon wiederholt gegen zu weitgehende Auslegungen der Dichterworte protestiert worden. Wenn der Altar auf ein paar

---

1) Es heißt auch, durch das ganze Stück ziehe sich die Vorstellung, daß die κοινοβωμία an einen Hügel angelehnt sei, der aus einem Wiesenplan aufsteigt. Dieses Moment für das Vorhandensein einer Hinterwand ist ganz subjektiv. Wenigstens drängt sich die besagte Vorstellung im Drama nirgends auf.

Stufen steht, so kann dadurch die Vorstellung, daſs man von demselben aus einen weiteren Rundblick habe, als genügend unterstützt
gelten. Der ganze Bau braucht nicht gerade 3 m hoch zu sein, weil
die Danaiden drohen, sich daran aufzuhängen. Daſs der Dichter mit
βᾶτε 191 unwillkürlich verraten habe, daſs sie hinaufsteigen müssen,
kann doch Niejahr, de Poll. loco, qui ad rem scaen. spect. p. 2, unmöglich im Ernst als Beweis anführen wollen.

In den „Sieben" dient in ähnlicher Weise der Altar als Warte;
man sieht von ihm aus auf das Blachfeld hinaus. Auch hier ist nicht
zu beweisen, daſs dieser Altar nochmal auf einem hohen Logeion
stand. Bekanntlich war die Bühne „im status nascens stets von
einer groſsartig naiven Genügsamkeit" (Todt S. 515). Wenn also
der Chor erzählt, daſs er das und das vom Altare aus sehe, sollte
man ihm denn das nicht glauben, auch wenn der Altar auf dem
ebenen Boden stand? Der Platz war eben auf der Akropolis. Brauchte
man zur Charakterisierung derselben ein hohes Logeion, als „Bastion"
aufzufassen? Ist es wahrscheinlich, daſs die Leichen der Gefallenen
auf eine solche „Bastion" hinaufgeschleppt werden? Der jüngst ver-
storbene Altmeister der szenischen Archäologie, Wieseler, hat in den
Göttinger Nachr. 1890, 210 ff. einige Fälle zusammengestellt, wo
das Logeion die Bedeutung eines geweihten Platzes (sei es als Vor-
platz eines Tempels oder für sich) habe, während die Orchestra den
davon getrennten profanen Boden bezeichne. Zu diesen Fällen gehören auch Aesch. Suppl. und Sept. Aber ein Höhenunterschied läſst
sich aus diesem Bedeutungsunterschied noch nicht folgern, nicht einmal eine räumliche Abgrenzung. Der Altar allein repräsentiert zur
Genüge den heiligen Platz.[1]) Ja, wenn die Stellungsveränderung
des Chors nur etwas mehr markiert, wenn nur einmal eine Andeutung zu finden wäre, daſs er hinauf- oder hinuntersteigen muſs,
dann würden wir ja gerne einen Höhenunterschied zugeben. Aber
davon ist in den äschyleischen Dramen, die wir eben wieder gegen
Todt heranziehen muſsten, nichts zu bemerken.

In mehreren anderen Stücken sind allerdings Andeutungen vorhanden, die auf einen erhöhten Standplatz des Schauspielers, auf ein
Hinauf- oder Hinabsteigen schlieſsen lassen. Wir besprechen nun
diese Stellen, welche man jetzt für die erhöhte Bühne anzuführen
pflegt[2]), und noch ein paar dazu.

Stellen, die für die erhöhte Bühne zu sprechen scheinen.

Es kommt vor, daſs alte Leute beim Auftreten über die Schwierigkeit des Weges klagen, und sie sagen dabei oder deuten an, daſs sie

---

1) Mit Todts und Wieselers Gedankengang berührt sich zum Teil
der P. Richters S. 112 ff.

2) S. A. Müller, Philol. Anz. XV, 525 ff. Reisch, Zeitschr. f. d. österr.
Gymn. 1887, 273 ff. Capps p. 64 ff.

eine Steigung zu überwinden haben. (1.) In Eur. Herc. 119 ff. spricht
der auftretende Chor der Greise also:

μὴ πόδα προκάμητε
βαρύ τε κῶλον, ὥστε πρὸς πετραῖον
λέπας ζυγοφόρος ἅρματος βάρος φέρων
τροχηλάτοιο πῶλος.
λαβοῦ χερῶν καὶ πέπλων, ὅτου λέλοιπε
ποδὸς ἀμαυρὸν ἴχνος·
γέρων γέροντα παρακόμιζε.

Die Greise kommen langsam vorwärts und vergleichen sich mit
einem Roſs, das seine Last einen steinigen Pfad hinaufzieht. Dieser
Fall ist insoferne von allen folgenden zu trennen, als es sich um das
Auftreten des Chors, nicht eines Schauspielers handelt. Ist in den
angeführten Versen eine Andeutung des Ansteigens zu erblicken —
und eine solche scheint vorzuliegen — dann ist die Steigung nicht
zwischen Orchestra und „Bühne" zu suchen, sondern da, wo der Chor
hereinkommt. Dort müssen also entweder Stufen oder eine schiefe
Ebene sein. Zur Aufklärung berufen wir uns auf die Mitteilung
Pickards (S. 6), daſs das Niveau der aus dem 5. Jahrh. stammenden
Orchestra in Athen, wie an den aufgedeckten Teilen ihrer Stein-
einfassung zu sehen ist, wenigstens 5—6 Fuſs über dem Niveau des
auſserhalb des Kreises liegenden Bodens war. Wenn dem so ist, so
müssen die Zugänge zu dieser Orchestra, also die πάροδοι, notwendig
schiefe Ebenen gewesen sein.[1]) Die Steigung braucht also nicht vom
Dichter fingiert zu sein, sie war wirklich vorhanden.

(2.) Ähnlich, sogar noch deutlicher als die obige Stelle, aber
auf einen Schauspieler bezüglich, ist Eur. El. 489 ff. Der Alte klagt:

ὡς πρόσβασιν τῶνδ᾿ ὀρθίαν οἴκων ἔχει
ῥυσῷ γέροντι τῷδε προσβῆναι ποδί.
ὅμως δὲ πρός γε τοὺς φίλους ἐξελκτέον
διπλῆν ἄκανθαν καὶ παλίρροπον γόνυ.

(3.) Auch im „Ion" wird es dem greisen Pädagogen nicht
leicht, den Weg zum Heiligtum zurückzulegen: 727 ἔπαιρε ϲαυτὸν
πρὸς θεοῦ χρηστήρια und 739 αἰπεινά τοι μαντεῖα deuten auf eine
Erhöhung. Wir müssen es in diesen Fällen dahingestellt sein lassen,
ob die Steigung nur in der Phantasie des Dichters existiert oder
wirklich vorhanden war, und wo sie in diesem Falle zu suchen ist,
unmittelbar am Eingange zum Gebäude, oder in einiger Entfernung.
Wohl das letztere, da in beiden Fällen das Auftreten der Personen
noch nicht beendigt ist.[2])

(4.) Auch im Anfang von Aristoph. Av. klagen die beiden

---

1) Stufen anzunehmen geht nicht an wegen des öfters unter Tanz
erfolgenden Abzugs des Chors.
2) Ähnlich Eur. Phoen. v. 834 ff. Doch ist eine Andeutung eines
Ansteigens nicht zu bemerken.

Athener über die Mühen ihrer Wanderschaft; sie müfsten durch eine
pfadlose Wildnis irren (20 ff.)

ΕΥ. ἔcθ' ὅποι κατὰ τῶν πετρῶν
ἡμᾶc ἔτ' ἄξειc· οὐ γάρ ἐcτ' ἐνταῦθά τιc
ὁδόc. ΠΕ. οὐδὲ μὰ Δί' ἐνταῦθά γ' ἀτραπὸc οὐδαμοῦ.

Dann winken ihnen ihre gefiederten Wegweiser nach oben (49 ff.)

ΠΕ. ἡ κορώνη μοι πάλαι
ἄνω τι φράζει. ΕΥ. χὠ κολοιὸc οὑτοcὶ
ἄνω κέχηνεν ὡcπερεὶ δεικνύc τι μοι,
κοὐκ ἔcθ' ὅπωc οὐκ ἔcτιν ἐνταῦθ' ὄρνεα.

Sie klopfen an den Felsen, vor dem sie stehen, worauf sich die
Wohnung des Epops öffnet. Diese scheint etwas über dem Boden
erhöht zu sein; wenn sich dies auch nicht aus v. 175 ergibt, wo
Peithetairos den Epops auffordert: βλέψον κάτω. Er thut es, dann
mufs er hinaufblicken, und nirgends sieht er etwas anderes als
Himmel und Wolken. Also, sagt man, steht er auf einem erhöhten
Standpunkt, sonst kann er nicht in die Tiefe blicken. Warum denn
nicht? Was ist denn mit einer kleinen Erhöhung gewonnen? Der
Epops sieht ja doch immer den Boden, wenn er abwärts blickt,
während er nichts als Luft sehen sollte; und die Vögel wandeln
doch auf der Orchestra einher, während man sie sich in der Luft
zu denken hat. Der Komödiendichter darf sich das erlauben; er darf
die Bühne zur Abwechslung einmal in ein Luftreich verwandeln, die
Zuschauer werden ihm glauben. Freilich wird man sich nie ganz
darüber einigen können, was überhaupt Aristophanes mit szenischen
Mitteln darstellte, was er der Phantasie zu ergänzen überliefs (vgl.
Szeneriewechsel!), weil diese Frage doch nur vom subjektiven Standpunkt aus entschieden werden kann; der eine stellt gröfsere Anfor-
derungen an die realistische Genauigkeit der szenischen Darstellung,
dem anderen genügt schon eine „geringe Andeutung, um die leicht-
bewegliche Phantasie in die gewünschte Thätigkeit zu setzen"
(O. Müller, Litt.-Gesch.³ II, 59). Aber gerade die ganz exzeptionellen
szenischen Voraussetzungen jenes eigenartigen Stückes scheinen mir
dazu angethan, vor zu weit gehenden Schlüssen aus den Worten des
Dichters zu warnen. Aristophanes sträubt sich gegen die Zwangs-
jacke unserer gelehrten szenischen Orthodoxie.

(5.) Aristophanes' „Lysistrate" spielt in ihrem Hauptteil vor
der Akropolis. Es ist schon an und für sich natürlich, dafs man
sich den Zugang zu derselben nicht als eben zu denken hat. Dies
wird auch direkt gesagt mit τὸ cιμόν v. 288. Der Schol. erklärt es
mit πρόcαντεc und führt eine Parallelstelle aus den Νῖκαι des Platon
an: τουτὶ προcαναβῆναι τὸ cιμὸν δεῖ. Es ist der Abhang vor dem
Akropolisthor. Ob derselbe auch auf der Bühne zu sehen war?
Im Stücke selbst findet sich sonst keine Andeutung mehr, dafs es

hinauf oder hinunter gehe. Zweifelhaft ist es, ob die vom Schol.
zitierte Stelle des Komikers Platon, sowie das aus den „Babyloniern"
des Aristophanes beigebrachte Bruckstück μέϲην ἔρειδε πρὸϲ τὸ
ϲιμόν sich auch auf die Szenerie des Stückes bezogen oder dem Schol.
nur dazu dienen sollen, die Bedeutung von ϲιμόν zu belegen.

(6.) In Soph. Phil. liegt die Höhle des Helden nicht ganz auf
ebenem Boden, sondern etwas erhöht, natürlich nicht so hoch, dafs
der lahme Philoktet sie nicht ersteigen kann; Neoptolemos, von
Odysseus beauftragt die Höhle zu suchen, findet sie τόδ' ἐξύπερθε
v. 29. — v. 814 kann man aus den mühsam noch herausgestofsenen
Worten des Philoktet wohl entnehmen, dafs er in seine Höhle ver-
bracht werden möchte; er sagt

ἐκεῖϲε νῦν μ', ἐκεῖϲε ΝΕ. ποῖ λέγειϲ; ΦΙ. ἄνω —

Vgl. auch v. 1000 ἕωϲ ἂν ᾖ μοι γῆϲ τόδ' αἰπεινὸν βάθρον. Ich
nehme hier eine mäfsige Erhöhung um so lieber an, als man sie
auch bei der erhöhten Bühne noch voraussetzen mufs, falls nicht
grofsenteils in der Orchestra gespielt werden soll.

Und so mag denn wohl in mehreren Stücken, wo der Schauplatz
der Handlung oder die Anordnung des Dichters es erforderte, eine
Erhöhung vor der Hinterwand der Bühne, wie z. B. in den „Vögeln",
der „Lysistrate" und dem „Philoktet" angebracht gewesen sein; und
es wäre auch sonst nicht unpassend gewesen, wenn etwa dargestellte
Paläste oder Tempel sich dadurch über das Niveau des umgebenden
Bodens erhoben hätten, dafs ein paar Stufen zu ihnen emporführten;
wenn im „Ion" v. 520 von κρηπῖδεϲ δόμων gesprochen wird, so
mag der Tempel auf einer Steinterrasse gestanden haben, und man
könnte dann immerhin jenes ἔπαιρε ϲαυτὸν πρὸϲ θεοῦ χρηϲτήρια
(v. 727) auf deren Stufen beziehen.

Selbst die Privathäuser könnten eine kleine Terrasse vor sich
gehabt haben, wenn die Ausdrücke ἀναβαίνειν und καταβαίνειν notwendig auf einen Höhenunterschied zu beziehen wären. Doch glauben
wir, dafs

(7.) καταβατέον γ' ἐπ' αὐτούϲ μοι Vesp. 1514 jetzt richtig als
in certamen descendendum gedeutet wird, und dafs die Erklärung
von ἀναβαίνειν in

(8.) Equ. 148 f. δεῦρο δεῦρ' ὦ φίλτατε,
ἀνάβαινε ϲωτὴρ τῇ πόλει καὶ νῷν φανείϲ,
(9.) Ach. 732 ἄμβατε ποττὰν μάδδαν, und
(10.) Vesp. 1342 ἀνάβαινε δεῦρο χρηϲομηλολόνθιον

als „näher herankommen" zulässig ist.[1]) Dabei verschweige ich nicht,

---

1) Vgl. Reisch a. a. O., Niejahr, Quaest. Aristoph. scaen. p. 28,
Capps p. 65 ff. Die Parallele ἀναδιδόναι Aristoph. Ach. 245 und die Xen.
Conviv. 2, 8 ist meines Wissens aus Haupt, de scaena Acharn. etc. p. 9
entlehnt.

dafs mich diese Erklärung bei der letzten Stelle nicht befriedigt, da
der folgende Vers nicht recht dazu passen will, und dafs die Inter-
pretation von καταβατέον Vesp. 1514, die unter 7) angeführt ist,
durch das Hinzukommen einer zweiten Stelle im selben Stück, eben
jenes ἀνάβαινε 1342, an Wahrscheinlichkeit verliert.
    Dagegen darf (11.) Eccl. 1152 f.

      ἐν ὅcῳ δὲ καταβαίνειc, ἐγώ
      ἐπᾴcομαι μέλοc τι μελλοδειπνικόν

analog dem „Herzugehen" erklärt werden „während du dich dahin
begibst", umsomehr, als das μέλοc μελλοδειπνικόν gar nicht gesungen
wird, während wir uns den Blepyros von der Bühne herunter-
steigend denken müfsten, sondern erst v. 1168 ff. folgt, wo er
sich bereits am Tanze beteiligt. Dafs dagegen ἀναβαίνειν und καταβαίνειν bedeuten könne „auftreten" und „abgehen", halten wir für
eine schlechte Scholiastenausrede, welche heutzutage niemand mehr
wiederholen sollte.
    Die zuletzt angeführten Stellen sind also solche, welche auch
in anderer Weise genügend erklärt werden können. Wir geben auch
die Hoffnung nicht auf, für einen Teil derselben noch eine andere
Deutung zu finden, und werden weiter unten darauf zurückkommen.
In nr. 4—6 sind dagegen zweifellos Erhöhungen angedeutet, bezüglich
deren man höchstens die Möglichkeit zugeben könnte, dafs der Dichter
sie fingiert habe. Wir glauben aber wirklich, dafs in diesen
Stücken, d. h. in Aristoph. Av., Lys., Soph. Phil. ein erhöhter Platz
vor der Dekorationswand vorhanden war; ein solcher konnte ja leicht
aus Holz hergestellt und je nach Bedürfnis hoch gemacht und (als
Felsenweg, Bergabhang, Marmorstufen etc.) ausgestattet werden.
Man verwechsle nicht „Bühne" und Dekoration; um eine
Bühne, die in allen Stücken da war, in der Höhe sich gleich blieb
und später aus Stein hergestellt wurde, nachzuweisen, dazu brauchten
wir mehr Stellen als diese paar, da wir doch in den Dramen auf
Schritt und Tritt Szenen finden, die besser ohne Bühne dargestellt
würden. Wir wollen nun nicht gleich umgekehrt sagen: daraus,
dafs wir so wenig Andeutungen des Hinauf- und Hinabsteigens haben,
ergibt sich das Fehlen einer erhöhten Bühne. Das wäre voreilig.
Denn unser Komiker hat ja Stellen, die man als solche Andeutungen
nehmen kann, wenn man will. Und dafs wir bei den Tragikern
deren viel mehr erwarten dürften, ist nicht richtig; denn dem Tragiker kann der Unterschied des Niveaus durch die Konvention, die
Entwickelung der Bühne aufgedrängt sein, während er ihn für sein
Stück nicht brauchen kann, vielleicht unangenehm empfindet. Er
hilft sich dann eben so gut es geht darüber hinweg und vermeidet
es, davon zu sprechen.
    Wenn also der Beweis gegen ein erhöhtes Logeion aus den
Stücken zu erbringen ist, so kann er weniger auf das Fehlen von

Anzeichen für dasselbe gestützt werden als auf die positiven Anhaltspunkte, die gegen einen Niveauunterschied sprechen. Und was
in dieser Richtung zu bemerken ist, haben wir bereits angeführt
und wir glauben, auf dieser Seite ist die gröfsere Wahrscheinlichkeit. Wir verzichten darauf, einen Vermittlungsantrag nach Art des
Haighschen einzubringen (5—6 Fufs hohes Logeion im 5. Jahrh.).
Sobald wir eine Bühne annehmen würden, wäre es die Vitruvsche.
Sie ist 10—12 Fufs hoch. So hoch ist auch in den erhaltenen
Theatern die Wand, die dann die Vorderwand der Bühne sein müfste.
War diese Wand aber die Bühnenhinterwand, so stand der Palast
oder Tempel, den sie darstellte, allerdings auf keiner Terrasse, denn
ihre Schwelle liegt in gleichem Niveau mit dem Orchestraboden.
Aber brauchte sie denn eine Erhöhung für die Gebäude, welche sie
gewöhnlich darzustellen hatte? Die Gattung des Dramas, welche
zu ihrer Zeit allein noch lebendig war, ist die neue Komödie; die
konventionelle Szenerie derselben ist das einfache griechische Privat-
haus, und die gewöhnliche Höhe eines solchen erreicht auch das
„προσκήνιον“.[1]) Dafs vor demselben aber auch Stücke wie der
„Philoktet“ aufgeführt werden konnten, ist klar; dazu bedurfte es
nur einer entsprechenden, für diesen Fall hergestellten Szenerie. Ob
der Steinboden vor dem „προσκήνιον“ für die Tänze und Gesänge
des Chors brauchbar war oder im Interesse der Akustik mit Holz
verkleidet werden mufste, mag ein Techniker entscheiden, oder
jemand, der die Akustik an Ort und Stelle erprobt hat.[2]) Und um
welches Mafs die Höhe der Wand durch eine Dielung oder ein Gerüst verringert werden durfte, um noch zu wirken, läfst sich ohne
Anschauung ebenfalls nicht bestimmen.

Was die Bühne des 5. Jahrh. betrifft, die ja noch nicht „ver-
steinert“ war, so bleiben wir dabei, dafs wir eine Erhöhung vor der
Dekorationswand nur in den Stücken anzunehmen brauchen, wo davon gesprochen wird, und dafs diese Erhöhung noch unter den Begriff der Dekoration fällt. Gerade in den Stücken, die uns die
sicheren Fälle bieten, Aristoph. Av., Lys., Soph. Phil. erfordert die
Eigenartigkeit des Schauplatzes eben eine besondere szenische Zu-
richtung. Bemerkt mag übrigens werden, dafs, falls wir selbst alle
11 oben genannten Fälle gelten lassen wollten, doch erst die „Acharner“ (425) das älteste Stück wären, wo sich eine solche Andeutung
findet.

Doch halt! Bei Todt S. 540 lesen wir: „Wenn man den Agamemnon, wo dieser über Purpurdecken geht, und den Anfang des
Orestes, wo der Chor leise zum Lager des Orestes herantritt, nicht
gelten lassen will, so wird man doch über die Stelle in Aristoph.

---

1) Dörpfeld, Berl. Philol. Wochenschr. 1890 in der Rezension von
Haighs „Attic theatre“ S. 461 ff.
2) Ich höre, dafs sie noch jetzt in Epidauros vorzüglich sei, ohne
Bretterboden.

Lys. nicht hinwegkommen, wo der Chor der Weiber auf der die
Burg von Athen darstellenden Bühne steht und von dem Chor der
Greise belagert und bestürmt wird. Diese stehen natürlich in der
Orchestra, die Weiber aber giefsen von oben herab Wasser, und die
eine will einen Alten von oben herab mit dem Bein stofsen." Es ist
höchst auffallend, dafs Todt nur diese drei Stellen für eine erhöhte
Bühne nennt, dafs er bei Lys. gerade das anführt, was nichts für
eine Erhöhung beweist, und dafs er den Fall Eur. Or. mitzählt, wo
er doch erst eine erhöhte Bühne voraussetzen mufs, um den Chor
hinaufsteigen lassen zu können. Aber Agamemnon? Ich fürchte,
dafs es sich mit dem ebenso verhält wie mit dem „Orestes" oder
der „Lysistrate", wo Todt die unbewiesenen Wörtchen „von oben
herab" einschiebt. Ich zweifle sogar, ob nicht das Gegenteil dasteht,
nämlich, dafs der Weg eben ist (cf. πέδον κελεύθου 909); doch das
ist gedeutet. Aber von einem Hinaufsteigen ist nicht das Geringste
zu bemerken.

Bei dieser Gelegenheit mag erwähnt werden, dafs Capps (p. 35)
einen sehr schönen Beweis dafür gefunden zu haben scheint, dafs
der Weg von der sogen. Bühne in die Orchestra ein ebener war, in
Eur. Hec. Der geblendete Polymestor stürzt aus dem Zelt, 1053;
Hekabe weicht ihm aus (1054), und auch die Choreuten scheinen
sich vor ihm zurückzuziehen, denn er sucht sie zu erreichen und
ruft ihnen zu (1064 ff.)

> τάλαιναι κόραι τάλαιναι Φρυγῶν,
> ὦ κατάρατοι,
> ποῖ καί με φυγᾷ πτώccουcι μυχῶν;

und 1070f. hört er die Tritte der aus seiner Nähe weichenden Frauen:

> κρυπτὰν βάcιν αἰcθάνομαι
> τάνδε γυναικῶν.

Capps weist nun darauf hin, dafs Polymestor hier bei seinem
Suchen in die Orchestra gekommen ist, denn die Frauen müssen sich
in seiner nächsten Nähe befinden. Kann das aber der blinde Mann,
wenn dort Treppenstufen sind? Er mufs ja stürzen!

Diesem Fall wollen wir gleich den eines anderen Blinden noch
anfügen. Im Oed. Col. ist im Hintergrund der heilige Hain, aus
dem Ödipus entfernt werden soll; er wird daher von v. 178—194
(mit den ausgefallenen etwa 20 vv.) langsam in der Richtung gegen
den Standplatz des Chors, der sich auf profanem Boden befindet,
geführt. Obwohl man meinen sollte, er müfste während dieser Zeit
bereits die Grenze zwischen „Bühne" und Orchestra überschritten
haben (die erstere als etwas über 2 m breit angenommen), ist doch
weder angedeutet, dafs eine Terrainschwierigkeit zu überwinden war,
noch könnte man sich einen blinden Greis ohne Gefahr über mehrere
Stufen herabsteigend denken; allerdings noch eher als den Polymestor, denn er wird geführt und geht langsam.

Und wie die blinden Greise nicht leicht über die eventuellen Stufen herabkommen könnten, so der Esel, auf dem Xanthias in den „Fröschen" reitet, nicht leicht hinauf. Er ist wahrscheinlich in der Orchestra hereingekommen, weil die schmale „Bühne" für Tiere, Wagen u. ä. etwas Gefährliches hätte, und v. 35 ist er unmittelbar vor dem Haus im Hintergrund.[1])

Damit sind wir eigentlich schon im nächsten Kapitel. Denn nachdem wir das Erscheinen der Schauspieler aus dem Hintergrund, in der Höhe etc. oben besprochen, erübrigt uns noch ein genaueres Eingehen auf deren Auf- und Abtreten durch die seitlichen Eingänge zur Bühne.

Auftreten und Abgehen der Schauspieler durch die Parodoi.

Man pflegt zweierlei seitliche Eingänge zu unterscheiden, die ἄνω und κάτω πάροδοι. Die Scholien (z. B. Lys. 321) haben diese Unterscheidung, und Plut. Demetr. 34 nennt die ἄνω πάροδοι. Das an dieser Stelle beschriebene Auftreten des Demetrios kann man sich allerdings kaum anders denken als durch die Mittelthür der Hinterwand. Der Name ἄνω πάροδοι wird also auf alle aus dem Skenengebäude auf die Bühne führenden Eingänge zutreffen. Das römische Theater hat die Orchestra vollständig von der (etwa 5 Fufs hohen) Bühne getrennt, wodurch die Orchestraeingänge zu Eingängen nur für das Publikum wurden. Das sind die κάτω πάροδοι, die ἄνω πάροδοι dienen für die Schauspieler. In den speziell griechischen Theatern, z. B. Epidauros (auch Sikyon), sind Spuren von Gängen erhalten, die auf die Plattform des Proskenions führen, die man also ἄνω πάροδοι heifsen würde, wenn wirklich diese Plattform das Logeion gewesen wäre. Da dies aber nach dem vorher Gesagten für uns undenkbar ist, und jene Plattform höchstens als Oberbühne (θεολογεῖον) gefafst werden kann, so lassen wir hier, wo wir von den Zugängen zur Orchestra und Bühne handeln müssen, die oberen Zugänge von Epidauros aufser Betracht. Ist aber die Niveauerhöhung der „Bühne" über die Orchestra höchstens eine minimale gewesen, so könnte den eventuellen Zugängen aus den Seitenflügeln der Name von ἄνω πάροδοι im Gegensatz zu den κάτω πάροδοι der Orchestra nur infolge einer Übertragung von der römischen Bühne zukommen.

Es werden neuerdings wieder mehr, als seit Gepperts Zeit der Fall war, die Stellen diskutiert, wo Schauspieler nicht durch jene sogen. ἄνω πάροδοι, sondern in der Orchestra aufzutreten scheinen. Nun glauben wir, so lange man bei der erhöhten Bühne und der tiefer liegenden Orchestra, also bei den ἄνω und κάτω πάροδοι bleibt, gibt es nur eine konsequente Ansicht darüber, und das ist

---

1) Man stelle sich aufserdem Sophokles' Nausikaa auf der schmalen, hohen Bühne Ball spielend vor!

die G. Hermanns: der Schauspieler und was zu ihm gehört, tritt
ausnahmslos auf der Bühne auf; in der Orchestra hat er nichts zu thun.
Wir begreifen es daher nicht, wenn man wie Harzmann (Quaestiones scaenicae, Marburg 1889) das hohe Logeion verteidigt und
dabei doch auf Gepperts Ansicht über das häufige Auftreten und
Verweilen der Schauspieler in der Orchestra zurückkommt. Mit
allem, was er in dieser Hinsicht anführt, stützt er ja doch nur die
neue Theorie.

Aber eigentümlich ist es, wie wir heutzutage uns den Ansichten
aus der früheren Zeit der szenischen Forschung wieder annähern.
Genelli, Geppert[1]) und last not least O. Müller hatten sich die Orchestra auf's engste mit der Bühne zu einem Spielplatz verbunden
gedacht. Nachher drang G. Hermanns strenge Konsequenz durch,
unter deren Einflufs sich eine gewisse Orthodoxie entwickelte, die
das Unmöglichste lieber zugibt, als dafs ein Schauspieler einmal die
Orchestra betrete. Sie hat in A. Müller einen wenn auch gemäfsigten
Vertreter. Von einem solchen Standpunkt aus hat Gepperts Be-
hauptung, dafs manchmal Schauspieler durch die Orchestraeingänge
auftreten, allerdings etwas Paradoxes. Aber seine Gründe sind nicht
so schlecht. Und wenn wir jetzt, wo das Vertrauen in die strenge
Scheidung zwischen Bühne und Orchestra erschüttert, die Annahme
eines hohen Logeions von dem Rang eines Dogmas zu dem einer
Hypothese herabgedrückt ist, — wenn wir jetzt Gepperts Anträge
wieder auf die Tagesordnung setzen, können wir sie mit ganz anderen
Mitteln vertreten, und vielleicht dringen wir durch.

Sehen wir uns indes die Kriterien, die man für das Auftreten
der Schauspieler in der Orchestra hat, zunächst mit aller Vorsicht an!

I. Für bespannte Wagen bieten weder die Bühne noch die aus
dem Bühnengebäude auf diese führenden Eingänge Platz. Man sollte
dies endlich einmal allgemein zugeben. Konsequent ist es ja, wenn
G. Hermann auch sie getreu seinem Prinzip auf die Bühne verwiesen
hat, aber praktisch ist dies undurchführbar.

II. Personen, welche mit dem Chor kommen oder abgehen,
müssen die Orchestra passieren, falls der Chor dort erscheint oder
direkt von dort aus abgeht.

III. Personen, welche zu dem Chor in gewisser Beziehung
stehen, indem z. B. dieser ihre Dienerschaft bildet, oder indem sie
vom Chor verfolgt werden, benützen dieselben Zugänge wie dieser.
Die beiden letzteren Schlüsse hat namentlich Capps in konsequenter Weise angewandt.

IV. An der langen Zeit, welche eine auftretende Person oft
braucht, bis sie das Haus erreicht, glaubt man zu erkennen, dafs sie
den weiteren Weg durch die Orchestra nehmen mufs. Es ist dies

---

1) Geppert, Die Eingänge zum Proszenium und der Orchestra des
griech. Theaters, Berlin 1842, und Altgriech. Bühne, Leipzig 1843.

das Moment, mit dem Harzmann, wie es scheint, am meisten beweisen zu können glaubt. Ich kann diesem Kriterium eine grofse
Beweiskraft nicht zuerkennen. Die Zeitdauer des Auftretens ist ein
relativer Begriff und ist in den einzelnen Fällen zu verschieden. Es
liegt eben doch mehr oder minder im Belieben des Dichters, wie viel
Verse er während des Auftretens einer Person von dieser oder andern sprechen lassen will. Es sind ja z. B. sehr wertvolle Untersuchungen, die Myriantheus über die Marschrhythmen, welche das
Auftreten und Abgehen der Personen begleiten, angestellt hat, aber
man würde doch zu weit gehen, wenn man nun aus der Zahl der
Verse die Länge des Wegs, etwa nach Schritten, messen wollte.

V. Öfters wird eine auftretende Person nicht von allen auf der
Szene Anwesenden zugleich bemerkt, z. B. vom Chor eher als von
den Schauspielern, von den Schauspielern eher als vom Chor. Es
gibt wenige sichere Fälle der Art, weil nicht angenommen werden
darf, dafs jedesmal, wo eine auftretende Person angekündigt (oder
angesprochen) wird, zunächst nur der sie Ankündigende (oder An-
redende) dieselbe bemerkt. Man vergesse vor allem nicht, dafs die
Ankündigungen etwas Konventionelles, Formelhaftes haben und der
Chor wohl mehr durch die Sitte als durch den einzelnen Fall zum
Anmelder der Auftretenden gemacht wurde. Auch dürfte da Vorsicht geboten sein, wo der Chor oder ein Schauspieler, der gerade
spricht, im Lauf seiner Rede jemand kommen sieht und dies nun
mitteilt. Beachtenswerter sind solche Fälle, wo der Ankündigende
nicht eben gesprochen hat, sondern zu der Ankündigung erst das
Wort ergreift. Hier ist eine gröfsere Wahrscheinlichkeit, aber auch
noch kein Beweis, dafs er wirklich der erste ist, der den Ankommenden sieht. Denn darauf kommt alles an, nachzuweisen, dafs ihn
die anderen noch nicht sehen konnten. [1]

Hier mögen ein paar Worte über die Sitte der Ankündigungen
überhaupt eingeschaltet werden. Wilamowitz gibt im Herakles II, 79
eine diesbezügliche Anregung. Bei Äsch. sind die Ankündigungen
selten zu nennen; es finden sich deren 8, darunter 7 vom Chorführer gesprochen (die 8. ist Prom. 941; Suppl. 180 ff. und 711 ff.
zählen hier nicht mit, weil Danaos nur etwas schildert, was er in
der Ferne zu sehen behauptet). Sophokles hat 37 Fälle, Euripides 89,
der „Rhesos" 5, die Schlufspartie der Iph. Aul. 1, Aristophanes 43.
Das sind natürlich durchaus nicht lauter streng formelhafte Ankündigungen, am wenigsten die bei Aristophanes. Bei Äschylus
trifft etwas mehr als eine auf jedes Stück, bei Sophokles über 5, bei

---

1) Wir wären mit solchen Schlüssen aus der Ankündigung auftretender Personen in einer schlimmen Lage, falls wir uns auf die
überlieferte Personenbezeichnung, d. h. die Zuteilung solcher Verse an
Chorführer oder Schauspieler nicht verlassen könnten; indes ist jedenfalls ein Grund zu Mifstrauen nicht vorhanden.

Euripides 5, hei Aristophanes etwa 4. Sophokles und Euripides stehen
sich also so ziemlich gleich. Die Stücke, welche der Ankündigungen
entbehren, sind Äsch. Suppl. (s. o.), Eum. (s. Wilamowitz a. a. O.),
Aristoph. Nub. Die Ankündigungen durch den Chorführer sind
nicht viel zahlreicher als die durch Schauspieler (98 : 85), aber die
Sitte, durch den Chorführer ankündigen zu lassen, ist älter (Äsch.
7 : 1!), und bei den Tragikern sind die Fälle dieser Art Ankündigung
bedeutend häufiger (Soph. 25 : 12, Eur. 54 : 35, [Eur.] Rhes. 4 : 1).
In der Komödie liegt die Sache anders (Aristoph. 7 : 36), und dies
ändert das Zahlenverhältnis im ganzen. Der Chorführer kündigt
teils in anapästischen Systemen (29 mal), teils in jambischen Trimetern (55 mal) an, gelegentlich natürlich auch in trochäischen
Tetrametern (4 mal) und anderen Metra (10 mal); die Schauspieler
bedienen sich der Anapäste nicht, die ja rezitativisch vorgetragen
den ·Übergang von einem Chorlied zum Dialog zu bilden pflegen ·
(jamb. Trimeter 82 mal, trochäische Tetrameter 2 mal, andere
Metra 1 mal). In der „Antigone" finden sich 8 Ankündigungen,
davon 6 durch Anapäste des Chorführers. Von den Ankündigungen
betreffen 52 Personen, die aus dem Hintergrund auftreten (31 durch
den Chor, 21 durch Schauspieler), 126 solche, die von der Seite
kommen (63 durch den Chor, 63 durch Schauspieler), 5 solche, die
in der Höhe erscheinen.

VI. Manchmal sieht eine auftretende Person nicht sofort alle
auf der Szene Anwesenden. Wenn wir bedenken, wie vieles oft
auf unserem Theater die Schauspieler nicht sehen, weil sie es zwar
recht wohl sehen könnten, aber nicht sehen dürfen, dann werden
wir uns hüten, solche Fälle für allzu beweiskräftig zu halten. Richtig
ist aber, dafs ein solcher Vorgang an Unwahrscheinlichkeit gewinnt
oder verliert, je nach dem Weg, den der Auftretende nimmt. Wer
durch den Orchestraeingang kommt, dessen Schritte richten sich zunächst nach der Orchestra zu, der Ausblick auf die im Hintergrund
Stehenden kann ihm eine zeitlang durch die Paraskenien benommen
sein; anderseits aber ist es nicht notwendig, dafs eine Person, die
sich beim Auftreten an den Chor wendet, die etwa anwesenden
Schauspieler nicht sieht. Ebensowenig sind wir zu der Folgerung
gezwungen, dafs eine auftretende Person, die sich gleich an einen
Schauspieler wendet, nicht am Chor vorübergegangen sein kann,
sondern aus den Paraskenien kommen mufs. Warum auch? Die in
den Dramen auftretenden Personen kennen für gewöhnlich die Verhältnisse und die anwesenden Persönlichkeiten. In der Regel werden
sie sich also gleich an denjenigen wenden, um dessentwillen sie
kommen, auch wenn sie an anderen vorübergehen müfsten. Wir
haben daher nur auf zweierlei zu achten: ob wir Fälle finden, wo
nicht gleich derjenige angesprochen wird, von dem man es erwartet,
und an wen sich solche Leute zuerst wenden, die mit den Verhältnissen unbekannt sind; denn von einem auftretenden Fremden ist

doch anzunehmen, daſs er den ersten anredet, an dem er bei seinem
Auftreten vorüberkommt.

I. Wagen kommen auf die Bühne in ganz alten und in ganz
jungen Stücken. Vielleicht schon in Aesch. Suppl. Danaos sagt
(v. 180ff.):

> ὁρῶ κόνιν, ἄναυδον ἄγγελον στρατοῦ,
> cύριγγεc οὐ cιγῶcιν ἀξονήλατοι·
> ὄχλον δ᾽ ὑπαcπιcτῆρα καὶ δορυccόον
> λεύccω ξὺν ἵπποιc καμπύλοιc τ᾽ ὀχήμαcιν.

Schönborn (S. 284ff.) bemerkt richtig, daſs der König nicht
so erschienen sein müsse, wie Danaos hier sein Herannahen schildert[1]); es brauchte nicht einmal motiviert zu werden, warum er in
der Nähe abgestiegen ist und zu Fuſs hereinkommt; daſs indes ein
bespannter Wagen auf den Spielplatz kommen konnte, steht aus
anderen Stücken vollkommen fest; Wilamowitz folgt auch den Andeutungen des Dichters, und die Bedenken, welche Todt S. 513
äuſsert, richten sich nicht gegen die Möglichkeit des Hereinfahrens,
sondern gegen die Rolle, die der Wagen auf der Wilamowitz'schen
Bühne gespielt haben würde. Allerdings, wenn der König das erstemal zu Wagen hereinkam, dann muſste er es wohl auch das zweite-
mal thun[2]); darüber fehlt aber freilich jede Andeutung.

In Aesch. Pers. bedient sich Atossa bei ihrem Kommen das
erstemal eines ὄχημα, wie aus v. 607ff.

> τοιγὰρ κέλευθον τήνδ᾽ ἄνευ τ᾽ ὀχημάτων
> χλιδῆc τε τῆc πάροιθεν ἐκ δόμων πάλιν
> ἔcτειλα

hervorgeht. Das ist nach Droysen, Schönborn, Teuffel-Wecklein ein
Thronsessel, auf dem sie getragen wird. Daſs ὄχημα eventuell
einen Tragsessel, eine Sänfte oder etwas Ähnliches bedeuten kann,
soll nicht in Abrede gestellt werden. Zunächst denkt man an einen
Wagen. Derselbe ist, wenn der Palast nicht an der Bühne lag, und
allerdings nur dann, sehr passend.[3])

Auch Xerxes kommt auf einem Wagen, einem Zeltwagen, wie
v. 1000f.

> ἔταφον ἔταφον, οὐκ ἀμφὶ cκηναῖc
> τροχηλάτοιcιν ὄπιθεν ἑπόμενοι

bestimmt andeutet.[4])

---

1) Daſs mehr als ein Wagen kommen sollte, wie Schönborn meint,
verlangen doch die Worte nicht! Auch nicht gleich eine Eskadron
schwerer Reiter.

2) Schönborn a. a. O.

3) Nach Todt S. 517 war er mit Maultieren bespannt. Für den
Wagen bes. auch Wieseler Göttinger Nachr. 1890 207ff.

4) Vgl. Teuffel-Weckleins Ausgabe S. 36 Anm. Übrigens von
P. Richter bezweifelt (S. 106).

Ganz sicher sind folgende Fälle:
Aesch. Ag. 782 cf. 906. 1039. 1054.
Eur. Tro. 568 cf. 569. 626.
El. 988 cf. 966. 998 f. 1135 f.
Iph. A. 590 ff. cf. 610. 616. 618 etc.
In dem letztgenannten Falle könnte das Einfahren des Wagens in die Orchestra bewiesen werden — der Chor beschliefst, die Königin zu empfangen und ihr aus dem Wagen zu helfen (598 ff.), und Klytämestra selbst wendet sich, nachdem sie v. 611 zu ihren Dienerinnen, v. 613 zu ihrer Tochter gesprochen, v. 615 f. mit einer derartigen Bitte an den Chor — wenn nicht die Verse, auf die es ankommt, unter dem Verdachte ständen, interpoliert zu sein.[1])

Als ähnlicher Fall kann die Ismene auf dem ätnäischen Maultier im Oed. Col. 310 ff. angeführt werden; doch können auch diejenigen Recht haben, welche die πῶλος nicht sichtbar werden lassen; auf προσστείχουσα v. 320 können sie sich allerdings nicht berufen, da στείχουσαν auch vorher v. 312 steht, unmittelbar in Verbindung mit Αἰτναίας ἐπὶ πώλου βεβῶσαν.

Aufserdem gehört der Esel des Xanthias im Anfang der „Frösche" hierher (s. o. S. 703); Pferde kommen im „Rhesos" auf den Schauplatz, indem Diomedes und Odysseus 668 ff. mit den geraubten Rossen aus dem Lager des Rhesos zurückkehren. Dafs die Fälle, wo Personen oder Leichen auf einer Tragbahre erscheinen (Aesch. Sept., Eur. Andr. Suppl., Soph. Trach., Eur. Phoen. Bacch.), denen der Wagen analog zu behandeln sind, wollen wir nicht als sicher hinstellen.

II. Es wurde oben (S. 689 ff.) bereits darauf hingewiesen, dafs es eine ganz selbstverständliche Forderung ist, ein Schauspieler, der mit dem Chor auftritt oder abgeht, müsse auch thatsächlich den gleichen Weg wie dieser benützen. Es wurden dort zwei Fälle des gemeinsamen Auftretens und 18 sichere Fälle des gemeinsamen Abgehens nach der Seite aufgezählt. Ist es schon an und für sich bei den meisten wahrscheinlich, dafs der Zug durch die Orchestra erfolgt, so läfst sich dies bei einigen mit Bestimmtheit behaupten, nämlich, wie schon oben angegeben, beim Ab- und Auftreten des Admet in Eur. Alc., beim Auftreten des Karion in Aristoph. Plut. und bei den Schlufsszenen der Komödien, wenn getanzt wird, sowie am Schlufs des „Plutos".

III. Wenn wir aber dieses Prinzip, das die einzig naturgemäfse Darstellung eines szenischen Vorgangs verlangt, aufstellen und festhalten, so bleibt das nicht ohne Konsequenzen. Unter dasselbe fallen nämlich auch alle die Stellen, wo Chor und Schauspieler zwar

---

1) Wenn wir Dindorfs Athetesen alle anerkennen würden, könnten wir sogar den Wagen selbst nicht mehr aus den Worten des Dramas nachweisen.

nicht mitsammen kommen und gehen, wo es aber den Zuschauern
bewufst ist, dafs sie auf demselben Wege auftreten und abgehen
müssen. Es soll nicht behauptet werden, dafs Karion in Aristoph.
Plut., weil er mit dem Chor durch die Orchestra eintritt, auch schon
auf diesem Wege abgehen mufs, als er ihn holen will, v. 228 f.
Aber der von den Erinyen verfolgte Orestes in den „Eumeniden"
kann auf keinem anderen Wege kommen als die 9 Verse nach ihm
hereinstürzenden Göttinnen, die ihm auf der Spur sind. Wenn es
nun höchst wahrscheinlich ist, dafs der Chor während der Such-
szene — wie Capps es nennt — v. 244—256 spürend und spähend
die Orchestra durchmifst, worauf er den Verfolgten am Altar der
Göttin entdeckt (wo sie ihn gleich hätten sehen müssen, wären sie
in der Nähe des Tempels hereingekommen), — so ist auch Orestes
durch die Parodos aufgetreten. Eine andere Verfolgungsszene ist
die in den „Acharnern". Amphitheos bringt v. 175 dem Dikaiopolis
den Frieden aus Sparta. Er kommt in eiligem Laufe an, denn hinter
ihm her sind die acharnischen Greise. Kaum hat er sich v. 204
nach der anderen Seite entfernt, so kommen diese drüben herein —
doch wohl in die Orchestra; folglich auch vorher Amphitheos.

In einigen Fällen ferner kann es zwar nicht nachgewiesen
werden, dafs Chor und Schauspieler mitsammen eintreten — obwohl
sich die betreffenden Stellen bei Capps unter den anderen finden,
wo das gemeinsame Auftreten sicherer ist —, aber der Chor bildet
das Gefolge oder die Gefährten der handelnden Personen, so dafs
eine Illusionsstörung hervorgerufen würde, wenn beide Teile nicht
auf demselben Wege aufträten, da sie doch bis dahin beisammen
waren. Hierher gehört bereits der Beginn von Aesch. Suppl. Danaos
mag wohl gleich anfangs mit seinen Töchtern angekommen sein;
sicher ist er v. 176 ihnen folgend aufgetreten (er hat inzwischen
die Gegend durchspäht).

In Eur. Ion ist Kreusa, mag sie erst 237 aufgetreten sein
oder schon länger (am Altar mit einem Opfer beschäftigt? Capps
p. 23) auf der Szene verweilt haben, schwerlich auf einem anderen
Weg hereingekommen als ihre Dienerinnen.

In Soph. Phil. kann man nicht minder streiten, wann der Chor
erschienen ist, — v. 126 mufs er da sein, weil sich Odysseus mit
δοκῆτε zugleich auf ihn bezieht; aufserdem mufs er so viel von
dem vorausgehenden Gespräch gehört haben, dafs er im allgemeinen
über die Sachlage unterrichtet ist, — aber wenn er anders auf dem
gewöhnlichen Wege des Chors, d. i. durch die Orchestra, kommt,
so ist es nicht zu vermeiden, dafs auch Neoptolemos und Odysseus
auf demselben Weg auftreten.

Dasselbe gilt von Dionysos in den „Bakchen", dessen θίασος,
der Chor, spätestens v. 55 anwesend ist.

In Aristoph. Eccl. kommt 478—503 der Chor von der Ekklesia
zurück, dazwischen, v. 500 ff., auch Praxagora. Das τειχίον v. 497

wird entweder als das ὑποϲκήνιον (A. Müller S. 135; Philol. Anz. XV,
525 ff.) oder als die Begrenzungsmauer der πάροδοϲ (Capps p. 72)
gefaßt. Nun, wenn wir an ein ὑποϲκήνιον glauben und die erstere
Deutung annehmen wollten, dann kommt Praxagora erst recht
durch die πάροδοϲ, denn wenn sie auf der Bühne oben kommt, kann
sie der Chor in dieser Stellung gar nicht sehen. Ich halte
aber das τειχίον allerdings für die Begrenzungsmauer der πάροδοϲ,
und zwar die rechts (Bühnengebäude), weil eine Wand auf der anderen Seite voraussetzen würde, daß im Jahr 389 ein völlig aus-
gebauter Zuschauerraum existierte, und in unserem Falle der Chor
sich nicht so stellen darf, daß ihn die meisten Zuschauer nicht mehr
sehen. Wir befinden uns auch in völliger Übereinstimmung mit
den Textworten v. 496, wornach sich der Chor in den Schatten
(ἐπὶ ϲκιᾶϲ) stellt. Denn die von uns bezeichnete Wand, die südliche
Begrenzungsmauer der Parodos, muß bis über Mittag hinaus, also
jedenfalls solange als gespielt wurde, Schatten geworfen haben.[1]
Nebenbei sei noch bemerkt, daß wir zu einem Schluß auf das Vorhandensein eines Steinbaues durch das „τειχίον" nicht gezwungen
werden. Die Bank, auf die sich der Tell in unserm Theater setzt,
ist auch nicht von Stein.

Wie die ἐπιπάροδοϲ, so gehört auch die vorausgehende μετά-
ϲταϲιϲ des Chors in den „Ekklesiazusen" hierher. Die Frauen begeben sich zur Volksversammlung, und zwar so, daß die durch
Schauspieler dargestellten sie anführen (ἡμεῖϲ δέ γε προῖωμεν αὐτῶν
279 f.), und die den Chor bildenden unter Absingung eines Liedes
— so lang, daß man es nicht gern anders als in der Orchestra gesungen denkt — folgen.

In gleicher Weise entspricht es den natürlichen Verhältnissen,
daß in Eur. Ion die Dienerinnen der Kreusa (d. h. der Chor) dieser
bei ihrem Abgang nach Athen auf demselben Wege folgen (Capps
p. 16).

Und wie in den Eumeniden bei der ἐπιπάροδοϲ der Chor der
Spur des Orestes folgt, so muß er auch vorher beim Abgehen denselben Weg einschlagen, auf dem Orestes geflohen ist; nur läßt es
sich nicht erweisen, daß dieser Weg die Parodos ist.

IV. Wir haben nun etwa 18 Fälle kennen gelernt, wo Schauspieler in der Orchestra auftreten (neben mindestens ebenso vielen
des Abgehens); Fälle, die durch sichere Schlüsse gewonnen sind.
Jetzt begeben wir uns auf einen etwas unsicheren Boden. Wie viele
Verse genügen, um aus der Länge des zurückzulegenden Weges auf
ein Eintreten in die Orchestra schließen zu lassen? Daß man da
verschiedene Erfahrungen machen kann, zeigt folgende Thatsache.
Die von Harzmann wegen Länge der Zeit, welche bis zum Erreichen
des Zieles verstreicht, für die Orchestra reklamierten Fälle schwanken

---

1) Über den Schatten vgl. auch die bekannte Stelle Andoc. I, 38.

zwischen — 115 und 4 Versen. Indes das beweist nichts, die speziellen Umstände müssen berücksichtigt werden. Es sind recht beweiskräftige Stellen da.

1) Aesch. Ag. 489 ff. z. B. hätte sich Harzmann nicht entgehen lassen sollen. Der Herold wird bereits v. 489 vom Chor erblickt und beginnt erst 503 seine Rede (14 Trimeter).

2) Soph. El. 1428 sieht der Chor den Aigisthos nahen; inzwischen haben Orestes, Pylades und der Pädagog Zeit, sich hinter der Thüre zu verbergen. Der Chor rät der Elektra, wie sie sich benehmen solle, und erst 1442 ist Aigisthos so nahe, dafs er die auf der Szene Befindlichen anredet (12 Verse).

3) Bezüglich des Anfangs der sophokleischen „Elektra" hat E. Bruhn, Lucubrationum Eurip. capita selecta Leipzig 1887 (Jahrb. f. klass. Philol. Suppl. XV) 276 ff. die Vermutung ausgesprochen, dafs die Schauspieler in der Orchestra auftreten. Da es richtig ist, dafs bei οἳ δ' ἱκάνομεν das Ziel, Mykene, noch nicht völlig erreicht sein kann, so sind sie mindestens v. 8 noch unterwegs.[1])

4) Soph. Oed. R. v. 1110 wird der Hirte des Laios herbeigeführt (Οἰ. τὸν βοτῆρ' ὁρᾶν δοκῶ, | ὅνπερ πάλαι ζητοῦμεν 1110 f.), v. 1121 wird er von Ödipus angeredet, doch kann er auch v. 1118 bereits vor ihm angekommen sein (9 Trim.).

5) ibid. 1416 wird Kreon vom Chor angekündigt, aber 6 Verse lang noch nicht angesprochen, bis er 1422 selbst das Wort ergreift.

6) Eur. Heracl. 48 sieht Iolaos den Kopreus heranschreiten; v. 55 ergreift dieser erst das Wort, aber v. 52 wird er bereits angeredet (4 Trim.).

7) Eur. Ion. Kreusa ist zwar spätestens v. 236 bereits anwesend, kommt aber dem Ion erst 241 so nahe, dafs er zu dem erstaunten Ausruf über ihr Aussehen veranlafst wird (5 Verse).

8) In demselben Stücke ist Xuthos schon v. 392 in Sicht, doch hat Kreusa noch Zeit, den Ion um Diskretion zu bitten, erst 401 spricht Xuthos (9 Trim.).

9) Ähnlich ist Or. 1313—1320, wo Hermione auftritt (ἥδ' Ἑρμιόνη πάρεστι 1314), aber·die Worte der Elektra noch nicht hören darf, erst 1321 wird sie von dieser angesprochen (8 Trim.).

10) Aristoph. Pax 1043—1051: Trygaios und sein Sklave sind mit dem Kochen beschäftigt; sie sehen den Hierokles nahen, fragen sich, wer er wohl ist und warum er kommt, und machen schliefslich aus, sie wollten thun als ob sie ihn nicht sähen. Nach 9 Trimetern spricht Hierokles.

11) Die Göttergesandtschaft in den „Vögeln" ist 1565—1581 unterwegs (17 Trim.).

---

1) Den andern von E. Bruhn an der erwähnten Stelle statuierten Fall, Eur. Iph. T. 97, hat A. Müller (Philol. Suppl.) meines Erachtens mit Recht zurückgewiesen.

12) In Eur. Ion erscheint Kreusa mit dem alten Pädagogen
v. 725, und ihr Auftreten ist erst ungefähr 746 beendigt (22 Trim.).
13) 15 Trimeter verstreichen beim Auftreten des alten Teiresias in Phoen. 834—848.
14) [Eur.] Rhes. 627—641, Athene kündigt den Paris an;
15 Trimeter.
15) Ganz ähnlich ist der Fall in Eur. Hipp. 51 ff. Aphrodite
sieht den Hippolytos nahen, spricht aber noch 7 Verse, ehe sie sich
zurückzieht und Hippolyts Gesang beginnt. Man wird sagen, die
Göttin darf auch etwas sehen und verkündigen, was noch in der
Ferne ist; aber τόνδε darf sie dann schwerlich sagen, denn mit
τόνδε wird Hippolyt schon gezeigt, und zwar den Zuschauern, denn
sonst ist niemand da. Dafs manchmal Vorgänge geschildert werden,
die nicht innerhalb des Spielplatzes sich begeben, sondern wo ein
Blick ins Weite fingiert wird, wo es sich also nicht um wirkliche
Ankündigungen in unserem Sinne handelt, weil das Herankommen
der betreffenden Person einstweilen noch aufserhalb der dargestellten
Räumlichkeit liegt — darauf wurde schon oben S. 705 zu Aesch. Suppl.
180 ff. und 711 ff. hingedeutet. Man vergleiche z. B. noch Aesch.
Suppl. 825 ff., Aristoph. Nub. 323—325, Aesch. Sept. 78 ff., das
Feuerzeichen in „Agamemnon", die Teichoskopie in den „Phoe-
nissen" u. a.

16) Eine solche Stelle ist auch Eur. Cycl. 82 ff. Silen sieht
das Schiff und die Schar der Griechen, die sich vom Strande her
der Höhle nähert. Von v. 87 oder 89 an werden sie aber wirklich
im Auftreten begriffen sein. Das sind noch 7—9 Trimeter, bis
Odysseus spricht.

17) Im Cycl. kommt noch ein klarerer Fall vor, 193—202
(10 Trim.). Odysseus und Silen haben noch Zeit zu überlegen, wo
sie sich verstecken sollen, bis der Kyklop ankommt.

18) Soph. Oed. R. Kreon wird v. 78 von den am Altar Befindlichen erblickt und ist v. 84 ξύμμετρος ὡς κλύειν (7 Trim.).

19) Eur. Herc. 514 ff.

ΜΕ. ἔα·

ὦ πρέσβυ, λεύσσω τἀμὰ φίλτατ'; ἢ τί φῶ;
ΑΜ. οὐκ οἶδα, θύγατερ· ἀφασία δὲ κἄμ' ἔχει.
ΜΕ. ὅδ' ἐστὶν ὃν γῆς νέρθεν εἰσηκούομεν;
ΑΜ. εἰ μή γ' ὄνειρον ἐν φάει τι λεύσσομεν.

Dann noch 5 Verse, worauf Herakles zunächst sein Heim begrüfst
und erst v. 525 seiner Angehörigen ansichtig wird (11 Trim.).

20) In demselben Stücke wird v. 1153 Theseus von Herakles
angekündigt; im Folgenden überlegt dieser, wie er sich dem An-
blick des Freundes entziehen könne; erst v. 1163 ist Theseus da
(10 Trim.).

21) Soph. Oed. Col. 310 ff. Ismene angekündigt, erreicht
Oedipus 324 (14 Verse).

22) Ebenda 720—727: 8 Trimeter während Kreons Auftreten gesprochen (nicht während er schon da ist, weil er dann natürlich sofort selbst spricht).

23) Aristoph. Lys. Kinesias v. 829 von Lysistrate bereits gesehen, spricht erst 845 (16 Trim.).

24) Thesm. 922—928: 7 Trimeter während der Annäherung des Prytanen. Euripides hat noch Zeit zu fliehen.

25) Eur. Iph. A. 1338 ff. gehen dem Eingreifen des Achilleus in den Dialog 7 trochäische Tetrameter voraus, worin Iphigenie sich noch überlegt, ob sie sich nicht zurückziehen soll.

26) Aristoph. Av. in. Peithetairos und Euelpides stolpern während der ersten 50 Verse herum; v. 53 machen sie vor der Wohnung des Epops Halt.

27) Eur. El. Elektra wird v. 107 von Orestes gesehen, beginnt zu singen 112, verweilt dann im Wechselgesang mit dem Chor bis 212, nähert sich ihrem Hause und erblickt 215 erst die dort versteckten Männer (115 Verse).

28) In demselben Stück verstreichen beim Herannahen der Klytämestra 26 Trimeter von der ersten Anmeldung derselben bis zur Begrüßung durch den Chor, 962—987; nur kann man auch hier wieder im Zweifel sein, wann sie thatsächlich auf dem Spielplatz erscheint, ob Elektra sie nicht schon früher zu sehen behauptet. Mit ἥδε wird sie v. 970 bezeichnet. Übrigens steht die Länge der Zeitdauer hier in Übereinstimmung mit einem anderen Kriterium, dem Erscheinen zu Wagen, welches nach unserer Überzeugung die Benützung des Orchestrazugangs fordert (s. o. S. 704. 708).

29) Iph. A. 590—606 (17 anap. Verse) ist unbrauchbar wegen der Athetesen Dindorfs, wodurch die Hälfte wegfiele; indes fährt sicherlich Klytämestra auf ihrem Wagen in die Orchestra ein.

30) Endlich glaubt man, daſs in Aristoph. Ran. im Anfang Dionysos und Xanthias bei ihrer Wanderschaft zum Haus des Herakles, das sie v. 35 erreichen, in der Orchestra aufgetreten seien; dem ist vollständig beizustimmen — um so mehr als sie den Esel bei sich haben —, wie denn überhaupt die „Frösche" ein Stück sind, aus dem sich gegen das Spielen in der Orchestra wenig und gegen einen Unterschied zwischen Bühne und Orchestra viel entnehmen läſst. Die Partie nach dem Aussteigen aus dem Kahn (270) spielt sicher in der Orchestra, einmal weil Dionysos dort mit dem Chor tanzt (v. 415), und dann, weil die Fluchtszene nur Effekt macht, wenn sich Dionysos hinter dem wirklichen Dionysospriester versteckt.[1])

Auch bezüglich des Anfangs der „Vögel" und des Auftretens

---

1) Ich lasse mich auch nicht überzeugen, daſs Trygaios im „Frieden" nicht wirklich die Theoria zu den Prytanen hingeführt hat. Cf. Höpken p. 8 ff. Über die „Frösche" verbreitet sich Harzmann p. 53 ff.

der Elektra in Euripides' gleichnamigem Stück sind wir überzeugt,
dafs die Benutzu~~n~~g der Orchestra das Passendste und Wahrschein-
lichste ist, und zwar in dem letzteren Falle weniger wegen der
längeren Zeitdauer des Auftretens an sich als deswegen, weil Elektra
— wie auch im Beginn der sophokleischen „Elektra" die auftretenden Personen — zunächst noch nicht in der Nähe des Hintergrundes
sein darf.

Im übrigen kann man fast immer Einwände machen: zum Teil
ist die Zeitdauer des Auftretens ohnehin zu kurz, um einen Schlufs
zu erlauben; oder die Annäherung vollzieht sich sichtlich besonders
langsam; wobei immer zu bedenken ist, dafs der Weg aus den
Seitenflügeln bis in die Mitte der Bühne, falls ein solcher anzunehmen
ist, gerade auch nicht kurz war (Schönborn S. 80). Endlich kann
ja eine aus den Seitenflügeln auftretende Person auf der Bühne
längst gesehen werden, ohne dafs sie den Zuschauern bereits sichtbar ist, — oder vielmehr, es wird dem Zuschauer versichert, sie
komme heran, während der betreffende Schauspieler ruhig im Seitenflügel steht und auf sein Stichwort wartet. Da wird eben dann auch,
wie in den vorhin berührten Fällen, ein Vorgang besprochen, der
sich zunächst noch nicht im Rahmen des Theaters abspielt. Wer
dies annimmt, kann weder durch 10 noch durch 30 vor der wirklichen Ankunft der Person gesprochene Verse widerlegt werden.
Und wir glauben, dafs Nr. 4—9 mittelst des ersten Einwands abgelehnt oder doch abgeschwächt werden können[1]), Nr. 10—14 mit
Hilfe des zweiten und Nr. 16—25 auf Grund des dritten.

Zur Rechtfertigung für unseren Skeptizismus verweisen wir
des weiteren auf die Thatsache, dafs nennenswerte Zwischenräume
zwischen der ersten Ankündigung einer Person und ihrem Eingreifen
in den Dialog auch in Fällen vorkommen, wo diese Personen n u r
a u s d e m H i n t e r g r u n d a u f t r e t e n, also scheinbar gar keinen Weg
zurückzulegen haben, z. B. Soph. Ant. 155—161, anap. System von

---

1) Wer trotzdem auf das Argument baut, mag sich allenfalls noch
folgende Stellen hinzunehmen: Aesch. Pers. 246—248 (nur 3 trochäische
Tetrameter, aber grofse Eile des ankommenden Boten angedeutet). Eur.
Alc. 24—27 (4 Trim., darauf noch die Anapäste bis 37). Med. 1118—1120
(3 Trim., Eile des Ankommenden angedeutet). Hipp. 1342—1369 (Anap.).
Suppl. 395—398 (4 Trim.); 1114—1122 (Anap.). Aristoph. Equ. 691—693
(3 Trim., Eile des Ankommenden anzunehmen). Vesp. 1360—1363 (Eile
des Ankommenden angedeutet). Soph. Trach. 58—60 (desgl.); 962—970.
Oed. C. 28—32; 1249—1253. Eur. Tro. 230—234 (Anap.; Eile des Ankommenden angedeutet); 567—576 (Anap.). Ion 1257—1260 (troch.
Tetr.; Eile angedeutet). El. 487—492 (Trim.). Aristoph. Lys. 1082—1085
(Trim.); Thesm. 571—573 (iamb. Tetr.; Eile angedeutet). Soph. Phil.
1218—1221(4 Trim., aber πάλαι, also schon länger). Eur. Phoen. 1330—1334
(5 Trim., Eile anzunehmen). Or. 348—355 (Anap.); 725—728 (Trim., Eile
angedeutet); 1549—1553 (4 oder 5 troch. Tetr.). Bacch. 210—214 (Trim.,
Eile angedeutet). Aristoph. Eccl. 500—503 (iamb. Tetr.); 934—937 (Trim.);
1038—1041 (Trim.). [Eur.] Rhes. 380—387 (Anap.).

10 Dipodien und einem Paroemiacus beim Auftreten des Kreon;
626—631 anap. System (6 Dipodien und Paroem.) nebst 1 Trim.
beim Auftreten des Haimon, der wahrscheinlich aus dem Palast
kommt. Eur. Alc. 233—243 während des Auftretens der Alkestis.
Hec. 52—58 (7 Trim.). Cycl. 487—494 (11 anap. Dipodien und
Paroem.). Eur. Herc. 442—450 (13 oder 14 anap. Dipodien und
Paroem.). Soph. Trach. 594—597 (wo Lichas die Worte der Deianeira noch nicht hören darf). Eur. El. 1172—1176 (5 Trim.). Hel.
857—864 (8 Trim., nicht für Theonoes Ohr bestimmt); 1385—1389
(5 Trim., die Theoklymenos nicht hören darf).

Wertlos sind diese Stellen deswegen noch nicht, weil sie die
anderen etwas entkräften; sie zeigen vielmehr, daſs auch die aus dem
Hintergrund auftretenden Personen nicht gleich in medias res kommen, sondern noch ein wenig zu gehen haben, mit anderen Worten,
daſs der eigentliche Spielplatz mehr nach dem Mittelpunkt der Orchestra zu lag, als man bisher annehmen konnte.

Wir halten also im allgemeinen von dem Mittel, aus der Zeitdauer des Auftretens den benützten Weg zu erschlieſsen, nicht viel.
Um die Sache beweiskräftiger zu machen, müssen entweder die auftretenden Personen selbst sprechend einen längeren Weg zurück-
legen, und das ist es, was uns in den „Vögeln" und „Fröschen",
zum Teil auch in Eur. El. überzeugt; oder es müssen hilfsweise andere Indizien (abgesehen von den schon bezeichneten 2 Fällen mit
dem Wagen, besonders aus den oben unter V und VI aufgeführten
Kategorien) hinzukommen. Das geschieht auch, und infolge dessen
sind der Herold in Aesch. Ag. und Aigisthos in Soph. El.
sicher durch die Parodos gekommen; denn wenn sie aus
einem Seitenflügel kommen, dann kann sie der Chor einige
Zeit noch nicht sehen, und doch kündigt er sie 14, bezw. 12
Verse, ehe sie zu sprechen beginnen, an, und daſs sie in der Nähe
des Palastes angekommen noch längere Zeit stumm bleiben, ist nach
Lage der beiden Fälle ausgeschlossen. Auf demselben Wege, auf
dem der Herold im „Agamemnon" eingetreten ist und dann wieder
mit Botschaft seinem König entgegengesandt wurde, kommt nachher
auch dieser, und daſs Agamemnon in der Orchestra erscheint,
schlieſsen wir anderseits wieder aus dem Einzug zu Wagen, den der
Chor mit dem langen anapästischen Liede 782 — 809 begleitet.
Wann der Herold bezw. Aigisthos in der „Elektra" aufgetreten,
d. h. mit welchem Vers sie den Zuschauern sichtbar geworden sind,
das genau anzugeben ist nicht möglich. Es könnte eben sein, daſs
auch hier das wirkliche Auftreten im Theater nicht mit der ersten
Ankündigung zusammenfällt. Jedoch halte ich mich in dem erstern
Falle an das τόνδε v. 493, in dem letzteren an die Erwägung, daſs
der Ernst der ganzen Szene doch viel packender wirkt, wenn man
den Ägisth schon heranschreiten sieht, während die Geschwister
rasch die letzten Vorbereitungen zur Vollendung ihres Planes treffen,

als wenn lange von ihm die Rede ist wie von einem drohenden Ge-
spenst, das kein Mensch erblickt.

V. Die Ankündigung durch den Chor führt uns noch auf einen
weiteren, wie es scheint, sicheren Fall, wo es sogar ausdrücklich
gesagt wird, dafs der Chor den Ankommenden früher sieht als der
dem Hintergrunde näher stehende Schauspieler. Soph. Ai. 1040ff.

XO. μὴ τεῖνε μακράν, ἀλλ᾽ ὅπως κρύψεις τάφῳ
     φράζου τὸν ἄνδρα χὠ τι μυθήσει τάχα.
     βλέπω γὰρ ἐχθρὸν φῶτα, καὶ τάχ᾽ ἂν κακοῖς
     γελῶν ἃ δὴ κακοῦργος ἐξίκοιτ᾽ ἀνήρ.
TEY. τίς δ᾽ ἐστὶν ὅντιν᾽ ἄνδρα προσλεύσσεις στρατοῦ;
XO. Μενέλαος, ᾧ δὴ τόνδε πλοῦν ἐστείλαμεν.
TEY. ὁρῶ· μαθεῖν γὰρ ἐγγὺς ὢν οὐ δυσπετής.

Dafs Teukros, auf den Kommenden aufmerksam gemacht, noch
fragen kann, wer er ist, wäre doch undenkbar, wenn Menelaos aus
einem Seitenflügel direkt auf ihn zuschritte; denn in diesem Moment
müfste er dann ihm bereits näher sein als dem Chor. Also mufs er
durch den Orchestrazugang gekommen sein. Was das Auftreten
einer Person in der Orchestra für Konsequenzen haben kann, sei bei
dieser Gelegenheit kurz angedeutet. Man soll in dieser Beziehung
nicht zu weit gehen, aber man kann sich eigentlich doch nicht der
Vorstellung erwehren, dafs nachher Agamemnon und Odysseus, die
auch aus dem Lager kommen, denselben Weg benützen wie Menelaos. Dann mufs auch Teukros v. 1184 dahin abgehen, weil er
1223 sagt, er habe Agamemnon kommen sehen und sei deshalb
zurückgekehrt.[1]) Bezüglich des Odysseus ist das Auftreten in der
Orchestra von Geppert allerdings mit einem ungenügenden Grund
behauptet worden, denn nicht der auftretende Odysseus redet den
Chor, sondern dieser redet den Odysseus an.

Nicht so klar als die obige Stelle des „Aias" sind vier andere,
wo aber immerhin durch die Worte des Chors der Anschein er-
weckt wird, dafs dieser den Ankommenden zuerst sieht und die
Schauspieler erst darauf aufmerksam macht bezw. warnt.

Soph. Trach. 178f.

XO. εὐφημίαν νῦν ἴσχ᾽· ἐπεὶ καταστεφῆ
    στείχονθ᾽ ὁρῶ τιν᾽ ἄνδρα πρὸς χαρὰν λόγων.

---

1) Harzmann hat die Stelle aus dem „Aias" nicht, zieht aber ähnliche Konsequenzen aus dem Auftreten der einen Person auf das einer
anderen z. B. für Vesp. 1292 u. 1360 (p. 52) und Bacch. 1168 (p. 50).
Vgl. Abgehen der Elektra in Eur. El. 81. — Diomedes und Odysseus
im „Rhesos" brauchen, wenn sie mit den geraubten Pferden zurückkehren, den Orchestrazugang; also sind sie durch denselben Zugang ins
Lager des Rhesos abgegangen; also ist dies überhaupt der ins Lager
des Rhesos führende Weg.

Soph. Trach. 731 ff.

XO. ϲιγᾶν ἂν ἁρμόζοι ϲε τὸν πλείω λόγον,
εἰ μή τι λέξειϲ παιδὶ τῷ ϲαυτῆϲ· ἐπεὶ
πάρεϲτι, μαϲτὴρ πατρὸϲ ὃϲ πρὶν ᾤχετο.

Aristoph. Thesm. 571 ff.:

παύϲαϲθε λοιδορούμεναι· καὶ γὰρ γυνή τιϲ ἡμῖν
ἐϲπουδακυῖα προϲτρέχει. πρὶν οὖν ὁμοῦ γενέϲθαι,
ϲιγᾶθ᾽, ἵν᾽ αὐτῆϲ κοϲμίωϲ πυθώμεθ᾽ ἅττα λέξει.

Soph. Phil. 539 ff.

XO. ἐπίϲχετον, μάθωμεν· ἄνδρε γὰρ δύο ·
ὃ μὲν νεὼϲ ϲῆϲ ναυβάτηϲ, ὃ δ᾽ ἀλλόθρουϲ
χωρεῖτον, ὧν μαθόντεϲ αὖθιϲ εἴϲιτον.

Alle diese Verse deuten darauf hin, daſs der Chor den Auftretenden zuerst erblickte; doch kann dies wenigstens in den beiden letzten Fällen seinen Grund auch darin haben, daſs die Aufmerksamkeit der handelnden Personen anderweitig in Anspruch genommen war. Indes darf bei Soph. Phil. darauf verwiesen werden, daſs wohl schon im Anfang Odysseus, Neoptolemos und der Chor durch die Orchestra kamen (S. 709), somit dieser Weg überhaupt von den vom Schiffe Kommenden benutzt worden zu sein scheint. Und das können wir noch ein bischen wahrscheinlicher machen aus einer Stelle, die eigentlich zum vorigen Kapitel (Schluſs auf das Auftreten in der Orchestra aus der längeren Zeitdauer) gehört und die wir dort in einer Anmerkung gestreift haben. Phil. 1218 ff. sagt nämlich der Chor, er hätte sich schon längst (πάλαι) entfernt, sähe er nicht — also doch schon seit einiger Zeit — den Odysseus und Neoptolemos sich nähern. Der Schauplatz dieser Annäherung mag immerhin noch auſserhalb des Gesichtskreises der Zuschauer liegen, aber innerhalb der Paraskenien darf er nicht liegen, weil sonst der Chor nichts davon zu sehen vorgeben darf. Zu Aristoph. Thesm. 571 ff. vgl. oben dieselbe Anmerkung (S. 714).

Wenn wir auſser diesen Stellen nun noch alle diejenigen namhaft machen, wo überhaupt von der Seite auftretende Schauspieler angekündigt werden, so geschieht dieses nur der Vollständigkeit wegen, nicht weil wir glauben, daſs jemand etwas daraus zu beweisen unternehmen wird. Nur das mag bemerkt werden, daſs unter all den Fällen, wo Schauspieler den Auftretenden ankündigen, keiner nachweisbar ist, wo der Chor denselben nicht gleichzeitig hätte sehen können.[1]

---

1) Was die Ankündigung aus dem Hintergrund auftretender Personen betrifft, so wäre es wohl ganz überflüssig, die darüber geführte Statistik hier wiederzugeben. Es ergibt sich doch nichts daraus.
Auch in der obigen Zusammenstellung sind nur die Stellen berücksichtigt, wo nicht etwa der Chor oder die Schauspieler allein auf der Bühne sind, so daſs die Ankündigung durch sie erfolgen muſste.

Der Chorführer kündigt an im Anschlufs an ein Chor-
lied oder von ihm selbst gesprochene Verse:
Eur. Alc. 1006 f. Med. 269 f. Hec..724 f. Herc. 138 f. Aristoph.
Vesp. 1531. Soph. Trach. 222 ff. Eur. Tro. 230 ff. 568 ff. 1118 ff.
Or. 348 f. 850 f. Iph. A. 590 ff. Rhes. 380 ff. 806 f.

Der Chorführer kündigt an, indem er zu diesem Zweck
das Wort ergreift:
Aesch. Pers. 246 f. Eur. Alc. 611 f. Soph. Oed. R. 297 f. (1416 f.
gehört nicht hierher, weil die aufser dem Chor allein anwesende
Person ein Blinder ist, cf. Oed. C. 1097 f.). Eur. Hipp. 899. 1342.
Hec. 216 f. Heracl. 118 f. Andr. 545 f. 879 f. 1166 f. Suppl. 1031 f.
Aristoph. Ach. 1069 f. Soph. Oed. C. 549 f. Iph. T. 236 f. El. 339 f.
Aristoph. Lys. 1082 ff. Eur. Phoen. 443 f. 1480 ff. Or. 456 f. 1013 ff.
Iph. A. [1619 f.] Rhes. 85 f.

Schauspieler kündigen an im Anschlufs an vorher-
gehende Rede:
Aesch. Prom. 941 f. (Prometheus den Hermes).
Eur. Med. 1118 f. (Medea den Sklaven des Iason).
Cycl. 193 (Silen den Kyklopen).
Herc. 1153 f. (Herakles den Theseus).
Suppl. 395 ff. (Theseus den Herold).
Aristoph. Ach. 1189 (Diener den Lamachos).
Vesp. 1324 (Xanthias den Philokleon).
1360 (Philokleon den Bdelykleon).
Eur. Tro. 707 f. (Hekabe den Talthybios).
Aristoph. Av. 1121 (Peithetairos den Boten).
1168 f. (Peithetairos den Wächter).
1718 (Bote den Peithetairos).
Eur. Ion 392 ff. (Kreusa den Xuthos).
Aristoph. Thesm. 923 (Kritylla den Prytanen).
Eur. Phoen. 695 f. (Eteokles den Kreon).
Or. 725 f. (Orestes den Pylades).
Bacch. 657 f. (Dionysos den Boten).
Iph. A. 1103 f. (Klytämestra den Agamemnon).

Schauspieler kündigen an, indem sie zu diesem Zweck
das Wort ergreifen:
Soph. Ai. 1168 ff. (Teukros die Tekmessa mit Eurysakes).
1223 f. (Teukros den Agamemnon).
Oed. R. 1110 f. (Oedipus den alten Hirten).
Eur. Cycl. 85 ff. (Silen den Odysseus mit Gefährten; er macht
zwar den Chor erst darauf aufmerksam,
doch bedeutet dies nichts, denn die Satyrn
waren gerade mit Tanz und Gesang beschäftigt).
Herc. 514 ff. (Megara den Herakles).

Aristoph. Ach.　908　(Dikaiopolis den Nikarchos).
　　　　　　　1084　(Dikaiopolis den Boten).
　Equ.　691 f. (Wursthändler den Paphlagonier).
　Vesp. 1415 f. (Bdelykleon den Kläger).
　　　　1500, 1504 f. und 1508 (Xanthias die Karki-
　　　　　　　　niten).
　Pax　1043 ff. (Trygaios den Hierokles).
　　　　1208 f. (Trygaios den Waffenhändler).
Soph. Oed. C.　310 ff. (Antigone die Ismene).
　　　　720 ff. (Antigone den Kreon).
　　　1249 ff. (Antigone den Polyneikes).
Eur. Ion 1257 f. (Kreusa den Ion).
　El.　962 ff. (Elektra die Klytämestra).
Aristoph. Lys. 829 ff. (Lysistrate den Kinesias).
Eur. Phoen. 1332 ff. (Kreon den Boten).
　Or.　1313 ff. (Elektra die Hermione).
　Bacch.　210 ff. (Kadmos den Pentheus).
　Iph. A. 1338 f. (Iphigenie den Achilleus).
Aristoph. Eccl. 934　(Mädchen den Jüngling).
　　　　1128　(Dienerin den Blepyros; hierher gehörig?).
　Plut.　332 f. (Chremylos den Blepsidemos).
　　　　1038　(Altes Weib den Jüngling).
[Eur.] Rhes. 627 f. (Athene den Paris).

Ein numerisches Mifsverhältnis zwischen den Ankündigungen
durch den Chorführer und durch Schauspieler ist, zumal wenn man
die schon einzeln besprochenen dazu nimmt, nicht zu bemerken. In
beiden Kategorien finden sich Fälle aus älterer und aus späterer Zeit.

VI. Es bleiben uns nun zur Besprechung noch einige recht
interessante Stellen, wo man es nur durch den Ort des Auftretens
erklären kann, dafs eine Person nicht alle Anwesenden sofort erblickt
oder sich zunächst nicht an die Hauptperson wendet. Nur darf man
nicht mit Harzmann so schwache Beweise bringen, wie z. B. Eur.
Suppl. 87, wo Theseus deswegen durch die Orchestra kommen soll,
weil er 5 Verse spricht, ohne der Gruppe um den Altar Beachtung
zu schenken, oder Hel. 1165 ff., wo die Lage des Grabmals auf der
Bühne ohne Beweis vorausgesetzt wird. Auch solche Stellen sind
auszuschliefsen, wo aus den gebrauchten Worten nicht klar hervorgeht, ob der Auftretende den Chor oder die Anwesenden im allgemeinen anredet (wie etwa ὦ γυναῖκες Soph. El. 1098, wo aufser
dem Chor auch Elektra da ist, oder ὦ πάντες ἀcτοί Ant. 1183, wo
Geppert meint, der Bote stehe in der Orchestra, weil Eurydike nicht
ihn anredet). Ganz unsicher sind auch Soph. Oed. C. 728 ff., wo es
nur eine Höflichkeit des Kreon sein könnte, wenn er mit den Landes-
eingebornen sich zuerst beschäftigt, und Aristoph. Lys. 387 ff., wo das
längere Gespräch des Probulos keinen Schlufs auf dessen Standpunkt
gestattet. Eur. Hec. 1109 ff., wo Agamemnon . 5 Verse spricht und

dann auf Polymestor erst aufmerksam wird, als ihn dieser anredet,
ist besser, indes auch nicht beweisend; wir wissen nicht, wo Polymestor in diesem Moment steht!
    Aber wenn (1.) Soph. El. 660 f. der Pädagog den Chor anredet:

$$\text{ξέναι γυναῖκες, πῶς ἂν εἰδείην σαφῶς}$$
$$\text{εἰ τοῦ τυράννου δώματ' Αἰγίςθου τάδε;}$$

so genügt es denn doch nicht, mit Schönborn zu sagen, Klytämestra
sei an den Altar zurückgetreten und deshalb sei dem auftretenden
Pädagogen der Chor näher gewesen. Der auf dem Logeion auftretende Pädagog dürfte vielmehr ziemlich direkt auf den Altar ge-
stofsen sein; er lag ihm am Wege. Was will man denn auf einer
2½ m. breiten Bühne von „zurücktreten" sagen! Stünde dieser Fall
vereinzelt, so könnte man doch wenigstens meinen, der verkleidete
Pädagog habe sich, um mit den Verhältnissen unbekannt zu erscheinen, absichtlich recht ungeschickt benommen. Aber (2.) der
Bote in Soph. Oed. R. 924 ff. macht es ebenso, und auch hier ist
nach Schönborn wieder der Altar schuld. In (3.) Eur. El. 761 nun
ist kein Altar da, aber da hat der Bote „nicht Zeit zu überlegen,
an wen er sich wenden solle" — ganz richtig, darum wendet er sich
an die Zunächststehenden — und Elektra ist soeben (751) „zaghaft
und wenig hoffend aus dem Haus getreten" (Schönborn S. 77).
(4.) Auch der Bote in Eur. Suppl. 634 wendet sich an den Chor,
nicht an den gleichfalls anwesenden Adrastos.
    Freilich, wenn wir diese 4 Fälle nicht verwenden dürfen, dann
können wir mit diesem Kriterium wenig anfangen; denn aufser diesen
ist nur (5.) das Auftreten des Boten in den „Persern" (v. 249) be-
merkenswert, der sich gleich an den Chor wendet und 40 Verse lang
sich mit diesem allein unterhält, während Atossa anwesend ist. Im
übrigen dürfen wir alle einschlägigen Stellen durchgehen, immer
finden wir, dafs der Auftretende mit den anwesenden Personen bekannt ist und seinen Grund hat, wenn er sich an den Chor oder an
einen Schauspieler zuerst wendet. Es ist doch recht auffallend, dafs
gerade diejenigen Personen, welche an dem Ort der Handlung weniger
bekannt sind (oder zu sein vorgeben), sich immer beim Auftreten
an den Chor wenden!
    (6.) In Eur. Or. liegt Orestes krank auf der Bühne vor dem
Palast. Menelaos erscheint v. 348, spricht von 356 an und erkundigt
sich erst v. 375 beim Chor nach dem Verbleiben des Orestes. Wenn
er auf der Bühne auftrat, mufste er ihn doch gesehen haben. Man
wird sagen, Orestes liegt an der rechten Seite des Palastes, Menelaos
kommt von links herein. Aber er darf doch nicht links weit aufsen
stehen bleiben, er müfste doch bei seiner längeren Rede ungefähr
in der Mitte der Skene stehen. Und im selben Stück kommt gleich
darauf ein ähnlicher Fall!
    (7.) Tyndareos wird v. 456 vom Chor und von Orestes erblickt

(δεῦρ' ἁμιλλᾶται ποδί!); es vergehen 14 Verse, dann fragt Tyndareos (470 ff.):

πoῦ πoῦ θυγατρὸς τῆς ἐμῆς ἴδω πόϲιν,
Μενέλαον; etc. bis v. 475,

worauf ihn Menelaos begrüfst. Schönborn meint, er sehe alle Anwesenden, er erkenne nur den Menelaos nicht gleich. Aber erstens sucht er ihn offenbar hier, und kann also nicht zweifeln, welcher es ist, da er den Orestes ja kennt; ferner zeigt der heftige Ausdruck des Abscheus in v. 478 ff., dafs er den Letztgenannten eben in diesem Augenblicke erst gewahr wird; die Aufforderung ἄγετε v. 474 ist an seine Begleiter gerichtet und könnte höchstens an den Chor gerichtet sein; zu den Männern auf der Bühne, unter denen der verhafste Orestes ist, sagt er nicht ἄγετέ με. Die Antwort des Menelaos müfste sonst ohnehin lauten: ich bin es ja selbst. Wir sind überzeugt, dafs sowohl Menelaos als Tyndareos durch die Parodos eingetreten ist, und ebenso glauben wir, dafs (8.) in Eur. Bacch. Pentheus unmöglich von v. 215—247 auf der „Bühne" verweilt haben und dann erst v. 248 sein Erstaunen über die beiden Greise ausgedrückt haben könnte. (9.) In demselben Stück ist Kadmos von 1216 an anwesend und erst v. 1231 bemerkt er die Agaue. Auch hier kann man die Vermutung nicht abweisen, dafs er, was von anderer Seite schon wegen des Leichenzuges mit der Tragbahre gefordert wird, in der Orchestra aufgetreten ist Über Eur. El. 489 ff. s. o. S. 697.

VII. Und nun, nachdem man doch wohl zugeben wird, dafs die Schauspieler oft — sehr oft! — bei ihrem Auftreten denselben Weg benutzt haben, auf welchem der Chor auftritt, reklamieren wir noch eine Gruppe von Fällen für das Auftreten in der Orchestra. Wir haben oben unter den Andeutungen eines ansteigenden Weges auch eine gefunden, die sich auf den auftretenden Chor bezieht, und diese versuchten wir dadurch zu erklären, dafs die Parodoi des athenischen Theaters nach Ausweis der ausgegrabenen Orchestrafragmente schiefe Ebenen gebildet haben müssen. Wir entnehmen daraus die Berechtigung, alle Stellen, wo beim Auftreten von Schauspielern ein Ansteigen angedeutet ist, in gleicher Weise auf das Auftreten durch die πάροδοι zu beziehen. Dann wissen wir, wo wir die Erhöhung zu suchen haben, von der der alte Mann in Eur. El. 489 ff. und der Pädagog im Ion 738f. spricht, und gewinnen eine Erklärung für die Ausdrücke ἀναβαίνειν und καταβαίνειν, die vielleicht befriedigender ist als die oben S. 699f. gebilligte als „herzukommen" und „sich hinbegeben". Nur Vesp. 1342 fügt sich auch dieser Deutung nur zur Not; Vesp. 1514 fällt überhaupt nicht unter diesen Gesichtspunkt.

Wir kommen zum Schlufs. A. Müller sagt Philologus Suppl. VI, 1 S. 51: „M. E. ist festzuhalten, dafs die Schauspieler auf die

Bühne gehören und demgemäfs auch dort auftreten, und dafs wir
für jeden Ausnahmsfall ganz bestimmte Andeutungen im Texte haben
und zeigen müssen, dafs die Bewahrung der Regel unstatthaft ist."
„Ganz bestimmte Gründe für jeden einzelnen Fall" (ebenda S. 49)
hat man auch bezüglich des Betretens der „Bühne" durch den Chor
gefordert; dann sind aber der Fälle zu viele geworden, und man hat
gezeigt, dafs es manchmal reiner Mutwille des Dichters war, dafs er
den Chor das schwierige Manöver machen liefs, da er es so leicht
hätte vermeiden können. Und wenn wir jetzt die ca. 40 Stellen,
wo wir das Auftreten in der Orchestra nicht für eine windige Hypothese halten, mustern, so will es uns absolut nicht gelingen zu entdecken, welchen Grund der Dichter gehabt haben mag, gerade
in diesen Fällen, nicht in vielen anderen, die Schauspieler durch
die Parodos kommen zu lassen. War das reine Willkür? Uns ergibt
sich nur ein folgerichtiger Schlufs: es gab überhaupt keine anderen
seitlichen Zugänge. Die sogen. ἄνω πάροδοι waren wohl bei der
erhöhten Bühne kaum zu entbehren, obwohl ich dessen nicht ganz
sicher bin, dafs Pollux IV, 126 sie erwähnt, und obwohl man nicht
in allen Theatern in den Paraskenien entsprechende Thüren gefunden
hat. Sollte die hohe Bühne aber für das 5. Jahrhundert abgedankt
werden, dann wäre es wohl angemessen zu fragen, ob noch doppelte
seitliche Eingänge ein Bedürfnis waren. In mancher Szene scheint
es zwar wünschenswert, dafs nach derselben Seite zwei verschiedene
Wege hinausführen, aber doch nur bei engherziger Auffassung der
Regel von der Bedeutung der beiden Seiten. In Eur. Alc. z. B. darf
sicher der v. 860 nach dem Grabe der Alkestis abgehende Herakles
nicht mit dem von der Bestattung zurückkehrenden Admet zusammen-
treffen. Aber wenn auf der einen Seite die Stadt, auf der anderen
Seite das Land und die Fremde (vgl. A. Müller, Philol. Suppl. S. 37 ff.)
zu denken sind, so ist damit die Lage des Grabmals noch nicht bestimmt, und Herakles kann immerhin nach der Seite der Fremde
abgehen und dabei das Grab vielleicht direkter erreichen als der
Leichenzug, dem es daran lag die Tote zu ehren, indem er den Um-
weg durch die Stadt nahm.[1]) Ein kürzerer, aber steiler Weg könnte
mit ὀρθὴν παρ' οἷμον (835) angedeutet sein.
    Eine Stelle, welche positiv auf das Vorhandensein von Zugängen
aus den Seitenflügeln hindeutet, ist mir überhaupt nicht begegnet.
Ich habe lange geglaubt, eine solche Stelle finde sich in Eur. Herc., da
wo Herakles sagt, um den die Grenze bewachenden Posten zu entgehen, habe er sich heimlich in das Land geschlichen (κρύφιος εἰςῆλθον
χθόνα 598), und wo diese Vorstellung der Heimlichkeit dadurch hätte
unterstützt sein können, dafs er aus den Paraskenien, also zunächst den

---

1) Ganz ähnlich Schönborn S. 135 f. In Soph. El. und Eur. Or. ist
die gleiche Annahme weniger Bedürfnis, da sich das Bewufstsein von
der Notwendigkeit eines Zusammentreffens (von Orest und Chrysothemis
bezw. Tyndareos und Hermione) den Zuschauern nicht aufdrängt.

Zuschauern unsichtbar, hervorgekommen wäre. Aber ich sehe doch
ein, dafs man damit zu viel aus diesen Worten, die nicht im geringsten
eine szenische Andeutung sein wollen, herauslesen würde. Die
Schwierigkeiten, welche das heimliche Kommen nötig machten, lagen
ja an der Landesgrenze, nicht in der Nähe des Palastes. Und falls
ein solcher Weg aus den Paraskenien vorhanden war, wäre er ja die
regelmäfsig von den seitwärts auftretenden Personen benützte Strafse
gewesen, hätte also nicht den Eindruck eines geheimen Zugangs
machen können. Einen solchen Eindruck scheint auch Amphitryon
nicht gehabt zu haben, weil er kurz vorher, 593, es als sicher hin-
stellt, dafs Herakles auf seinem Weg gesehen worden sei. Der
erwähnten Ansicht scheint übrigens Wilamowitz günstig zu sein,
s. Herakles II, 151.

Ob das Bühnengebäude Seitenflügel hatte, hat mit dieser Frage
eigentlich nichts zu thun; die Monumente werden das entscheiden;
in Epidauros sind bekanntlich minimale Ansätze zu solchen da, auch
in Athen läfst sich die Entwickelungsstufe, die wir in Epidauros
haben, konstatieren. Doch sind diese wenig vorspringenden Paraskenien jünger und entstanden durch den Einbau des steinernen
Proskenions zwischen die ursprünglichen Paraskenien an Stelle der
veränderlichen, aus Holz und Leinwand gemachten Dekorationswand.
Das Lykurgische Bühnengebäude hatte ziemlich weit vorspringende
Seitenflügel, aber ihre Tiefe verringerte sich eben durch die Aufstellung der Dekorationswand um ein gutes Stück. Infolge dessen
kann der Ausblick von der „Bühne" auf die Orchestraeingänge nur
dann erheblich beschränkt sein, wenn der betreffende Schauspieler
gerade unmittelbar vor der Dekorationswand agiert[1]), wie z. B. in
Soph. El. 1430 Orestes den Aigisthos noch nicht herannahen sieht,
während Elektra, die etwas weiter vom Hintergrunde weg steht, ihn
ankündigt. So erklärt sich auch, dafs der Chor und die Schauspieler
im wesentlichen den gleichen Ausblick auf die Orchestraeingänge
haben; fast nirgends, wo der Chor jemand ankündigt, ist
nachweisbar, dafs ihn der Schauspieler nicht gleichzeitig
hätte sehen können. Überdies müssen wir uns mit dem Gedanken
vertraut machen, dafs der Spielplatz der Schauspieler sich weiter
gegen den Mittelpunkt der Orchestra hin erstreckte. Ich weifs nicht,
ob Todt recht hat, der die Paraskenien fast so alt sein läfst als die
Bühnenhinterwand (S. 529) — für die Handhabung der Theatermaschinerie sind sie allerdings sehr vorteilhaft —, jedenfalls haben
wir in Soph. Ai. einen ziemlich sicheren Anhaltspunkt für ihr Vorhandensein, es ist wenigstens anders nicht leicht zu erklären, warum
Teukros v. 1044 den Menelaos noch nicht erblickt, auf den ihn doch
der Chor schon seit v. 1040 aufmerksam gemacht hatte. Auch wüfste
ich nicht, wo sich Orestes und Pylades im Anfang der „Choephoren",

---

1) Und auch dann nicht immer, cf. Eur. Or. 459 f.; Aristoph. Lys. 829 ff

ebenso der Chor in den „Ekklesiazusen" v. 497 besser verbergen könnten als hinter den vorspringenden Seitenflügeln. Für uns handelt es sich hier weniger um die Existenz von Paraskenien als um die Existenz seitlicher Eingänge aus den Paraskenien auf die Bühne, welche von den Schauspielern benützt wurden. Und nachdem wir hier zu einem ebenso skeptischen Schlufs gekommen sind wie oben bezüglich des Unterschiedes zwischen Bühne und Orchestra, so dürfen wir wohl der Stelle in Eur. Or. noch Beachtung schenken, obwohl Schönborn nichts davon hat wissen wollen[1]), wo die beiden πάροδοι faktisch als die einzigen auf die Szene führenden Wege betrachtet werden; der Chor wird v. 1251 beauftragt:

cτῆθ᾽ αἳ μὲν ὑμῶν τόνδ᾽ ἁμαξήρη τρίβον,
αἳ δ᾽ ἐνθάδ᾽ ἄλλον οἷμον εἰς φρουρὰν δόμων.

Capps hat gezeigt, dafs, da die Orchestra der Platz für die Wagen ist, dort auch der ἁμαξήρης τρίβος sein mufs; der Chor bewacht also die πάροδοι. Wenn damit der Palast gesichert ist, dann gibt es keine anderen Zugänge zu diesem.

Man wird nun vielleicht einen sicheren Beweis nach dieser Richtung noch nicht für erbracht halten. Es liegt mir aber auch ganz fern, das für eine Kette zwingender Beweise auszugeben, was nur eine Summe von Wahrscheinlichkeitsgründen ist. Ich habe ja von Anfang an erklärt, ich wolle nur das geben, was sich mit aller nötigen Vorsicht aus dem vorhandenen Dramenmaterial schliefsen läfst. Nachdem ich meine Untersuchung ohne jede vorgefafste Meinung begonnen, freue ich mich aber, jetzt bestimmt als meine Überzeugung aussprechen zu können, dafs das griechische Theater des 5. Jahrhunderts kein erhöhtes Logeion und nur zwei πάροδοι, nicht ἄνω und κάτω πάροδοι gehabt hat.

Die Dramen weigern sich entschieden, für die bisherige Ansicht über die antike Bühne Zeugnis abzulegen; ich glaube auch nicht, dafs man zu gunsten der neuen Ansicht ein klareres Zeugnis als das im Vorstehenden zusammengefafste aus ihnen herausbringen wird. Aber sie sind jetzt wenigstens nochmal verhört worden. Die berufenen Dolmetscher unserer zweitbesten Zeugen, der Monumente, mögen sprechen!

---

1) Der Chor übersehe alle Eingänge, wenn er sich auf die von der Orchestra auf die Bühne führenden Treppen verteile, S. 79. Die Treppen sind dann wohl der ἁμαξήρης τρίβος, an den sich der Chor stellen soll!

Anhang.

In dem nachstehenden Anhang gebe ich eine Übersicht über die Dramenstellen, welche für das Auftreten und Abgehen von Schauspielern und Chor in Betracht kommen. Die zitierten Seitenzahlen sind die der Abhandlung. Die beigefügten szenischen Notizen geben nur das ganz Sichere oder unmittelbar durch die Dichterworte Angedeutete. Deshalb war ich auch mit Notierung der linken und rechten, „Fremde"- und „Heimat"-Seite etwas sparsam. Links und rechts ist immer vom Zuschauer aus zu verstehen, und ich fasse links als Seite der Fremde und des Landgebiets, falls dieses in Gegensatz zur Stadt tritt, rechts als Seite der Stadt und des Meeres, wo letzteres nicht in Gegensatz zur Heimat tritt. Ferner sind auch die Bemerkungen der Scholien über Auftreten, Abgehen, Szeneriewechsel und Verwandtes zusammengestellt, wobei die Ausgaben der Scholien zu Aeschylus von Vitelli-Wecklein, zu Sophokles von Papageorgios, zu Euripides von Schwartz, für die Aristophanesscholien die Didotsche Ausgabe (Dübner) zu Grunde gelegt sind. Über die gewählte Reihenfolge der Stücke s. S. 643 ff.

Aesch. Suppl.

Szenerie: —.

v. 1.   Chor, Dienerinnen und Danaos? treten vom Meere her auf; s. S. 709.

176 ff.   ΔΑ. παῖδες, φρονεῖν χρή. ξὺν φρονοῦντι δ᾽ ἥκετε
πιcτῷ γέροντι τῷδε ναυκλήρῳ πατρί.

180.   ὁρῶ κόνιν, ἄναυδον ἄγγελον cτρατοῦ,

182 f.   ὄχλον δ᾽ ὑπαcπιcτῆρα καὶ δορυccόον
λεύccω ξὺν ἵπποιc καμπύλοιc τ᾽ ὀχήμαcιν.
S. 648. 705 f.

234.   Pelasgos (mit Gefolge) ist von der Stadt her angekommen (vgl. 232), zu Wagen? S. 707.

480 ff.   ΒΑ. cὺ μὲν, πάτερ γεραιὲ τῶνδε παρθένων,
κλάδουc τε τούτουc αἶψ᾽ ἐν ἀγκάλαιc λαβὼν
βωμοὺc ἐπ᾽ ἄλλουc δαιμόνων ἐγχωρίων
θέc.

492 f. ΔΑ. ὁπάονας δὲ φράςτοράς τ' ἐγχωρίων
        ξύμπεμψον.
500 f. ΒΑ. ςτείχοιτ' ἄν, ἄνδρες· εὖ γὰρ ὁ ξένος λέγει.
        ἡγεῖςθε βωμοὺς ἀςτικούς.
503.   Danaos mit der vom König erhaltenen Bedeckung nach der
        Stadt ab.
517 f. ΒΑ. ἐγὼ δὲ λαοὺς ςυγκαλῶν ἐγχωρίους
        πατῶ.
522.   ἐγὼ δὲ ταῦτα πορςυνῶν ἐλεύςομαι.
523.   König nach der Stadt ab.
600.   Danaos kehrt aus der Stadt zurück.
713 ff. ΔΑ. ἱκεταδόκου γὰρ τῆςδ' ἀπὸ ςκοπῆς ὁρῶ
        τὸ πλοῖον κτλ.
        S. 548. 695. 705 f.
726.   ΔΑ. ἐγὼ δ' ἀρωγοὺς ξυνδίκους θ' ἥξω λαβών.
775.   Danaos nach der Stadt ab.
826 ff. ΧΟ. ὅδε μάρπτις νάϊος γάϊος κτλ.
836.   Herold mit Häschern vom Meere her.
        ΚΗ. coῦcθε coῦcθ' ἐπὶ βᾶριν ὅπως ποδῶν.
901.   König von der Stadt her, zu Wagen? S. 707.
953.   Herold ab nach dem Meere hin.
954 f. ΒΑ. ὑμεῖς δὲ πᾶςαι ςὺν φίλαις ὁπάοςιν
        θράςος λαβοῦςαι ςτείχετ' εὐερκῆ πόλιν.
974.   König ab nach der Stadt.
977 ff. ΧΟ.   ἐν χώρῳ
        τάςςεςθε, φίλαι δμωῖδες, οὕτως
        ὡς ἐφ' ἑκάςτῃ διεκλήρωςεν
        Δαναὸς θεραποντίδα φερνήν.
980.   Danaos aus der Stadt zurück mit Begleitung.
985 f. ΔΑ. ἐμοὶ δ' ὀπαδοὺς τούςδε καὶ δορυςςόους
        ἔταξαν.
1018 ff. ΧΟ. Ἴτε μὰν ἀςτυάνακτας κτλ.
        Bis 1074 gemeinsamer Abzug des Danaos, des Chors und
        der Dienerinnen nach der Stadt zu. S. 690.   -

Aesch. Pers. (472).

Szenerie: —. (Grabmal des Dareios).

v. 1 ff. Chor zieht ein.
150 f.   ΧΟ. ἀλλ' ἥδε θεῶν ἴςον ὀφθαλμοῖς
          φάος ὁρμᾶται μήτηρ βαςιλέως.
          Atossa (von derselben Seite wie vorher der Chor) zu Wagen?
          S. 707.
159.   ΑΤ. ταῦτα δὴ λιποῦς' ἱκάνω χρυςεοςτόλμους δόμους. S. 648.

Schol. Suppl. 825 ἐξ ἀπόπτου τοὺς Αἰγυπτιάδας ἰδοῦςαι.
Hypoth. Pers. Γλαῦκος ἐν τοῖς περὶ Αἰςχύλου μύθων ἐκ τῶν Φοινιc-

246 f. ΧΟ. ἀλλ᾽ ἐμοὶ δοκεῖν τάχ᾽ εἴcει πάντα ναμερτῆ λόγον·
τοῦδε γὰρ δράμημα φωτὸς Περcικὸν πρέπει μαθεῖν.
Bote tritt eilig (von der Fremde her) auf. S. 714 Anm.
718. 720.

514 oder 526 Bote ab.

524. ΑΤ. ἥἕω λαβοῦcα πέλανον ἐξ οἴκων ἐμῶν. (S. 648.)

526. Atossa ab nach nach der Seite, woher sie kam.

598. Atossa kommt zurück.

607 ff. τοιγὰρ κέλευθον τήνδ᾽ ἄνευ τ᾽ ὀχημάτων
χλιδῆc τε τῆc πάροιθεν ἐκ δόμων πάλιν
ἔcτειλα.

621. Δαρεῖον ἀγκαλεῖcθε,

630. ΧΟ. πέμψατ᾽ ἔνερθε ψυχὴν ἐc φῶc.

645. πέμπετε δ᾽ ἄνω.

658 ff. βαλὴν ἀρχαῖοc βαλήν, ἴθ᾽ ἴθ᾽ ἱκοῦ
τόνδ᾽ ἐπ᾽ ἀκρὸν κόρυμβον ὄχθου,
κροκόβαπτον ποδὸc εὔμαριν ἀείρων.

681. Geist des Dareios erscheint auf der Spitze des Grabmals.
S. 673 f.

697. ΕΙΔ. ΔΑ. ἐπεὶ κάτωθεν ἦλθον.

832 ff. cὺ δ᾽, ὦ γεραιὰ μῆτερ ἡ Ξέρξεου φίλη,
ἐλθοῦc᾽ ἐc οἴκουc κόcμον ὅcτιc εὐπρεπὴc
λαβοῦc᾽ ὑπαντίαζε παιδί.

839. ἐγὼ δ᾽ ἄπειμι γῆc ὑπὸ ζόφον κάτω.

843. Geist des Dareios verschwindet in seinem Grabhügel. S.673 f.

849 f. ΑΤ. ἀλλ᾽ εἶμι, καὶ λαβοῦcα κόcμον ἐκ δόμων
ὑπαντιάζειν παιδί μου πειράcομαι.

529 f. καὶ παῖδ᾽, ἐάν περ δεῦρ᾽ ἐμοῦ πρόcθεν μόλῃ,
παρηγορεῖτε, καὶ προπέμπετ᾽ ἐc δόμουc.

531. Atossa ab. S. 648 f.

907. Xerxes tritt von der Fremde her auf.

1000 f. ΧΟ. ἔταφον ἔταφον, οὐκ ἀμφὶ cκηναῖc
τροχηλάτοιcιν ὄπιθεν ἑπόμενοι. S. 707.

1036. ΞΕ. γυμνόc εἰμι προπομπῶν.

1038. πρὸς δόμουc δ᾽ ἴθι.

1068. αἰακτὸc ἐc δόμουc κίε.

1072. γοᾶcθ᾽ ἀβροβάται.

1076. ΧΟ. πέμψω τοί cε δυcθρόοιc γόοιc.

Xerxes und der Chor ziehen gemeinsam ab. S. 690.

cῶν Φρυνίχου φηcὶ τοὺc Πέρcαc παραπεποιῆcθαι. ἐκτίθηcι καὶ τὴν ἀρχὴν
τοῦ δράματοc ταύτην
τάδ᾽ ἐcτὶ Περcῶν τῶν πάλαι βεβηκότων.
πλὴν ἐκεῖ εὐνοῦχοc ἐcτ.ν ἀγγέλλων ἐν ἀρχῇ τὴν Ξέρξεου ἧτταν, cτορνύc τε
θρόνουc τινὰc τοῖc τῆc ἀρχῆc παρέδροιc, ἐνταῦθα δὲ προλογίζει χορὸc πρε-
cβυτῶν. καὶ ἐcτιν ἡ μὲν cκηνὴ τοῦ δράματοc παρὰ τῷ τάφῳ Δαρείου.
(S. 648.)
Schol. 681. ὑποκρίνεται ὁ Δαρεῖοc.

Aesch. Sept. (467).

Szenerie: —. (Platz auf der Akropolis).

Volk, dann Eteokles tritt auf, von der Seite. S. 650.

v. 1. Κάδμου πολῖται.

30 f. ΕΤ. ἀλλ' ἔς τ' ἐπάλξεις καὶ πύλας πυργωμάτων
ὁρμᾶσθε πάντες, ϲοῦσθε ϲὺν παντευχίᾳ.

38. Die Κάδμου πολῖται entfernen sich.

39. Bote tritt auf.

40. ΑΓΓ. ἥκω ϲαφῆ τἀκεῖθεν ἐκ ϲτρατοῦ φέρων.

68. Bote ab.

77. Eteokles ab.

78 ff. Chor zieht ein.

181. Eteokles tritt auf. S. 650.

240 f. ΧΟ. τάνδ' ἐς ἀκρόπολιν,
τίμιον ἕδος, ἱκόμαν. S. 649.

282 ff. ΕΤ. ἐγὼ δ' ἐπάρχους ἓξ ἐμοὶ ϲὺν ἑβδόμῳ
ἀντηρέτας ἐχθροῖϲι τὸν μέγαν τρόπον
εἰς ἑπτατειχεῖς ἐξόδους τάξω μολών.

286. Eteokles ab.

369 ff. ΗΜΙΧ.? Ὅ τοι κατόπτης, ὡς ἐμοὶ δοκεῖ, ϲτρατοῦ
πευθώ τιν' ἡμῖν, ὦ φίλαι, νέαν φέρει,
ϲπουδῇ διώκων πομπίμους χνόας ποδοῖν.
Bote tritt eilig auf.

372 ff. ΗΜΙΧ.? καὶ μὴν ἄναξ ὅδ' αὐτὸς Οἰδίπου τόκος
εἰς' ἀρτίκολλον ἀγγέλου λόγον μαθεῖν·
ϲπουδῇ δὲ καὶ τοῦδ' οὐκ ἀπαρτίζει πόδα.
Eteokles tritt (von der andern Seite) mit kriegerischem Gefolge auf. S. 650.

407 f. ΕΤ. ἐγὼ δὲ Τυδεῖ κεδνὸν Ἀϲτακοῦ τόκον
τόνδ' [τῶνδ' Grotius] ἀντιτάξω προστάτην πυλωμάτων.

416. Melanippos ab.

450. Polyphontes ab.

472. ΕΤ. πέμποιμ' ἂν ἤδη τόνδε, ϲὺν τύχῃ δέ τῳ.
Nach 472 Megareus ab.

520. Hyperbios ab.

562. Aktor ab.

625. Lasthenes ab.

652. Bote ab.

672 f. ΕΤ. τούτοις πεποιθὼς εἶμι καὶ ξυϲτήϲομαι
αὐτός.

720. Eteokles ab.

790 f. ΧΟ. νῦν δὲ τρέω
μὴ τελέϲῃ καμψίπους Ἐρινύς. Bote tritt auf.

Schol. Sept. 79. ταῦτα δὲ φανταζόμεναι λέγουϲιν ὡς ἀληθῆ . . . . .
φαντάζονται δὲ ταῦτα πάντα. —

821. Bote-ab.
846. XO. τάδ' αὐτόδηλα, προῦπτος ἀγγέλου λόγος.
Die Leichen der gefallenen Brüder werden hereingetragen.
S. 708.
861 f. XO. ἀλλὰ γὰρ ἥκους' αἵδ' ἐπὶ πρᾶγος
πικρὸν 'Αντιγόνη τ' ἠδ' 'Ισμήνη.
Antigone und Ismene treten (von der andern Seite) auf.
S. 650.
1005. Herold tritt auf.
1053. Herold ab.
1058 ff. XO. πῶς τολμήσω μήτε σὲ κλάειν
μήτε προπέμπειν ἐπὶ τύμβῳ;
κτλ.
1066 f. HM. δράτω ⟨τι⟩ πόλις καὶ μὴ δράτω
τοὺς κλάοντας Πολυνείκη·
ἡμεῖς μὲν ἴμεν καὶ συνθάψομεν
αἵδε προπομποί.
1072. HM. ἡμεῖς δ' ἅμα τῷδ'.
Antigone mit der Leiche des Polyneikes und dem einen
Halbchor nach der einen Seite, Ismene mit der Leiche
des Eteokles und dem zweiten Halbchor nach der andern
Seite ab. S. 690.

Aesch. Prom.

(466? vgl. Christ, Griech. Litteraturgesch.² 185).

Szenerie: Ein Felsen.

v. 1. Hephaistos Kratos Bia mit Prometheus treten auf.
1 f. KP. Χθονὸς μὲν εἰς τηλουρὸν ἥκομεν πέδον,
Cκύθην ἐς οἶμον, ἄβροτον εἰς ἐρημίαν.
81. ΗΦ. στείχωμεν, ὡς κώλοισιν ἀμφίβληστρ' ἔχει.
Hephaistos ab.
87. Kratos und Bia? ab.

792. ἄγγελος ὁ καὶ πρότερον ἀπαγγείλας περὶ τῆς τῶν 'Αργείων
ἐφόδου, οὗτος καὶ νῦν ἀπαγγέλλει τὴν ἀδελφοκτονίαν. — 846. ὁρᾷ ὁ χορὸς
τὰ σώματα βασταζόμενα. — 1053. διαιρεῖται ὁ χορός, τῶν μὲν ὑπὲρ Πολυ-
νείκους, τῶν δὲ ὑπὲρ 'Ετεοκλέους οὐσῶν. ὥσπερ δὲ μεμέρισται ὁ χορός,
οὕτως καὶ αἱ ἀδελφαί· καὶ ἡ μὲν 'Ισμήνη τῷ 'Ετεοκλεῖ ἀκολουθεῖ καὶ τῇ
πόλει, ἡ δὲ 'Αντιγόνη τῷ Πολυνείκει. — 1072. ἡμεῖς δ' ἅμα: ἅμα τῷ
'Ετεοκλεῖ ἐκκομιζομένῳ ἐπόμεθα.

ἐκ τῆς μουσικῆς ἱστορίας. καί τινες ἤδη τῶν τραγῳδιῶν αὐτῷ διὰ
μόνων οἰκονομοῦνται θεῶν, καθάπερ οἱ Προμηθεῖς· τὰ γὰρ δράματα συμ-
πληροῦσιν οἱ πρεσβύτεροι τῶν θεῶν, καὶ ἔστι τὰ ἀπὸ τῆς σκηνῆς καὶ τῆς
ὀρχήστρας θεῖα πάντα πρόσωπα.

Schol. Prom. 12. ἐν παραχορηγήματι αὐτῷ εἰδωλοποιηθεῖσα Βία. —
74. διὰ τὸ „χώρει κάτω" τὸ μέγεθος ἐνέφηνε τοῦ δεσμευομένου θεοῦ. —

114 ff. ΠΡ. ἄ ἄ, [ἔα, ἔα]
τίς ἀχὼ, τίς ὀδμὰ προσέπτα μ' ἀφεγγής,
θέοсυτος, ἢ βρότειος, ἢ κεκραμένη;
ἵκετο τερμόνιον ἐπὶ πάγον κτλ.

124 ff. φεῦ φεῦ, τί ποτ' αὖ κινάθισμα κλύω
πέλας οἰωνῶν; αἰθήρ δ' ἐλαφραῖς
πτερύγων ῥιπαῖς ὑποсυρίζει.
πᾶν μοι φοβερὸν τὸ προσέρπον.
ΧΟ. μηδὲν φοβηθῇς· φιλία γὰρ ἅδε τάξις
πτερύγων θοαῖς ἁμίλλαις
προσέβα τόνδε πάγον . . .
. . . .
κραιπνοφόροι δέ μ' ἔπεμψαν αὖραι.
135. cύθην δ' ἀπέδιλος ὄχῳ πτερωτῷ.
Die Okeaniden sind auf einem Flügelwagen erschienen.
S. 665 f. 694.

272 f. ΠΡ. πέδοι δὲ βᾶсαι τὰς προσερπούсας τύχας
ἀκούсαθ'.

279 ff. ΧΟ. καὶ νῦν ἐλαφρῷ ποδὶ κραιπνόсυτον
θᾶκον προλιποῦς'
αἰθέρα θ' ἁγνὸν πόρον οἰωνῶν,
ὀκριοέссῃ χθονὶ τῇδε πελῶ.

284 ff. Okeanos erscheint:
ΩΚ. ἥκω δολιχῆς τέρμα κελεύθου
διαμειψάμενος πρὸς cέ, Προμηθεῦ,
τὸν πτερυγωκῆ τόνδ' οἰωνὸν
γνώμῃ стομίων ἄτερ εὐθύνων.

393 ff. ΩΚ. ὁρμωμένῳ μοι τόνδ' ἐθώϋξας λόγον.
λευρὸν γὰρ οἶμον αἰθέρος ψαίρει πτεροῖς
τετρασκελὴς οἰωνός· ἄсμενος δέ τᾶν
сταθμοῖς ἐν οἰκείοιсι κάμψειεν γόνυ.
Okeanos ab.

561. Io stürzt herein:

572 ff. ἀλλ' ἐμὲ τὰν τάλαιναν κἀξ ἐνέρων περῶν
κυναγετεῖ πλανᾷ τε νῆстιν ἀνὰ τὰν
παραλίαν ψάμμαν.   `

601. λαβρόсυτος ἦλθον.

707 f. ΠΡ. πρῶτον μὲν ἐνθένδ' ἡλίου πρὸς ἀντολὰς
στρέψαса сαυτὴν στεῖχ' ἀνηρότους γύας.

___

128. ταῦτα δέ φαсιν διὰ μηχανῆς ἀεροδονούμεναι· ἄτοπον γὰρ
κάτωθεν διαλέγεсθαι τῷ ἐφ' ὕψους. ἐν ὅcῳ δὲ Ὠκεανῷ προсλαλεῖ, κατ-
ίαсιν ἐπὶ γῆς. — 135. ταῖς πτέρυξιν, δι' ὧν ἐπωχοῦντο οἱ ἱπτάμενοι. —
272 βούλεται γὰρ στῆσαι τὸν χορόν, ὅπως τὸ στάσιμον ᾄσῃ. — 284. καιρὸν
δίδωсι τῷ χορῷ καθήκαсθαι τῆς μηχανῆς Ὠκεανὸс ἐλθών. . . . ἐπὶ γρυπὸς
δὲ τετρασκελοῦς ὀχεῖται. — 397. τὸ στάσιμον ᾄδει ὁ χορὸς ἐπὶ τῆς γῆς
κατεληλυθώс.

886. Io stürzt nach der andern Seite hinaus. Sie kam aus der
Nähe des Meeres (574), also vielleicht von rechts. Nach
Anweisung des Prometheus mufs sie sich nach Osten
wenden (707). Die Zuschauer im athenischen Theater,
wenigstens in dem noch erhaltenen, hatten die aufgehende
Sonne zur linken Seite.

911. ΠΡ. ἀλλ' εἰcορῶ γὰρ τόνδε τὸν Διὸς τρόχιν,
Hermes erscheint. S. 665 f. 705. 718.

1016 ff. ΕΡ. πρῶτα μὲν γὰρ ὀκρίδα
φάραγγα βροντῇ καὶ κεραυνίᾳ φλογὶ
πατὴρ cπαράξει τήνδε, καὶ κρύψει δέμαc
τὸ cόν.

1079. Hermes verschwindet. S. 666.

1080 ff. ΠΡ. καὶ μὴν ἔργῳ κοὐκέτι μύθῳ
χθὼν cεcάλευται κτλ.

1093. Prometheus und Chor? (vgl. 1058 ff. 1067. 1071 ff.) versinken in die Tiefe. S. 673. 674 f. 691. 695.

Aesch. Ag. (458).

Szenerie: Palast.

v. 1 ff. Wächter auf dem Dach des Palastes.

2 f. κοιμώμενοc
cτέγηc Ἀτρειδῶν ἄγκαθεν.

26. Ἀγαμέμνονοc γυναικὶ cημαίνω τορῶc.

39. Wächter steigt in den Palast hinab.

40. Chor zieht ein.

83 ff. ΧΟ. cὺ δὲ, Τυνδάρεω
θύγατερ, βαcίλεια Κλυταιμνήcτρα, κτλ.
Klytämestra ist mit Dienerinnen aus dem Palast getreten
und begibt sich an die Altäre, um zu opfern.

256 ff. ΧΟ. τόδ' ἄγχιcτον Ἀ-
πίαc γαίαc μονόφρουρον ἔρκοc.
ἥκω cεβίζων còν, Κλυταιμνήcτρα, κράτοc,
Klytämestra nähert sich dem Chor.

354. Klytämestra ab in den Palast?

493 ff. κήρυκ' ἀπ' ἀκτῆc τόνδ' ὁρῶ κατάcκιον
κλάδοιc ἐλάαc· κτλ.
Herold tritt eilig auf. S. 711. 715.

585 f. ΧΟ. δόμοιc δὲ ταῦτα καὶ Κλυταιμνήcτρᾳ μέλειν
εἰκὸc μάλιcτα.
Klytämestra ist aus dem Palast getreten?

600 f. ΚΛ. ὅπωc δ' ἄριcτα τὸν ἐμὸν αἰδοῖον πόcιν
cπεύcω πάλιν μολόντα δέξαcθαι . . . .

. . . .

604. .... ταῦτ' ἀπάγγειλον πόσει·
      ἥκειν ⟨δ'⟩ ὅπως τάχιστ' ἐράσμιον πόλει.
614. Klytämestra ab in den Palast.
680. Herold ab nach der Seite, von welcher er gekommen. S. 715.
783 ff. Agamemnon und Kasandra auf einer ἀπήνῃ. S. 708. 715.
855. Klytämestra tritt aus dem Palast.
905 ff. ΚΛ. νῦν δέ μοι, φίλον κάρα,
      ἔκβαιν' ἀπήνης τῆσδε, μὴ χαμαὶ τιθεὶς (S. 708)
      τὸν σὸν πόδ', ὦναξ, Ἰλίου πορθήτορα.

      . . . .
      . . . .
      ἐς δῶμ' ἄελπτον ὡς ἂν ἡγῆται Δίκη.
921 f. ΑΓ. μηδ' εἵμασι στρώσας' ἐπίφθονον πόρον
      τίθει.
957. εἶμ' ἐς δόμων μέλαθρα πορφύρας πατῶν.
974. Agamemnon und Klytämestra mit Gefolge ab in den Palast.
      S. 701 f.
1035. Klytämestra tritt eilig aus dem Palast.
1035. ΚΛ. εἴσω κομίζου καὶ σύ, Κασάνδραν λέγω.
1039. ἔκβαιν' ἀπήνης τῆσδε. S. 708.
1054. ΧΟ. πιθοῦ λιποῦσα τόνδ' ἁμαξήρη θρόνον.
1068. Klytämestra ab in den Palast.
1070 f. ΧΟ. ἴθ', ὦ τάλαινα, τόνδ' ἐρημώσασ' ὄχον.
1313. ΚΑ. ἀλλ' εἶμι.
1314. Kasandra ab in den Palast.
1372. Klytämestra und die beiden Leichen werden sichtbar. S. 660 f.
1379. ΚΛ. ἕστηκα δ' ἔνθ' ἔπαισ' ἐπ' ἐξειργασμένοις.
1404. οὗτός ἐστιν Ἀγαμέμνων, ἐμὸς
      πόσις, νεκρὸς δὲ·τῆσδε δεξιᾶς χερός.
1440. ἥ τ' αἰχμάλωτος ἥδε καὶ τερασκόπος.
1538 ff. ΧΟ. ἰὼ γᾶ γᾶ, εἴθ' ἔμ' ἐδέξω
      πρὶν τόνδ' ἐπιδεῖν ἀργυροτοίχου
      δροίτης κατέχοντα χαμεύνην. (S. 661.)
1577. Aigisthos mit Gefolge tritt von der Stadt her? auf.
      Zwischen 1611 und 1642 Klytämestra und die Leichen in
      den Palast zurück?
1654. Klytämestra tritt aus dem Palast?
1657. ΚΛ. στεῖχε δὴ σύ χοὶ γέροντες πρὸς δόμους πεπρωμένους.
1673. Klytämestra und Aigisthos mit Gefolge in den Palast. Chor
      zieht nach der Stadt hin ab.

─────────

Hypoth. Ag. ... Ἀγαμέμνων δ' ἐπὶ ἀπήνης ἔρχεται. εἵπετο δ' αὐτῷ
ἑτέρα ἀπήνη, ἔνθα ἦν τὰ λάφυρα καὶ Κασάνδρα. αὐτὸς μὲν οὖν προεισέρχε-
ται εἰς τὸν οἶκον σὺν τῇ Κλυταιμνήστρᾳ, Κασάνδρα δὲ μαντεύεται, πρὶν εἰς
τὰ βασίλεια εἰσελθεῖν ..... καὶ εἰσπηδᾷ ὡς θανουμένη ... ἰδίως δὲ Αἰσχύ-
λος τὸν Ἀγαμέμνονα ἐπὶ σκηνῆς ἀναιρεῖσθαι ποιεῖ, τὸν δὲ Κασάνδρας σιω-
πήσας θάνατον νεκρὰν αὐτὴν ὑπέδειξε ...

Aesch. Choeph. (458).

Szenerie: Palast.

v. 1. Orestes und Pylades treten auf und begeben sich an das
Grabmal des Agamemnon.

3 ff. ΟΡ. ἥκω γὰρ ἐc γῆν τήνδε καὶ κατέρχομαι.
τύμβου δ᾽ ἐπ᾽ ὄχθῳ τῷδε κηρύccω πατρὶ
κλύειν.

10 ff. τί χρῆμα λεύccω; τίc ποθ᾽ ἥδ᾽ ὁμήγυριc
cτείχει γυναικῶν φάρεciν μελαγχίμοιc
πρέπουcα; . . . .
. . . .
. . . . . καὶ γὰρ Ἠλέκτραν δοκῶ
cτείχειν ἀδελφὴν τὴν ἐμὴν πένθει λυγρῷ
πρέπουcαν.
Der Chor tritt aus dem Palaste und nähert sich dem Grab.
S. 678.

20. ΟΡ. Πυλάδη, cταθῶμεν ἐκποδών.
Orestes und Pylades ziehen sich nach der Seite zurück.
S. 692. 723.

22. ἰαλτὸc ἐκ δόμων ἔβαν

84. Elektra tritt aus dem Palast auf? (Vgl. G. Hermann de re
scen. in Aesch. Or. Aeschylusausgabe II, 653.)

85 f. ΗΛ. ἐπεὶ πάρεcτε τῆcδε προcτροπῆc ἐμοὶ
πομποί, γενέcθε τῶνδε cύμβουλοι πέρι.

212. Orestes tritt wieder hervor.

554. ΟΡ. τήνδε μὲν cτείχειν ἔcω.

561 f. ἥξω cὺν ἀνδρὶ τῷδ᾽ ἐφ᾽ ἑρκείουc πύλαc
Πυλάδη.

579. οὐκοῦν cὺ μὲν φύλαccε τἀν οἴκῳ καλῶc.

584. Elektra in den Palast, Orestes und Pylades nach der Seite ab.

653. Orestes und Pylades treten verkleidet wieder auf.

653. ΟΡ. παῖ παῖ, θύραc ἄκουcον ἑρκείαc κτύπον.

657. ΟΙΚ. εἶεν, ἀκούω· ποδαπὸc ὁ ξένοc; πόθεν;
Diener öffnet.

668. Klytämestra tritt aus dem Palast.

712 f. ΚΛ. ἄγ᾽ αὐτὸν εἰc ἀνδρῶναc εὐξένουc δόμων,
ὀπιcθόπουc τε τούcδε καὶ ξυνεμπόρουc
[ὀπιcθόπουν τε τόνδε καὶ ξυνέμπορον Pauw.] (S. 654.)

716 f. ΚΛ. ἡμεῖc δὲ ταῦτα τοῖc κρατοῦcι δωμάτων
κοινώcομεν.
Klytämestra und der Diener mit Orestes und Pylades durch
verschiedene Thüren in den Palast ab.

731 ff. ΧΟ. τροφὸν δ᾽ Ὀρέcτου τήνδ᾽ ὁρῶ κεκλαυμένην,
ποῖ δὴ πατεῖc, Κίλιccα, δωμάτων πύλαc; (S. 653.)
ΤΡΟΦ. Αἴγιcθον ἡ κρατοῦcα . . . .

734   Ernst Bodensteiner:

```
. . . . . . . . . . τοῖc ξένοιc καλεῖν
          ὅπωc τάχιcτ᾽ ἄνωγεν.
764 ff.   ΤΡ. cτείχω δ᾽ ἐπ ᾽ἄνδρα τῶνδε λυμαντήριον
          οἴκων.
          ΧΟ. πῶc οὖν κελεύει νιν μολεῖν ἐcταλμένον;
          . . . . . . . . . . . . . . . . . . . .
          ΤΡ. ἄγειν κελεύει δορυφόρουc ὀπάοναc.
          ΧΟ. μή νυν cὺ ταῦτ᾽ ἄγγελλε δεcπότου cτύγει·
          ἀλλ᾽ αὐτὸν ἐλθεῖν . . . . . . . . . . . . . .
781.      ΤΡ. ἀλλ᾽ εἶμι καὶ coῖc ταῦτα πείcομαι λόγοιc.
782.      Kilissa ab nach der Stadt hin.
838.      Aigisthos tritt ohne Begleitung auf:
          ΑΙΓ. ἥκω μὲν οὐκ ἄκλητοc, ἀλλ᾽ ὑπάγγελοc.
848 f.    ΧΟ. πυνθάνου δὲ τῶν ξένων
          εἴcω παρελθών.  (S. 653.)
854.      Aigisthos ab in den Palast.
872.      ΧΟ. ἀποcταθῶμεν πράγματοc τελουμένου.
          Der Chor zieht sich (in die Parodoi) zurück.
875.      Diener stürzt aus dem Palast.
877 ff.   ΟΙΚ.          ἀλλ᾽ ἀνοίξατε
          ὅπωc τάχιcτα, καὶ γυναικείουc πύλαc
          μοχλοῖc χαλᾶτε.
885.      Klytämestra tritt aus der Thüre der Frauenwohnung.
889.      ΚΛ. δοίη τιc ἀνδροκμῆτα πέλεκυν ὡc τάχοc.
          Diener ab in den Palast.
892.      Orestes tritt aus dem Palast.
          ΟΡ. cὲ καὶ ματεύω· τῷδε δ᾽ ἀρκούντωc ἔχει.
          Vor 899 tritt Pylades aus dem Palast.
904.      ΟΡ. ἕπου, πρὸc αὐτὸν τόνδε cὲ cφάξαι θέλω.
930.      Orestes drängt die Klytämestra in den Palast.
973.      Orestes erscheint mit den Leichen des Aigisthos und der
          Klytämestra.  S. 661.
          ΟΡ. ἴδεcθε χώραc τὴν διπλῆν τυραννίδα.
1050.     οὐκέτ᾽ ἂν μείναιμ᾽ ἐγώ.
1062.     ἐλαύνομαι δὲ κοὐκέτ᾽ ἂν μείναιμ᾽ ἐγώ.
          Orestes (mit Pylades?) nach der Seite ab.
1076.     Chor in den Palast ab.  S. 680. 685.
```

Aesch. Eum. (458).
Szenerie: Tempel.

v. 1.   Priesterin tritt auf. S. 653.

Schol. Cho. 973. ἀνοίγεται ἡ cκηνὴ καὶ ἐπὶ ἐγκυκλήματοc (ἐκκυκλήματοc Dindorf) ὁρᾶται τὰ cώματα· ἃ λέγει διπλῆν τυραννίδα. — 988. πρὸc τὸν χορόν.
Schol. Eum. φαίνεται ἐπὶ cκηνῆc τὸ μαντεῖον. ἡ δὲ προφῆτιc πρόειcιν ἐπικλήceιc, ὡc ἔθοc, τῶν θεῶν ποιηcομένη, ἀπροόπτωc τε ἰδοῦcα τὰc Ἐρινύαc κύκλῳ τοῦ Ὀρέcτου καθευδούcαc πάντα μηνύει τοῖc θεαταῖc . . . . . οἰκο-

33. Priesterin ab in den Tempel.
34. Priesterin stürzt entsetzt aus dem Tempel.
34 ff. ΠΡ. ἦ δεινὰ λέξαι, δεινὰ δ' ὀφθαλμοῖc δρακεῖν
       πάλιν μ' ἔπεμψεν ἐκ δόμων τῶν Λοξίου.
63. Priesterin geht ab.
64. Apollon tritt mit Orestes und Hermes aus dem Tempel.
     S. 663. 666.
67. ΑΠ. καὶ νῦν ἁλούcαc τάcδε τὰc μάρτουc ὁρᾷc.
74. ὅμωc δὲ φεῦτε.
79 f. μολὼν δὲ Παλλάδοc ποτὶ πτόλιν
       ἵζου παλαιὸν ἄτκαθεν λαβὼν βρέταc.
89 f. cὺ δ', αὐτάδελφον αἷμα καὶ κοινοῦ πατρὸc,
       Ἑρμῆ, φύλαccε.
93. Orestes mit Hermes nach der Seite ab. Apollon ab.
94. Schatten der Klytämestra erscheint, von der Seite auf-
     tretend?. S. 663. 676.
95 ff. ΕΙΔ. ΚΛ. ἐτὼ δ' ὑφ' ὑμῶν ὧδ' ἀπητιμαcμένη
       ἄλλοιcιν ἐν νεκροῖcιν, ὧν μὲν ἔκτανον
       ὄνειδοc ἐν φθιτοῖcιν οὐκ ἐκλείπεται,
       αἰcχρῶc δ' ἀλῶμαι.
111. ὁ δ' ἐξαλύξαc οἴχεται.
139. Schatten der Klytämestra verschwindet auf dem Wege, auf
      welchem er gekommen. S. 676.
143 ff. Die Choreuten stürzen einzeln aus dem Tempel S. 663. 678.
179. Apollon erscheint.
179 f. ΑΠ. ἔξω, κελεύω, τῶνδε δωμάτων τάχοc
       χωρεῖτ', ἀπαλλάccεcθε μαντικῶν μυχῶν. (S. 663.)

νομικῶc δὲ οὐκ ἐν ἀρχῇ διώκεται Ὀρέcτηc, ἀλλὰ τοῦτο ἐν μέcῳ τοῦ δράματοc κατατάττει, ταμιευόμενοc τὰ ἀκμαιότατα ἐν μέcῳ. — 33. παρ' ὀλί-
τον ἔρημοc ἡ cκηνὴ τίνεται. οὔτε τὰρ ὁ χορόc πω πάρεcτιν, ἥ τε ἱέρεια
εἰcῆλθεν εἰc τὸν ναόν. — 34. ἰδοῦcα τὰρ Ὀρέcτην ἐπὶ τοῦ βωμοῦ καὶ τὰc
Ἐρινύαc κοιμωμέναc ἔξειcι τεταρατμένη τετραποδηδὸν ἐκ τοῦ νεώ. — 64.
ἐπιφανεὶc Ἀπόλλων cυμβουλεύει Ὀρέcτῃ καταλιπεῖν μὲν τὸ μαντεῖον, φεύτειν
δ' εἰc Ἀθήναc. καὶ δευτέρα δὲ τίνεται φανταcία. cτραφέντα τὰρ μηχανήματα
ἔνδηλα ποιεῖ τὰ κατὰ τὸ μαντεῖον ὡc ἔχει. καὶ τίνεται ὄψιc τρατική· τὸ μὲν
ξίφοc ἡματμένον ἔτι κατέχων Ὀρέcτηc, αἱ δὲ κύκλῳ φρουροῦcαι αὐτόν. —
πρὸc Ὀρέcτην φηcίν. ἀπέcτη τὰρ ἡ ἱέρεια. — 94. ὁ μὲν Ὀρέcτηc φυτῇ οἴχεται
Ἀθήναζε πυθόμενοc (κριθηcόμενοc Weil), αἱ δὲ Ἐρινύεc μόναι καθεύδουcιν
ὑπὸ πόνου ἴcωc καὶ Ἀπόλλωνοc, τοῦ τρατῳδοποιοῦ τοῦτο ἐπιτηδεύcαντοc,
ἵνα διὰ τούτου ἐμφανῇ (ἐμφαίνῃ Vict.) τὸ ἄτριον αὐτῶν καὶ χαλεπόν· πῶc
δὲ διεγείρονται; οὐχ ὑπὸ Ἀπόλλωνοc, οὐδὲ ὑφ' ἑαυτῶν, ἀλλ' ἐν ἄλλῃ φαν-
ταcίᾳ. ἐφίcταται τὰρ τὸ εἴδωλον Κλυταιμήcτραc καὶ μεμψάμενον ἀνεγείρει,
ὥcτε ποικίλαιc φανταcίαιc πεπύκνωται. — 111. διὰ τὸ πεφευτέναι ἐκ τοῦ
νεώ. — 117. τὸ δὲ ἐτείρεcθαι (suppl. ἀθρόωc) τὰc παρειμέναc ὕπνῳ οὐ
πιθανόν. κατὰ βραχὺ οὖν ἐκ προcβάcεωc τὴν ἐτερcιν ποιήcονται. — 140.
ἀναcτήcει (ἀνίcτηcιν Γaley) αὐτὰc οὐκ ἀθρόωc, μιμούμενοc ἐμφατικῶc τὴν
ἀλήθειαν, ἀλλ' ἐτείρεταί τιc πρώτη, ὥcτε μὴ ἀθρόωc τὸν χορὸν φθέτεαcθαι.
— Aesch. vit. . . . τινὲc δὲ φαcιν ἐν τῇ ἐπιδείξει τῶν Εὐμενίδων cποράδην
εἰcαταττόντα τὸν χορὸν τοcοῦτον ἐκπλῆξαι τὸν δῆμον, ὡc τὰ μὲν νήπια ἐκ-
ψῦξαι, τὰ δὲ ἔμβρυα ἐξαμβλωθῆναι. S. 663.

196. χωρεῖτ' ἄνευ βοτῆροc αἰπολούμεναι.
231. ΧΟ. μέτειμι τόνδε φῶτα κάκκυνηγετῶ.
Chor nach der (linken) Seite hin ab. S. 681. 710.
234. Apollon verschwindet.

Szenenwechsel.

235. Orestes tritt von der (linken) Seite auf.
235 f. ΟΡ. ἄναcc' Ἀθάνα, Λοξίου κελεύμαcιν
ἥκω, δέχου δὲ πρευμενῶc ἀλάcτορα.
242 f. πρόcειμι δῶμα καὶ βρέταc τὸ cόν, θεά,
αὐτοῦ φυλάccων ἀμμενῶ τέλοc δίκηc.
244. Chor zieht ein von derselben Seite wie Orestes. S. 680. 709.
244. ΧΟ. εἶεν· τόδ' ἐcτὶ τἀνδρὸc ἐκφανὲc τέκμαρ.
257 ff. ὁ δ' αὖτε γ' οὖν ἀλκὰν ἔχων
περὶ βρέτει πλεχθεὶc θεᾶc ἀμβρότου κτλ.
397. Athene erscheint, von der Seite auftretend? S. 667.
403 ff. ΑΘ. ἔνθεν διώκουc' ἦλθον ἄτρυτον πόδα,
πτερῶν ἄτερ ῥοιβδοῦcα κόλπον αἰγίδοc,
πώλοιc ἀκμαίοιc τόνδ' ἐπιζεύξαc' ὄχον.
καινὴν δ' ὁρῶcα τήνδ' ὁμιλίαν χθονὸc
. . . .·
βρέταc τε τοὐμὸν τῷδ' ἐφημένῳ ξένῳ.
487 f. κρίναcα δ' ἀcτῶν τῶν ἐμῶν τὰ βέλτατα
ἥξω.
489. Athene nach der Stadt hin ab. S. 667.
566. Athene tritt mit den 12 erlesenen Richtern und dem Herold
von der Stadt her auf. S. 693.
566. ΑΘ. κήρυccε, κῆρυξ, καὶ cτρατὸν κατειργαθοῦ.
574? Apollon erscheint, von der Seite auftretend?
574. ΧΟ. ἄναξ Ἄπολλον.
753? Apollon entfernt sich auf demselben Wege, auf dem er gekommen.
764. ΟΡ. νῦν ἄπειμι πρὸc δόμουc.
777. Orestes geht nach der Seite ab.
1003? Tempeldienerinnen mit Fackeln treten aus dem Tempel.
S. 678. 693.
1003 ff. ΑΘ. προτέραν δ' ἐμὲ χρὴ
cτείχειν θαλάμουc ἀποδείξουcαν
πρὸc φῶc ἱερὸν τῶνδε προπομπῶν.

. . . .

Schol. 404. ὡc ἁρμένῳ χρωμένη τῇ αἰγίδι. — 489. ἡ μὲν Ἀθηνᾶ
ἀπῆλθεν εὐτρεπίcαι δικαcτάc, ὁ δὲ Ὀρέcτηc ἱκετεύων μένει, αἱ δὲ Ἐρινύεc
φρουροῦcιν·αὐτόν. — 566. κληρώcαcα Ἀθηνᾶ τοὺc ἀρίcτουc ἄγει δικάcον-
ταc, καθιcάντων δὲ αὐτῶν ἐν μέcῳ cτᾶcα κελεύει διὰ τῆc cάλπιγγοc καὶ
τοῦ κήρυκοc cιωπὴν γενέcθαι. — ἐν περιχωρήματι (παραχορηγήματι Dindorf) αὐτῷ εἰcιν οἱ Ἀρεοπαγῖται μηδαμοῦ διαλεγόμενοι.

1010 f. ὑμεῖς δ᾽ ἡγεῖσθε, πολισσοῦχοι
παῖδες Κραναοῦ, ταῖσδε μετοίκοις.

1022 ff. πέμψω τε φέγγει λαμπάδων σελασφόρων
ἐς τοὺς ἔνερθε καὶ κάτω χθονὸς τόπους
ξὺν προσπόλοισιν αἵτε φρουροῦσιν βρέτας
τοὐμόν.

1029. καὶ τὸ φέγγος ὁρμάσθω πυρός.

1031. Athene geht ab. Die Tempeldienerinnen, die Areopagiten und der Chor verlassen in feierlichem Zuge die Szene

Soph. Ai.

Szenerie: Zelte.

Odysseus tritt auf, die Spur des Aias verfolgend.

v. 1. Athene erscheint, von der Seite auftretend. S. 670.

3 ff. ΑΘ. καὶ νῦν ἐπὶ σκηναῖς σε ναυτικαῖς ὁρῶ
Αἴαντος, ἔνθα τάξιν ἐσχάτην ἔχει,
πάλαι κυνηγετοῦντα καὶ μετρούμενον
ἴχνη τὰ κείνου νεοχάραχθ᾽.

11 f. καί σ᾽ οὐδὲν εἴσω τῆσδε παπταίνειν πύλης
ἔτ᾽ ἔργον ἐστίν.

14 ff. ΟΔ. ὦ φθέγμ᾽ Ἀθάνας, φιλτάτης ἐμοὶ θεῶν,
ὡς εὐμαθές σου, κἂν ἄποπτος ἧς ὅμως,
φώνημ᾽ ἀκούω καὶ ξυναρπάζω φρενί.

. . . .

καὶ νῦν ἐπέγνως εὖ μ᾽ ἐπ᾽ ἀνδρὶ δυσμενεῖ
βάσιν κυκλοῦντ᾽, Αἴαντι τῷ σακεσφόρῳ.
κεῖνον γάρ, οὐδέν᾽ ἄλλον, ἰχνεύω πάλαι.

36 f. ΑΘ. ἔγνων, Ὀδυσσεῦ, καὶ πάλαι φύλαξ ἔβην
τῇ σῇ πρόθυμος εἰς ὁδὸν κυναγίᾳ.

73. Αἴαντα φωνῶ· στεῖχε δωμάτων πάρος. (S. 653.)

91. Aias tritt aus dem Zelt; vgl. v. 301.

116. ΑΙ. χωρῶ πρὸς ἔργον.

117. Aias ab ins Zelt; vgl. v. 305.

Hypoth. Ai. . . . . καταλαμβάνει δὲ Ἀθηνᾶ Ὀδυσσέα ἐπὶ τῆς σκηνῆς διοπτεύοντα τί ποτε ἄρα πράττει ὁ Αἴας, ... καὶ προκαλεῖται εἰς τὸ ἐμφανὲς τὸν Αἴαντα ἔτι ἐμμανῆ ὄντα . . . καὶ ὃ μὲν εἰσέρχεται ὡς ἐπὶ τῷ μαστιγοῦν τὸν Ὀδυσσέα· παραγίνεται δὲ χορὸς Σαλαμινίων ναυτῶν . . . . . . δὲ καὶ Τέκμησσα . . . . ὅθεν δὴ ὁ Αἴας προ-ελθὼν ἔμφρων γενόμενος . . . . ἔξεισι καθαρσίων ἕνεκα καὶ ἑαυτὸν δια-χρῆται. . . . . τὸ δὲ πέρας, θάψας αὐτὸν Τεῦκρος ὀλοφύρεται. . . . . . . Ἡ σκηνὴ τοῦ δράματος ἐν τῷ ναυστάθμῳ πρὸς τῇ σκηνῇ τοῦ Αἴαντος. Schol. πάρεστιν Ὀδυσσεὺς ἐπὶ τὴν σκηνὴν ἀγωνιῶν καὶ πολυπραγμονῶν μή τι ἀπὸ ἐχθροῦ πάθῃ. — 14. καὶ τοῦτο ἄριστα πεποίηται; φθέγμα γὰρ εἶπεν ὡς μὴ θεασάμενος αὐτήν (δῆλον γὰρ ὡς οὐκ εἶδεν αὐτὴν ἐκ τοῦ κἂν ἄποπτος ἧς ὅμως τουτέστιν ἀόρατος) τῆς δὲ φωνῆς μόνης αἰσθάνεται ὡς ἐθάδος αὐτῷ οὔσης· ἔστι μέντοι ἐπὶ σκηνῆς ἡ Ἀθηνᾶ· δεῖ γὰρ τοῦτο χαρίζεσθαι τῷ θεατῇ. —

133. Athene geht nach der Seite ab. Ebenso Odysseus; letzterer
      nach dem Lager zu.
134. Chor zieht ein.
201. Tekmessa tritt aus dem Zelt des Aias.
328 f. ΤΕ. ἀλλ' ὦ φίλοι, τούτων γὰρ εἵνεκ' ἐστάλην,
      ἀρήξατ' εἰσελθόντες, εἰ δύνασθέ τι. (S. 684.)
344. ΧΟ. ἀλλ' ἀνοίγετε.
346. ΤΕ. ἰδού, διοίγω· προσβλέπειν δ' ἔξεστί σοι
      τὰ τοῦδε πράγη, καὐτὸς ὡς ἔχων κυρεῖ.
      Aias wird an der geöffneten Thüre durch Ekkyklema?
      sichtbar. S. 661. 684.
539. ΤΕ. καὶ μὴν πέλας γε προσπόλοις φυλάσσεται.
544. ΤΕ. καὶ δὴ κομίζει προσπόλων ὅδ' ἔγγυθεν.
      Eurysakes wird von einem Diener (aus einem Zelte neben-
      an?) gebracht.
578 ff. ΑΙ. ἀλλ' ὡς τάχος τὸν παῖδα τόνδ' ἤδη δέχου
      καὶ δῶμα πάκτου, μηδ' ἐπισκήνους γόους
      δάκρυε.
593.   οὐ ξυνέρξεθ' ὡς τάχος;
595. Aias verschwindet, das Zelt wird geschlossen. Tekmessa mit
      Eurysakes und dem Diener in ein Zelt nebenan? S. 654.-
646. Aias tritt aus dem Zelt. Zugleich Tekmessa aus dem
      ihrigen?
654 f. ΑΙ. ἀλλ' εἶμι πρός τε λουτρὰ καὶ παρακτίους
      λειμῶνας.
684 f.   σὺ δὲ
      ἔσω ... ἐλθοῦσα διὰ τάχους, γύναι.
692. Aias nach der Seite, Tekmessa ins Zelt ab.
719. Bote tritt auf vom Lager her.
784. ΧΟ. ὦ δαῖα Τέκμησσα, δύσμορος γύναι,
      ὅρα μολοῦσα τόνδ' ὁποῖ' ἔπη θροεῖ.

_____

201. ναὸς ἀρωγοί: ἔξεισι Τέκμησσα. — 330. τὸν χορὸν προτρέπεται
εἰσιέναι, ἐπειδὴ δὲ ἄτοπον τὸν χορὸν ἀπολιπεῖν τὴν σκηνὴν ἀναβοᾷ ἔνδοθεν ὁ Αἴας ἵνα μείνῃ ἐπὶ χώρας ὁ χορός· τοῦτο γὰρ ἐπόθει ὁ θεατής. —
346. προσβλέπειν δ' ἔξεστι: ἐνταῦθα ἐκκύκλημά τι γίνεται ἵνα φανῇ ἐν
μέσοις ὁ Αἴας ποιμνίοις· εἰς ἔκπληξιν γὰρ φέρει καὶ ταῦτα τὸν θεατήν, τὰ
ἐν τῇ ὄψει περιπαθέστερα· δείκνυται δὲ ξιφήρης, ἡματωμένος μεταξὺ τῶν
ποιμνίων καθήμενος. -- 579. ἐπισκήνους] κατὰ τῶν σκηνῶν. — 593. οὐ
ξυνέρξεθ' —;] ἀποκλείσατε. τοῖς θεράπουσι κελεύει αὐτὴν ἀποκλείειν. —
596. ὦ κλεινὰ Σαλαμίς: συγκέκλειται ὁ Αἴας διαχρησόμενος ἑαυτόν, ἔπειτα
δὲ οἱ ἀπὸ τοῦ χοροῦ λόγον περιπαθῆ διεξίασι· πρὸς μὲν γὰρ αὐτὸν λέγειν
οὐκ ἦν εἰσελθόντα ἤδη. — 646. ἄπανθ' ὁ μακρός: ἐξέρχεται ὁ Αἴας ὡς δὴ
κατακληθεὶς ὑπὸ Τεκμήσσης μὴ σφάττειν ἑαυτὸν καὶ προφάσει τοῦ δεῖν εἰς
ἐρημίαν ἐλθεῖν καὶ κρύψαι τὸ ξίφος ἐπὶ τούτοις ἀναχωρεῖ καὶ διαχρῆται
ἑαυτόν — 693 ἐφριξ' ἔρωτι: ..... ἐξελθόντος γὰρ τοῦ Αἴαντος ἔδει
βραχὺ διάλειμμα γενέσθαι ἵνα μὴ καταληφθῇ ὑπὸ τοῦ ἀγγέλου. — 719.
ἄνδρες φίλοι: ἄγγελος ἥκει ἀπὸ τοῦ στρατοῦ. .... καλῶς δὲ καὶ τὰ τῆς
σκηνῆς ἐσκεύασται· Αἴαντος γὰρ καταλιπόντος προῆλθεν ὁ ἄγγελος εἶτα τοῦ
χοροῦ τὴν σκηνὴν ἐάσαντος διὰ τὴν ζήτησιν ἔξεισιν ὁ Αἴας ἐπὶ τὴν πρᾶξιν. —

787. Tekmessa tritt aus dem Zelt.

804 ff. ΤΕ. καὶ cπεύcαθ᾽, οἳ μὲν Τεῦκρον ἐν τάχει μολεῖν,
οἳ δ᾽ ἑcπέρουc ἀγκῶναc, οἳ δ᾽ ἀντηλίουc
Ζητεῖτ᾽ ἰόντεc τἀνδρὸc ἔξοδον κακήν.

810. ἀλλ᾽ εἶμι κἀγὼ κεῖc᾽ ὅποιπερ ἂν cθένω.

812? Bote nach dem Lager ab.
Tekmessa durch eine Thüre des Hintergrundes ab?
S. 654 f.

814. Der geteilte Chor durch die beiden Parodoi ab. S. 651. 681.

Szeneriewechsel.

Öde Waldgegend.

Aias vor dem im Boden befestigten Schwerte. S. 651.

866 ff. Die beiden Halbchöre treten von beiden Seiten suchend
auf. S. 681.

874. ΗΜ. πᾶν ἐcτίβηται πλευρὸν ἔcπερον νεῶν.

877. ΗΜ. ἀλλ᾽ οὐδὲ μὲν δὴ τὴν ἀφ᾽ ἡλίου βολῶν
κέλευθον ἀνὴρ οὐδαμοῦ δηλοῖ φανείc.

891 ff. ΤΕ. ἰώ. μοί μοι.

ΧΟ. τίνοc βοὴ πάραυλοc ἐξέβη νάπουc;

ΤΕ. ἰὼ τλήμων.

ΧΟ. τὴν δουρίληπτον δύcμορον νύμφην ὁρῶ
Τέκμηccαν. Tekmessa tritt auf (durch eine Thüre des
Hintergrunds? S. 651.)

898. ΤΕ. Αἴαc ὅδ᾽ ἡμῖν ἀρτίωc νεοcφαγὴc
κεῖται, κρυφαί̣ῳ φαcγάνῳ περιπτυχήc.

911 f. ΧΟ.   πᾷ πᾷ
κεῖται ὁ δυcτράπελοc δυcώνυμοc Αἴαc;

974 ff. ΤΕΥ. ἰὼ μοί μοι.

ΧΟ. cίγηcον· αὐδὴν γὰρ δοκῶ Τεύκρου κλύειν
βοῶντοc ἄτηc τῆcδ᾽ ἐπίcκοπον μέλοc.
Teukros tritt auf mit einem Diener (v. 1003). S. 651 f.

_____

813. χωρεῖν ἕτοιμοc: μετακινεῖται ἡ cκηνὴ τοῦ χοροῦ ἐξελθόντοc· ἀναγκαία
δὲ ἡ ἔξοδοc ἵνα εὕρη καιρὸν ὁ Αἴαc χειρώcαcθαι ἑαυτόν. — 815. ὁ μὲν
cφαγεὺc ἔcτηκεν: μετάκειται ἡ cκηνὴ ἐπὶ ἐρήμου τινὸc χωρίου ἔνθα ὁ Αἴαc
εὐτρεπίcαc τὸ ξίφοc ῥῆcίν τινα πρὸ τοῦ θανάτου προφέρεται, ἐπεὶ γέλοιον
ἦν κωφὸν εἰcελθόντα περιπεcεῖν τῷ ξίφει. — 866. πόνοc πόνῳ πόνον φέρει:
.... οἱ ἀπὸ τοῦ χοροῦ προΐαcιν ὥcπερ ἐκ διαφόρων τόπων κατ᾽ ἄλλην
καὶ ἄλλην εἴcοδον ζητοῦντεc τὸν Αἴαντα καὶ ἡ Τέκμηccα ἐξ ἄλλων ἥτιc
καὶ πρώτη ἐπιτυγχάνει τῷ πτώματι. — 879. ὅλοc ὁ χορὸc εἰc ἓν cυνελθὼν
ταὐτά φηcιν. — 891. ἰὼ [τλήμων]: Τέκμηccα βοᾷ ἐπιτυχοῦcα τῷ cώματι,
φαίνεται δὲ οὐδέπω ἐνοπτὸc οὖcα τῷ χορῷ. — 892. πάραυλοc: ἐγγὺc παρὰ
τὴν αὐλὴν ἡ θρηνητικὴ παρὰ τοὺc αὐλούc. παρατεταμένη. — 893. ἰὼ τλή-
μων] τοῦτο ἐν τῷ ἐμφανεῖ γενομένη ὅπερ δηλοῖ ὁ χορόc. — 912. πᾷ πᾷ:
.... βουλόμενοι τὸ cῶμα θεάcαcθαι τοῦτο λέγουcιν ὃ διακωλύει ἡ Τέκμηccα. — 977. ὢ φίλτατ᾽ Αἴαc: ἔρχεται μεταπεμφθεὶc ὑπὸ Τεκμήccηc. —

985 ff. ΤΕΥ.   οὐχ ὅcον τάχοc
δῆτ' αὐτὸν ἄξεις δεῦρο . . .

. . . .

Ἴθ, ἐγκόνει, cύγκαμνε.

Tekmessa nach dem Lager hin ab.

1040 ff. ΧΟ. μὴ τεῖνε μακράν, ἀλλ' ὅπως κρύψεις τάφῳ
φράζου τὸν ἄνδρα χὠ τι μυθήςει τάχα.
βλέπω γὰρ ἐχθρὸν φῶτα . . . . .

. . . .

ΤΕΥ. τίς δ' ἐcτὶν ὅντιν' ἄνδρα προcλεύccεις cτρατοῦ;
ΧΟ. Μενέλαος . . . .
ΤΕΥ. ὁρῶ· μαθεῖν γὰρ ἐγγὺς ὢν οὐ δυσπετής.

Menelaos vom Lager her. S. 716. 723.

1159.   ΜΕ. ἄπειμι.
1161.   ΤΕΥ. ἄφερπέ νυν. ·

Menelaos ab nach dem Lager.

1168 f. ΤΕΥ. καὶ μὴν ἐς αὐτὸν καιρὸν οἵδε πληcίοι
πάρειcιν ἀνδρὸς τοῦδε παῖς τε καὶ γυνή. (S. 718.)

Tekmessa und Eurysakes sind aufgetreten.

1182 ff. ΤΕΥ. ὑμεῖς τε μὴ γυναῖκες ἀντ' ἀνδρῶν πέλας (S. 683)
παρέcτατ', ἀλλ' ἀρήγετ', ἔς τ' ἐγὼ μολὼν
ταφοῦ μελrηθῶ τῷδε.

Teukros geht ab. S. 716.
1223.   Teukros kehrt zurück.
1223 f. ΤΕΥ. καὶ μὴν ἰδὼν ἔσπευcα τὸν cτρατηλάτην
Ἀγαμέμνον' ἡμῖν δεῦρο τόνδ' ὁρμώμενον. (S. 718.)

Agamemnon tritt vom Lager her auf. S. 716.
1316.   Odysseus tritt vom Lager her auf. S. 716.

ΧΟ. ἄναξ Ὀδυccεῦ, καιρὸν ἴcθ' ἐληλυθώς.

1373.   Agamemnon geht nach dem Lager ab.
1401.   ΟΔ. εἶμ' ἐπαινέcας τὸ cόν.

Odysseus geht nach dem Lager ab.

1413 ff. ΤΕΥ. ἀλλ' ἄγε πᾶς, φίλος ὅcτις ἀνὴρ
φηcὶ παρεῖναι, cούcθω, βάτω,
τῷδ' ἀνδρὶ πονῶν τῷ πάντ' ἀγαθῷ.

1419.   Gemeinsamer Abzug mit der Leiche des Aias. S. 690.

1003. Ἴθ', ἐκκάλυψον: πρὸς τὸν χορόν φηcιν ἢ τινα τῶν θεραπόν-
των· ἢ γὰρ Τέκμηccα ἐπὶ τὸν παῖδα ἀπήει. — 1168. πάρεcτιν ἡ Τέκμηccα
μετὰ τοῦ παιδός. — 1223. ὁ Τεῦκρος ἀκηκοὼς ἥκειν τὸν Ἀγαμέμνονα
τέρχετ μετὰ σπουδῆς. — 1418. . . . ταῦτα δὲ ἅμα λέγοντες προπέμπουcι
ὃν νεκαιρὸν καὶ γίνεται ἔξοδος πρέπουca τῷ λειψάνῳ.

Soph. Ant. (um 440).

Szenerie: Palast.

v. 1. Antigone und Ismene treten aus dem Palast. ·

18 f. ΑΝ. καί c᾽ ἐκτὸc αὐλείων πυλῶν (vgl. Eur. Hel. 438)
τοῦδ᾽ εἵνεκ᾽ ἐξέπεμπον.

80 f. ἐγὼ δὲ δὴ τάφον
χώcουc᾽ ἀδελφῷ φιλτάτῳ πορεύcομαι.

98. ΙC. ἀλλ᾽ εἰ δοκεῖ cοι, cτεῖχε.

99. Antigone nach der (linken) Seite hin ab.
Ismene in den Palast.

100. Chor zieht (von rechts) ein.

155 ff. ΧΟ. ἀλλ᾽ ὅδε γὰρ δὴ βαcιλεὺc χώραc,
Κρέων ὁ Μενοικέωc,
νεοχμοῖcι θεῶν ἐπὶ cυντυχίαιc
χωρεῖ.
Kreon ist aus dem Palaste aufgetreten. S. 714 f.

223. Wächter tritt von der (linken) Seite her auf.

315. ΦΥ. εἰπεῖν τι δώcειc ἢ cτραφεὶc οὕτωc ἴω;

331. Kreon in den Palast ab, Wächter nach der Seite.

376 ff. ΧΟ. ἐc δαιμόνιον τέραc ἀμφινοῶ
τόδε, πῶc εἰδὼc ἀντιλογήcω
τήνδ᾽ οὐκ εἶναι παῖδ᾽ Ἀντιγόνην.
Antigone, vom Wächter geführt, tritt von der (linken)
Seite auf.

386 f. ΧΟ. ὅδ᾽ ἐκ δόμων ἄψορροc εἰc δέον περᾷ.
Kreon tritt aus dem Palast.
ΚΡ. τί δ᾽ ἔcτι; ποίᾳ ξύμμετροc προύβην τύχῃ;

444. ΚΡ. cὺ μὲν κομίζοιc ἂν cεαυτὸν ἧ θέλειc.

445. Wächter ab.

491 f. ΚΡ. καί νιν καλεῖτ᾽· ἔcω γὰρ εἶδον ἀρτίωc
λυccῶcαν αὐτὴν . .
Diener ab in den Palast.

526. ΧΟ. καὶ μὴν πρὸ πυλῶν ἥδ᾽ Ἰcμήνη.
Ismene wird herausgeführt.

577 f. ΚΡ. μὴ τριβὰc ἔτ᾽, ἀλλά νιν
κομίζετ᾽ εἴcω, δμῶεc.

581. Antigone und Ismene werden in den Palast geführt.

626 f. ΧΟ. ὅδε μὴν Αἵμων, παίδων τῶν cῶν
νέατον γέννημ᾽.

Hypoth. Ant. Ἡ μὲν cκηνὴ τοῦ δράματοc ὑπόκειται ἐν Θήβαιc . . . .
ὑπόκειται δὲ τὰ πράγματα ἐπὶ τῶν Κρέοντοc βαcιλείων. — Schol. 328. τοῦτο
γὰρ τύχη κρινεῖ: ἀπιὼν ὁ θεράπων ταῦτά φηcιν· οὐ γὰρ δυνατὸν ἐπὶ
τοῦ Κρέοντοc ταῦτα λέγεcθαι. — 376. ἐc δαιμόνιον τέραc ἀμφινοῶ: ὁρῶν-
τεc ἑλκομένην τὴν Ἀντιγόνην . . . —

Haimon ist aufgetreten (aus dem Palast?) S. 715.
760. ΚΡ. ἄγαγε τὸ μῖϲοϲ.
765. Haimon nach der Seite ab.
766. ΧΟ. ἀνήρ, ἄναξ, βέβηκεν ἐξ ὀργῆϲ ταχύϲ.
780. Kreon ab in den Palast?
804 f. ΧΟ. τὸν παγκοίτην ὅθ᾽ ὁρῶ θάλαμον
τήνδ᾽ Ἀντιγόνην ἀνύτουϲαν.
Antigone wird aus dem Palast geführt.
883. Kreon tritt aus dem Palast?
885. ΚΡ. οὐκ ἄξεθ᾽ ὡϲ τάχιϲτα;
943. Antigone wird fortgeführt.
988 f. Teiresias tritt von der Stadt her auf, von einem Knaben
geführt.
ΤΕ. Θήβηϲ ἄνακτεϲ, ἥκομεν κοινὴν ὁδὸν
δύ᾽ ἐξ ἑνὸϲ βλέποντε.
1087. ὦ παῖ, cὺ δ᾽ ἡμᾶϲ ἄπαγε πρὸϲ δόμουϲ.
1090. Teiresias ab; vgl. v. 1091.
1108 ff. ΚΡ. ὧδ᾽ ὡϲ ἔχω ϲτείχοιμ᾽ ἄν· ἴτ᾽ ἴτ᾽ ὀπάονεϲ,
οἵ τ᾽ ὄντεϲ οἵ τ᾽ ἀπόντεϲ, ἀξίναϲ χεροῖν
ὁρμᾶϲθ᾽ ἑλόντεϲ εἰϲ ἐπόψιον τόπον.
1114. Kreon mit Dienern ab nach der (linken) Seite.
1155. Bote tritt auf von der (linken) Seite.
1180 ff. ΧΟ. καὶ μὴν ὁρῶ τάλαιναν Εὐρυδίκην ὁμοῦ
δάμαρτα τὴν Κρέοντοϲ· ἐκ δὲ δωμάτων
ἤτοι κλύουϲα παιδὸϲ ἢ τύχῃ περᾷ·
Eurydike tritt aus dem Palast.
ΕΥ. ὦ πάντεϲ ἀϲτοί, τῶν λόγων ἐπῃϲθόμην
πρὸϲ ἔξοδον ϲτείχουϲα . . . . (S. 719.)
1243. Eurydike geht in den Palast zurück.
1244 f. ΧΟ. ἡ γυνὴ πάλιν
φρούδη, πρὶν εἰπεῖν ἐϲθλὸν ἢ κακὸν λόγον.
1253 ff. ΑΓ. ἀλλ᾽ εἰϲόμεϲθα, μή τι καὶ κατάϲχετον
κρυφῇ καλύπτει καρδίᾳ θυμουμένῃ,
δόμουϲ παραϲτείχοντεϲ. (S. 653.)
1256. Bote ab in den Palast.
1257 f. ΧΟ. καὶ μὴν ὅδ᾽ ἄναξ αὐτὸϲ ἐφήκει
μνῆμ᾽ ἐπίϲημον διὰ χειρὸϲ ἔχων.
Kreon tritt von der (linken) Seite auf mit der Leiche des
Haimon.
1278. Der Bote tritt als Exangelos aus dem Palast.
1293. ΧΟ. ὁρᾶν πάρεϲτιν· οὐ γὰρ ἐν μυχοῖϲ ἔτι.
Die Leiche der Eurydike wird (auf dem Ekkyklema?)
sichtbar; vgl. 1295. 1298 f. S. 661.

1253. ἀλλ᾽ ἔϲω ἀπελθόντεϲ μαθηϲόμεθα. —

1301. ΕΞ. ἣ δ' ὀξύθηκτος ἥδε βωμία πέριξ
λύει κελαινὰ βλέφαρα.
Nach 1316 geht der Bote ab.

1339 ff. ΚΡ. ἄγοιτ' ἂν μάταιον ἄνδρ' ἐκποδών,
ὅς, ὦ παῖ, σέ τ' οὐχ ἑκὼν κάκτανον
σέ τ' αὖ τάνδ'.

1346. Kreon mit den Dienern und der Leiche des Haimon ab in
den Palast. Die Leiche der Eurydike ebenfalls in den
Palast zurück.

1353. Chor zieht ab.

Eur. Alc. (438).

Szenerie: Palast.

v. 1. Apollon tritt aus dem Palast. S. 670.

23 f. ΑΠ. λείπω μελάθρων τῶνδε φιλτάτην στέγην.
ἤδη δὲ τόνδε Θάνατον εἰσορῶ πέλας.
Thanatos tritt von der Seite her? auf. S. 675. 714 Anm.

74. ΘΑ. στείχω δ' ἐπ' αὐτήν, vgl. 48.

76. Thanatos in den Palast, Apollou nach der Seite ab.

77. Chor zieht ein.

136. ΧΟ. ἀλλ' ἥδ' ὀπαδῶν ἐκ δόμων τις ἔρχεται.
Dienerin tritt aus dem Palast.

209. ΘΕ. ἀλλ' εἶμι καὶ σὴν ἀγγελῶ παρουσίαν.

212. Dienerin ab in den Palast.

233. ΧΟ. ἥδ' ἐκ δόμων δὴ καὶ πόσις πορεύεται.
Alkestis und Admet (mit den Kindern) treten aus dem
Palast. S. 715.

434. Admet mit den Kindern und Diener mit der Leiche der
Alkestis ab in den Palast.

476. Herakles tritt von der Fremde auf.

507 f. ΧΟ. καὶ μὴν ὅδ' αὐτὸς τῆσδε κοίρανος χθονὸς
Ἄδμητος ἔξω δωμάτων πορεύεται.
Admet tritt aus dem Palast.

541 ΑΔ. ἀλλ' ἴθ' εἰς δόμους.

543. χωρὶς ξενῶνές εἰσιν οἷ σ' ἐσάξομεν. S. 654.

546 ff. ἡγοῦ σὺ τῷδε δωμάτων ἐξωπίους
ξενῶνας οἴξας . . . .
. . . . ἐν δὲ κλήσατε
θύρας μεσαύλους.

1301. βωμία πέριξ] ὡς ἱερεῖον περὶ τὸν βωμὸν ἐσφάγη· παρὰ τὸν
βωμὸν προπετής.

Schol. Alc. 1. ἐξιὼν ἐκ τοῦ οἴκου τοῦ Ἀδμήτου προλογίζει ὁ Ἀπόλλων. —
28. ὁ Θάνατος ὁρᾷ τὸν Ἀπόλλωνα πρὸ θυρῶν. — 233. οὐκ εὖ· κατὰ γὰρ
τὴν ὑπόθεσιν ὡς ἔσω πραττόμενα δεῖ ταῦτα θεωρεῖσθαι. —

550. Herakles mit einem Diener ab in den Palast (Gastwohnung; durch eine eigene Thüre?). Vgl. 829.
567. Admet ab in den Palast.
606 ff. Admet mit der Leiche der Alkestis, welche von Dienern getragen wird, aus dem Palast. Vgl. 422 ff.
607 ff. ΑΔ. νέκυυν μὲν ἤδη πάντ᾽ ἔχοντα πρόσπολοι
φέρουσιν ἄρδην εἰς τάφον τε καὶ πυράν·
ὑμεῖς δὲ τὴν θανοῦσαν, ὡς νομίζεται,
προσείπατ᾽ ἐξιοῦσαν ὑστάτην ὁδόν (S. 652).
611 f. ΧΟ. καὶ μὴν ὁρῶ σὸν πατέρα γηραιῷ ποδὶ
στείχοντ᾽, ὁπαδούς τ᾽... (S. 718.)
Pheres tritt auf von der Stadt her.
738. Pheres ab, vgl. 730. 734.
740. ΑΔ. στείχωμεν, ὡς ἂν ἐν πυρᾷ θῶμεν νεκρόν.
746. Admet und der Chor geleiten die Leiche der Alkestis. S. 690 f. 708.
747. Diener tritt aus dem Palast (Gastwohnung) auf.
773. Herakles ebendaher.
835 f. ΘΕ. ὀρθὴν παρ᾽ οἶμον, ἣ ᾽πὶ Λάρισαν φέρει,
τύμβον κατόψει ξεστὸν ἐκ προαστίου. S. 722.
836 oder 860. Diener ab in den Palast.
860. Herakles ab nach der (linken) Seite.
861. Von der entgegengesetzten Seite treten Admet und der Chor ein. S. 689. 708. 722.
861. ΑΔ. στυγναὶ πρόσοδοι.
872. ΧΟ. πρόβα πρόβα· βᾶθι κεῦθος οἴκων.
1006 f. ΧΟ. καὶ μὴν ὅδ᾽, ὡς ἔοικεν, Ἀλκμήνης γόνος,
Ἄδμητε, πρὸς σὴν ἑστίαν πορεύεται. S. 718.
Herakles mit der verhüllten Alkestis tritt (von links) auf.
1019. ΗΡ. ὦν δ᾽ εἵνεχ᾽ ἥκω δεῦρ᾽ ὑποστρέψας πάλιν.
1158. Herakles nach der linken Seite (vgl. 1152), Admet mit Alkestis in den Palast (vgl. 1147) ab.
1163. Chor ab.

Soph. El.
Szenerie: Palast.

v. 1. Orestes, Pylades und Pädagog treten von der Seite her auf; s. S. 711.
4 ff. ΠΑΙ. τὸ γὰρ παλαιὸν Ἄργος οὑπόθεις τόδε,
τῆς οἰστροπλῆγος ἄλσος Ἰνάχου κόρης·
αὕτη δ᾽, Ὀρέστα, τοῦ λυκοκτόνου θεοῦ
ἀγορὰ Λύκειος· οὑξ ἀριστερᾶς δ᾽ ὅδε
Ἥρας ὁ κλεινὸς ναός· οἳ δ᾽ ἱκάνομεν,

---

747. πολλοὺς μὲν ἤδη: ⟨ὁ⟩ θεράπων ὁ πρὸς ὑπηρεσίαν τοῦ Ἡρακλέους ἔξεισι... — 861. ἔρχεται ὁ Ἄδμητος ἀπὸ τοῦ τύμβου καὶ οὐ τολμᾷ εἰσιέναι.

φάϲκειν Μυκήναϲ τὰϲ πολυχρύϲουϲ ὁρᾶν
πολύφθορόν τε δῶμα Πελοπιδῶν τόδε. (S. 651 Anm.)
75. ΟΡ. νὼ δ' ἔξιμεν. (S. 652.)
85. Orestes, Pylades, Pädagog nach der (linken) Seite ab.
86. Elektra tritt aus dem Palast.
86 ff.? Chor zieht (von rechts) ein.
324 ff. ΧΟ. μὴ νῦν ἔτ' εἴπῃϲ μηδέν· ὡϲ δόμων ὁρῶ
τὴν ϲὴν ὅμαιμον ἐκ πατρὸϲ ταὐτοῦ κάϲιν κτλ.
Chrysothemis tritt aus dem Palast.
471. Chrysothemis ab nach Agamemnons Grab, vgl. 404.
S. 722 Anm.
516. Klytämestra tritt aus dem Palast.
660 ff. Pädagog tritt von der (linken) Seite auf. S. 720.
ΠΑΙ. Ξέναι γυναῖκεϲ, πῶϲ ἂν εἰδείην ϲαφῶϲ
εἰ τοῦ τυράννου δώματ' Αἰγίϲθου τάδε;
. . . .
ἢ καὶ δάμαρτα τήνδ' ἐπεικάζων κυρῶ
κείνου;
802 f. ΚΛ. ἀλλ' εἴϲιθ' εἴϲω· τήνδε δ' ἔκτοθεν βοᾶν
ἔα.
Klytämestra mit dem Pädagogen ab in den Palast.
870. Chrysothemis tritt eilends auf.
1057. Chrysothemis ab in den Palast, vgl. 1050. 1052.
1098. Orestes (mit Pylades) tritt von der (linken) Seite auf;
s. S. 719. 722 Anm.
1322 f. ΟΡ. ϲιγᾶν ἐπήνεϲ' ὡϲ ἐπ' ἐξόδῳ κλύω
τῶν ἔνδοθεν χωροῦντοϲ. (S. 683 Anm.)
1326. Pädagog tritt aus dem Palast.
1337. ΠΑΙ. εἴϲω παρέλθεθ'. (S. 653.)
1373 f. ΟΡ. ἀλλ' ὅϲον τάχοϲ
χωρεῖν ἔϲω.
Orestes, Pylades, Pädagog ab in den Palast.
1383. Elektra ab in den Palast.

Schol. El. 75. ἐξιέναι βούλονται διὰ τὴν εἴϲοδον τοῦ χοροῦ. — 121.
ὢ παῖ, παῖ: πάροδόϲ ἐϲτι χοροῦ γυναικῶν τῇ Ἠλέκτρᾳ ϲυναχθομένων.
— 660. Ξέναι γυναῖκεϲ: ὁ παιδαγωγὸϲ ἥκει . . . εὐκαίρωϲ δὲ ἥκει ἔξω
οὐϲῶν ἀμφοτέρων . . . . πιθανῶϲ δὲ ἐρωτᾷ ὡϲ ἀγνοῶν. — 871. ὑφ'
ἡδονῆϲ τοι: ἡ Χρυϲόθεμιϲ παραγέγονεν τὰ ὑπὸ τοῦ Ὀρέϲτου ἐγκείμενα τῷ
τάφῳ εὑροῦϲα. — 1098. . . . . ἵνα εὔλογοϲ πρόφαϲιϲ τῆϲ παρόδου γένηται
τῷ Ὀρέϲτῃ. — Ὀρέϲτηϲ πάρεϲτιν ϲὺν τῷ Πυλάδῃ κομίζων τὰ λείψανα . . .
— 1322. τινὲϲ τὸν χορὸν φαϲι λέγειν ταῦτα. — τοῦ παιδαγωγοῦ μέλλοντος
ἐξιέναι ὁ Ὀρέϲτηϲ αἰϲθόμενοϲ τοῦ ψόφου ἀγνοῶν κελεύει αὐτὴν ϲιγᾶν. —
1384. ἴδεθ' ὅπου προνέμεται: εἰϲεληλύθαϲι μὲν ἐνταῦθα οἱ περὶ Ὀρέϲτην
καὶ Πυλάδην τοῦτο δὲ ἤτοι ὁ χορόϲ φηϲι κἂν τῆϲ Ἠλέκτραϲ ϲυνειϲελθούϲηϲ
αὐτοῖϲ καὶ τὸ ἴδετε πρὸϲ ἀλλήλαϲ φαϲὶν αἱ [ἀπὸ] τοῦ χοροῦ ἢ ὅτι ἔξω
οὖϲα ἡ Ἠλέκτρα λέγει πρὸϲ τὸν χορὸν τοὺϲ δύο ϲτίχουϲ καὶ οὕτωϲ εἰϲέρχε-
ται καὶ ἔϲτι διάλειμμα ⟨βραχὺ⟩ ὥϲτε ἐξελθούϲαν αὐτὴν ἄρχεϲθαι τοῦ
ὢ φίλταται γυναῖκεϲ·

1397.   Elektra tritt aus dem Palast.
1402.   XO. cù δ' ἐκτὸς ᾖξας πρὸς τί;
1422.   XO. καὶ μὴν πάρεισιν οἵδε.
        Orestes und Pylades treten aus dem Palast.
1428 ff. XO. παύcαcθε· λεύccω γὰρ Αἴγιcθον ἐκ προδήλου.
        ΗΛ. ὦ παῖδες, οὐκ ἄψορρον; OP. εἰcορᾶτέ που
        τὸν ἄνδρ'; ΗΛ. ἐφ' ἡμῖν οὗτος ἐκ προαστίου
        χωρεῖ γεγηθώς. Vgl. 313. S. 723.
        XO. βᾶτε κατ' ἀντιθύρων ὅcον τάχιcτα.
1436.   OP. καὶ δὴ βέβηκα.
        Orestes und Pylades haben sich hinter der Palastthüre ver-
        steckt. Aigisthos tritt auf. S. 711. 715 f.
1458 f. Αἰ. cιγᾶν ἄνωγα κἀναδεικνύναι πύλαc
        πᾶcιν Μυκηναίοιcιν 'Αργείοιc θ' ὁρᾶν,
1464.   ΗΛ. καὶ δὴ τελεῖται τἀπ' ἐμοῦ.
        Die verhüllte Leiche der Klytämestra, daneben Orestes und
        Pylades werden durch Ekkyklema? sichtbar. S. 661.
1466.   Αἰ. ὦ Ζεῦ, δέδορκα φάcμ' ἄνευ θεοῦ μὲν οὐ
        πεπτωκόc.
        Die Leiche der Klytämestra verschwindet etwa 1490.
1491.   OP. χωροῖc ἂν εἴcω cὺν τάχει.
1493.   Αἰ. τί δ' ἐc δόμους ἄγεις με;
1495 f. OP. χώρει δ' ἔνθαπερ κατέκτανεc
        πατέρα τὸν ἀμόν.
1502.   ἀλλ' ἔρφ'. Αἰ. ὑφηγοῦ. OP. coὶ βαδιcτέον πάροc.
1507.   Orestes (und Pylades) mit Aigisthos in den Palast ab.
1510.   Chor zieht ab.

Eur. Med. (431).

Szenerie: Haus.

v. 1.   Amme tritt aus dem Haus, vgl. 57 f.
46 f.   ΤΡ. ἀλλ' οἵδε παῖδεc ἐκ τρόχων πεπαυμένοι
        cτείχουcι.
        Pädagog mit den zwei Kindern der Medea tritt von der
        Seite auf.
89.   ΤΡ. ἴτ', εὖ γὰρ ἔcται, δωμάτων ἔcω, τέκνα.
96.   Stimme der Medea im Innern.
100.   cπεύδετε θᾶccον δώματος εἴcω.
105.   ἴτε νῦν χωρεῖθ' ὡς τάχοc εἴcω.
        Nach 118? Pädagog mit den Kindern ins Haus ab.
131.   Chor zieht ein.

... — τοῦ 'Ορέcτου εἰcελθόντος ὁ χορὸς ταῦτά φηcιν. — 1402. ἐν τούτοιc
δῆλον ὅτι εἰcῆλθεν ἐν τοῖc ἔμπροcθεν 'Ηλέκτρα.
Schol. Med. 96. τάδε λέγει ἡ Μήδεια ἔcω οὖcα, οὐδέπω ἐκκεκυκλημένη. —

180 ff.　XO. ἀλλὰ·βᾶcά νιν
δεῦρο πόρευcον οἴκων
ἔξω.

184.　ΤΡ. δράcω τάδ'.

203.　Amme ab ins Haus.

214.　Medea mit der Amme tritt aus dem Haus.

214.　MH. ἐξῆλθον δόμων.

269 f.　XO. ὁρῶ δὲ καὶ Κρέοντα τῆcδ' ἄνακτα γῆc
cτείχοντα, καινῶν ἄγγελον βουλευμάτων. S. 718.
Kreon tritt (von der Seite) auf.

356.　Kreon geht (nach der Seite) ab.

446.　Iason tritt (von der Seite) auf.

626.　Iason (nach der Seite) ab, vgl. 653.

663.　Aigeus tritt auf von der (linken) Seite.

758.　Aigeus geht (nach links) ab, vgl. 726.

820.　MH. ἀλλ' εἶα χώρει καὶ κόμιζ' Ἰάcονα.

823.　Amme geht nach der Seite, Medea ins Haus ab.
Vor 846 tritt Medea aus dem Hause.

866.　Iason tritt von der Seite auf.

894 f.　MH. ὦ τέκνα τέκνα, δεῦτε, λείπετε cτέγαc,
ἐξέλθετ'.
Die Kinder eilen mit dem Pädagogen aus dem Haus.

950 f.　MH. ἀλλ' ὅcον τάχοc χρεὼν
κόcμον κομίζειν δεῦρο προcπόλων τινά.
Von der Dienerschaft geht jemand ins Haus und bringt 956
den Schmuck.

974.　MH. ἴθ' ὡc τάχιcτα.

975.　Iason und die Kinder mit dem Pädagogen nach der Seite
ab, vgl. 977.

1002.　Pädagog mit den Kindern kehrt zurück.

1019.　MH. ἀλλὰ βαῖνε δωμάτων ἔcω.

1020?　Pädagog ab ins Haus.

1080.　Kinder ab ins Haus, vgl. 1053. 1076.

1116 ff.　MH. φίλαι, πάλαι δὴ προcμένουcα τὴν τύχην
καραδοκῶ τἀκεῖθεν οἷ προβήcεται.
καὶ δὴ δέδορκα τόνδε τῶν Ἰάcονοc
cτείχοντ' ὀπαδῶν.
Diener des Iason tritt auf. S. 714 Anm. 718.

1230.　Diener des Iason geht ab.

1250.　Medea ab ins Haus.

1293.　Iason tritt auf.

---

214. Κορίνθιαι γυναῖκεc: χρὴ νοεῖν ὅτι κατὰ τὸ cιωπώμενον εἰcελ-
θοῦcα ἡ γραῦc παρεκάλεcε τὴν Μήδειαν ἐξελθεῖν πρὸc τὰc ἀπὸ τοῦ χοροῦ.
αὕτη οὖν ἐξελθοῦcά φηcιν... — 976. νῦν ἐλπίδεc: ἐκ τοῦ ἀπελθεῖν τὰ
δῶρα πείθεται ὁ χορόc... — 1002. δέcποιν', ἀφεῖνται παῖδεc: ὁ παιδα-
γωγὸc ἀγαγὼν τοὺc παῖδαc... λέγει... —

1317.   Medea erscheint mit den Leichen der Kinder in der Höhe auf einem Drachenwagen. S. 667. 671.
1320 ff.   MH.   χειρὶ δ' οὐ ψαύςεις ποτέ.
τοιόνδ' ὄχημα πατρὸς Ἥλιος πατὴρ
δίδωςιν ἡμῖν.
1404—1414.   Medea schwebt fort.
1414.   Iason geht nach der Seite ab.
1419.   Chor zieht ab.

Soph. Oed. R.

Szenerie: Palast.

Ein Priester und eine Schar Knaben um den Altar, vgl. v. 1 ff. S. 693.

1.   Ödipus tritt aus dem Palast.
78 f.   IE.   οἵδε τ' ἀρτίως
Κρέοντα προςςτείχοντα ςημαίνουςί μοι.
82 ff.   οὐ γὰρ ἂν κάρα
πολυςτεφὴς ὧδ' εἷρπε παγκάρπου δάφνης.
ΟΙ. τάχ' εἰςόμεςθα· ξύμμετρος γὰρ ὡς κλύειν.
Kreon ist von der Seite (der Fremde) aufgetreten. S. 712.
142 ff.   ΟΙ. ἀλλ' ὡς τάχιςτα, παῖδες, ὑμεῖς μὲν βάθρων
ἵςταςθε, ...
ἄλλος δὲ Κάδμου λαὸν ὧδ' ἀθροιζέτω.
Diener ab, um die Ältesten zu berufen.
Zwischen 150 und 200 Kreon ab nach der Stadt?
151.   Chor zieht ein.
297 f.   ΧΟ.   οἵδε γὰρ
τὸν θεῖον ἤδη μάντιν ὧδ' ἄγουςιν. (S. 718.)
Teiresias wird (von der Stadt) hergeführt.
430 f.   ΟΙ.   οὐ πάλιν
ἄψορρος οἴκων τῶνδ' ἀποςτραφεὶς ἄπει;
444.   ΤΕ. ἄπειμι τοίνυν· καὶ ςύ, παῖ, κόμιζέ με.
462.   Teiresias ab (nach der Stadt); vgl. 447.
Ödipus ab in den Palast; vgl. 460 f.
513.   Kreon tritt von der Stadt her auf, vgl. 532 ff.
531.   ΧΟ. αὐτὸς δ' ὅδ' ἤδη δωμάτων ἔξω περᾷ.
Ödipus tritt aus dem Palast.

1317. ἄνω ἐπὶ ὕψους ἑςτῶςα ταῦτα λέγει. — 1320. . . . ἐπὶ ὕψους γὰρ παραφαίνεται ἡ Μήδεια, ὀχουμένη δρακοντίνοις ἅρμαςι καὶ βαςτάζουςα τοὺς παῖδας.
Schol. Oed. R. 78. οἵδε τ' ἀρτίως Κρέοντα προςςτείχοντα: οἱ ἤιθεοι πρὸς τὸ οὖς αὐτοῦ φαςιν ὅτι πάρεςτιν Κρέων ὡς ὀξυωπέςτεροι . . . ὁ δὲ ἱερεὺς ἅμα μὲν ὡς πρεςβύτης οὐχ ὁρᾷ ἅμα δὲ κατὰ νοῦν ἔχων τὸν λόγον τοῦ βαςιλέως. — 147. ὦ παῖδες, ἱςτώμεθα: ἐξειςιν ὁ ἱερεὺς πράξας δι' ὅπερ ἦλθεν.

631 f.   ΧΟ.   καιρίαν δ' ὑμῖν ὁρῶ   ·
      · τήνδ' ἐκ δόμων cτείχουcαν Ἰοκάcτην.
      Iokaste tritt aus dem Palast.

637.   ΙΟ. οὐκ εἶ cύ τ' οἴκουc cύ τε, Κρέον, κατὰ cτέγαc;

676.   ΟΙ. οὔκουν μ' ἐάcειc κάκτὸc εἶ; ΚΡ. πορεύcομαι. (S. 652.)

677.   Kreon ab.

861.   ΙΟ. ἀλλ' ἴωμεν ἐc δόμουc.

862.   Ödipus und Iokaste ab in den Palast.

911.   Iokaste tritt aus dem Palast.

924.   Bote tritt von der Fremde her auf.

924 f.   ΑΓ. ἆρ' ἂν παρ' ὑμῶν, ὦ ξένοι, μάθοιμ' ὅπου
      τὰ τοῦ τυράννου δώματ' ἐcτὶν Οἰδίπου; S. 720.

927 f.   ΧΟ. cτέγαι μὲν αἵδε, καὐτὸc ἔνδον . . .
      γυνὴ δὲ μήτηρ ἥδε τῶν κείνου τέκνων.

945 f.   ΙΟ. ὦ πρόcπολ', οὐχὶ δεcπότῃ τάδ' ὡc τάχοc
      μολοῦcα λέξειc; Dienerin holt den Ödipus.

950.   Ödipus tritt aus dem Palast, vgl. 951.

1069.   ΟΙ. ἄξει τιc ἐλθὼν δεῦρο τὸν βοτῆρά μοι;
      Diener geht ab.

1072.   Iokaste ab in den Palast.

1073 f.   ΧΟ. τί ποτε βέβηκεν . . . ὑπ' ἀγρίαc
      ᾄξαcα λύπηc ἡ γυνή;

1110 f.   ΟΙ. εἰ χρή τι κάμὲ μὴ cυναλλάξαντά πω,
      πρέcβειc, cταθμᾶcθαι, τὸν βοτῆρ' ὁρᾶν δοκῶ. (S. 718.)

1114 ff.   ἄλλωc τε τοὺc ἄγονταc ὥcπερ οἰκέταc
      ἔγνωκ' ἐμαυτοῦ· τῇ δ' ἐπιcτήμῃ cύ μου
      προύχοιc τάχ' ἄν, που, τὸν βοτῆρ' ἰδὼν πάροc.
      Hirte des Laios ist aufgetreten, von Dienern geleitet. S. 711.

1185.   Ödipus ab in den Palast.

1223.   Exangelos tritt aus dem Palast.

1294 f.   ΕΞ.   κλῆθρα γὰρ πυλῶν τάδε
      διοίγεται. Ödipus tritt aus dem Palast. (S. 662.)
      Exangelos ab.

1416 f.   ΧΟ.   εἰc δέον πάρεcθ' ὅδε
      Κρέων.
      Kreon tritt (von der Stadt her) auf. S. 711. 718.

1471.   Die Töchter des Ödipus kommen aus dem Palast.

1515.   ΚΡ. ἀλλ' ἴθι cτέγηc ἔcω.

1521.   ΟΙ. ἄπαγέ νύν μ' ἐντεῦθεν ἤδη. ΚΡ. cτεῖχέ νυν, τέκνων
      δ' ἀφοῦ.
      Nach 1523 wird Ödipus von Kreon in den Palast verbracht;
      ebendahin die Töchter des Ödipus.

1530.   Chor zieht ab.

Eur. Hipp. (428).

Szenerie: Palast.

v. 1.   Aphrodite erscheint, von der Seite auftretend. S. 670.
51 ff.   ΑΦ. ἀλλ' εἰcορῶ γὰρ τόνδε παῖδα Θηcέωc
         cτείχοντα θήραc μόχθον ἐκλελοιπότα,
         Ἱππόλυτον, ἔξω τῶνδε βήcομαι τόπων.
         πολὺc δ' ἅμ' αὐτῷ προcπόλων ὀπιcθόπουc
         κῶμοc λέλακεν. S. 712.
57.   Aphrodite geht ab.
58.   Hippolytos mit Jagdgefolge (Nebenchor) tritt von der
    .   Seite auf.
         ΙΠ. ἕπεcθ' ᾄδοντεc ἕπεcθε.
108 f.   χωρεῖτ', ὀπαδοί, καὶ παρελθόντεc δόμουc
         cίτων μέλεcθε. S. 653 f.
         Gefolge ab in den Palast.
113.   Hippolytos durch eine andere Thür in den Palast. S.654.680.
120.   Diener ab.
121.   Chor zieht ein.
170 f.   ΧΟ. ἀλλ' ἥδε τροφὸc γεραιὰ πρὸ θυρῶν
         τήνδε κομίζουc' ἔξω μελάθρων.
         Phädra, von der Amme geleitet, aus dem Palast. Die-
         nerinnen.
179 ff. ΤΡ. ἔξω δὲ δόμων ἤδη νοcερᾶc
         δέμνια κοίτηc.
         δεῦρο γὰρ ἐλθεῖν πᾶν ἔποc ἦν coι.
524.   Amme in den Palast ab (vgl. τοῖc ἔνδον).
601.   Hippolytos und Amme treten aus dem Palast (vgl. 575 ff.).
659 f.   ΙΠ. νῦν δ' ἐκ δόμων μέν, ἔcτ' ἂν ἔκδημοc χθονὸc
         Θηcεύc, ἄπειμι.
668.   Hippolytos nach der Seite ab.
708.   ΦΑΙ. ἀλλ' ἐκποδὼν ἄπελθε.
         Amme in den Palast.
731.   Phädra und Dienerinnen ab in den Palast.
790.   Theseus tritt aus der Fremde auf.

Schol. Hipp. 121. Ὠκεανοῦ τιc ὕδωρ: ὁ χορὸc ἧκεν ἐκ Τροιζηνίων γυναικῶν cυναχθείc.... — 171. τήνδε κομίζουc' ἔξω: τοῦτο cεcημείωται τῷ
Ἀριcτοφάνει ὅτι καίτοι τῷ ἐκκυκλήματι χρώμενοc τὸ ἐκκομίζουcα προcέθη-
κεν περιccῶc. — †τήνδε κομίζουc': τοῦτο cεcημείωκεν Ἀριcτοφάνηc, ὅτι
κατὰ τὸ ἀκριβὲc τὸ ἐκκύκλημα τοιοῦτον ἐcτὶ τῇ ὑποθέcει. ἐπὶ γὰρ τῆc
cκηνῆc δείκνυται τὰ ἔνδον πραττόμενα, τὸ δὲ ἔξω προϊοῦcαν αὐτὴν ὑποτί-
θεται. — 565. cιγήcατ' ὦ γυναῖκεc: ἐξειcιν ἡ Φαίδρα ταραχώδηc, τὴν ἀπά-
την τῆc γραὸc αἰcθηθεῖcα. — 776. ἰοὺ ἰού: τινὲc βούλονται τὴν τροφὸν
ἔcωθεν ταῦτα λέγειν. ἔνιοι δὲ ἐξάγγελόν φαcι. ἐξάγγελοc δὲ ὁ τὰ πεπραγμένα
ἔνδον τῆc cκηνῆc τῷ χορῷ ἀπαγγέλλων.

808. ΘΗ. χαλᾶτε κλῆθρα, πρόςπολοι, πυλωμάτων,
    ἐκλύεθ᾽ ἁρμούς.
    Die Leiche der Phädra wird sichtbar. S. 661.

899. ΧΟ. καὶ μὴν ὅδ᾽ αὐτὸς παῖς còc εἰc καιρὸν πάρα. (S. 718.)
    Hippolytos tritt von der Seite auf.

1089. Theseus in den Palast ab.

1101. Hippolytos mit Begleitung ab nach der Seite.

1151 f. ΧΟ. καὶ μὴν ὀπαδὸν ʽΙππολύτου τόνδ᾽ εἰcορῶ
    cπουδῇ cκυθρωπὸν πρὸc δόμουc ὁρμώμενον.
    Bote tritt eilig auf.

1156. ΧΟ. ὅδ᾽ αὐτὸc ἔξω δωμάτων πορεύεται.
    Theseus tritt aus dem Palast.

1265. ΘΗ. κομίζετ᾽ αὐτόν.

1267. Bote ab, um Hippolytos zu holen.

1283. Artemis erscheint, von der Seite auftretend? S. 670 f.

1342. ΧΟ. καὶ μὴν ὁ τάλαc ὅδε δὴ cτείχει.
    Hippolytos wird langsam hereingebracht. S. 714 Anm. 718.

1439. Artemis ab.

1440. ΙΠ. χαίρουcα καὶ cὺ cτεῖχε.

1461. Die Leiche wird ins Haus getragen. Theseus folgt.

1466. Chor zieht ab.

Eur. Hec.

Szenerie: Zelt.

v. 1. Schatten des Polydoros tritt aus dem Zelt.

1 ff. ΠΛΔ. ἥκω νεκρῶν κευθμῶνα καὶ cκότου πύλαc
    λιπών, ἵν᾽ ῝Αιδηc χωρὶc ᾤκιcται θεῶν.

30 ff. νῦν δ᾽ ὑπὲρ μητρὸc φίληc
    ʽΕκάβηc ᾄccω, cῶμ᾽ ἐρημώcαc ἐμόν,
    τριταῖον ἤδη φέγγοc αἰωρούμενοc.
    Vgl. 69 f. 72 f. 702 ff. S. 675 f.

52 f. γεραιᾷ δ᾽ ἐκποδὼν χωρήcομαι
    ʽΕκάβη· περᾷ γὰρ ἥδ᾽ ὑπὸ cκηνῆc πόδα
    ʼΑγαμέμνονοc, φάνταcμα δειμαίνουc᾽ ἐμόν.

58. Polydors Schatten geht nach dem Meere hin ab, vgl. 47 f.
    S. 676.

Hypoth. Hec. erzählt den Gang der Handlung. — Schol. 52. ὁρᾷ
γὰρ ʽΕκάβην προϊοῦcαν ἐκ τῆc cκηνῆc ʼΑγαμέμνονοc καί φηcι μὴ βούλεcθαι
φανῆναι αὐτῇ. — 53. περᾷ γὰρ ἥδ᾽ ὑπὸ cκηνῆc πόδα ʼΑγαμέμνονοc: εἰ
κατὰ τὸν Εὐριπίδην ἴδιαι γυναικῶν αἰχμαλώτων cτέγαι ἦcαν, πῶc ἐκ τῆc
cκηνῆc ʼΑγαμέμνονοc ἐξῄει ἡ ʽΕκάβη· πῶc δὲ καὶ ἐκεῖθεν ἐξιοῦcά φηcι μετ᾽
ὀλίγον „ποῦ ποτε Καcάνδραν ἐcίδω, Τρωάδεc“ τῆc Καcάνδραc τῷ ʼΑγαμέμνονι
cυνοικούcηc. νοητέον τὴν ʽΕκάβην τῷ φάcματι ταραχθεῖcαν προελθεῖν ἐκ
τῆc cκηνῆc τῶν αἰχμαλωτίδων εἰcελθεῖν τε εἰc τὴν cκηνὴν ʼΑγαμέμνονοc
εἰc Ζήτηcιν τῆc Καcάνδραc, ἵνα αὐτῇ κρίνῃ τοὺc ὀνείρουc. καὶ μὴ εὑροῦcαν
αὐτὴν ... πάλιν ἐξελθεῖν τὴν ʽΕκάβην τῆc βαcιλικῆc cκηνῆc. — †ἄλλωc:

59.   ЄΚ. ἄγετ᾽, ὦ παῖδες, τὴν γραῦν πρὸ δόμων.
      Hekabe mit Begleiterinnen aus dem Zelt. S. 715.
98 ff.   Chor tritt auf.
      ΧΟ. Ἑκάβη, cπουδῇ πρόc c᾽ ἐλιάcθην
      τὰc δεcποcύνουc cκηνὰc προλιποῦc᾽.
169 ff. ЄΚ. ὦ τλάμων ἄγηcαί μοι
      πούc, ἄγηcαι τᾷ γραίᾳ
      πρὸc τάνδ᾽ αὐλάν· ὦ τέκνον, ὦ παῖ
      δυcτανοτάταc ματέροc, ἔξελθ᾽
      ἔξελθ᾽ οἴκων.
177.   Polyxene tritt aus dem Zelt.
216.   ΧΟ. καὶ μὴν Ὀδυccεὺc ἔρχεται cπουδῇ ποδόc. (S. 718.)
      Odysseus tritt auf.
437 ff. Polyxene wird von Odysseus fortgeführt, vgl. 439 f.
484.   Talthybios tritt auf.
484 ff. ΤΑ. ποῦ τὴν ἄναccαν δή ποτ᾽ οὖcαν Ἰλίου
      Ἑκάβην ἂν ἐξεύροιμι, Τρῳάδεc κόραι;
      ΧΟ. αὕτη πέλαc cου νῶτ᾽ ἔχουc᾽ ἐπὶ χθονί κτλ.
608.   Talthybios ab nach dem Lager, vgl. 604.
      Nach 609 ff. Dienerin ab nach dem Meere.
628.   Hekabe ab ins Zelt.
657.   Dienerin tritt vom Meere her auf mit dem Leichnam des
      Polydoros.
665 f.   ΧΟ. καὶ μὴν περῶcα τυγχάνει δόμων ἄπο
      ἥδ᾽.
      Hekabe tritt aus dem Zelt.
724 f.   ΧΟ. ἀλλ᾽ εἰcορῶ γὰρ τοῦδε δεcπότου δέμαc
      Ἀγαμέμνονοc. S. 718.
      Agamemnon tritt auf.
904.   Agamemnon und Dienerin, die zu Polymestor geschickt
      wird (vgl. 889 f.), ab.
952.   Polymestor tritt auf mit seinen Kindern, Gefolge und mit
      der Dienerin, die ihn geholt, vgl. 966.
979 ff. ЄΚ.   ὁπάοναc δέ μοι
      χωρὶc κέλευcον τῶνδ᾽ ἀποcτῆναι δόμων.
      ΠΛΜ. χωρεῖτ᾽.

νοητέον τὴν Ἑκάβην μὴ ἐξέρχεcθαι ἀπὸ τῆc cκηνῆc τοῦ Ἀγαμέμνονοc,
ἀλλὰ μᾶλλον εἰcέρχεcθαι ... καί φηcι τὸ εἴδωλον· περᾷ γάρ, ἀντὶ τοῦ εἰcέρχεται ... — 59. ἄγετ᾽ ὦ παῖδεc: προϊοῦcα ἀπὸ τῆc cκηνῆc Ἀγαμέμνονοc
ταῦτά φηcι χειραγωγουμένη ὑπὸ τῶν Τρῳάδων. ... — 99. ἦν γὰρ ἡ Ἑκάβη
ἐν τῇ τοῦ Ὀδυccέωc cκηνῇ, ὁ δὲ χορὸc ἐν τῇ τοῦ Ἀγαμέμνονοc. διὰ τοῦτο
λέγει τὰc δεcποcύνουc, τουτέcτι τοῦ Ἀγαμέμνονοc. ... — 169. ἔνδον ἐβού-
λετο εἰcελθεῖν πρὸc τὴν τῶν αἰχμαλωτίδων cκηνήν. ... — † ... καὶ εἰcελ-
θοῦcά φηcι πρὸc τὴν Πολυξένην· ὦ τέκνον, ἔξελθε ἀπὸ τῶν οἴκων. ... —
444. † αὖρα, ποντιάc αὖρα: τοῦ Ὀδυccέωc λαβόντοc τὴν Πολυξένην καὶ
ἀπερχομένου ἀνακλαίεται αὐτὴν ὁ χορόc. ... — 658. μία τῶν δούλων αὐτῆc ἔρχεται φέρουcα τὸ cῶμα τοῦ Πολυδώρου.

Das Gefolge entfernt sich.
1019.   ЄΚ. ἀλλ' ἔρπ' ἐc οἴκουc.
1022.   Hekabe und Polymestor mit seinen Kindern ab ins Zelt.
1044.   Hekabe tritt aus dem Zelt.
1049 ff. ЄΚ. ὄψει νιν αὐτίκ' ὄντα δωμάτων πάροc
. . . .
παίδων τε διccῶν cῶμαθ'. . . . (S. 663.)
1053.   χωρεῖ δ', ὡc ὁρᾷc, ὅδ' ἐκ δόμων.
Polymestor stürzt aus dem Zelt. S. 702. Die Leichen der
Kinder werden sichtbar, vgl. 1118.
1109.   Agamemnon tritt auf.
ΑΓ. κραυγῆc ἀκούcαc ἦλθον κτλ. S. 719 f.
1114 ff. ΠΛΜ. ὦ φίλτατ', ᾐcθόμην γὰρ 'Αγάμεμνον cέθεν
φωνῆc ἀκούcαc, εἰcορᾷc ἃ πάcχομεν;
ΑΓ. ἔα·
Πολυμῆcτορ ὦ δύcτηνε κτλ.
1284 ff. ΑΓ.   οὐχ ὅcον τάχοc
νήcων ἐρήμων αὐτὸν ἐκβαλεῖτέ που κτλ.
Diener mit Polymestor ab.
'Εκάβη, cὺ δ', ὦ τάλαινα, διπτύχουc νεκροὺc
cτείχουcα θάπτε· δεcποτῶν δ' ὑμᾶc χρεὼν
cκηναῖc πελάζειν, Τρῳάδεc.
Hekabe geht ab ins Zelt?
1292.   Agamemnon ab nach dem Lager.
1295.   Chor ab.

Eur. Oyol.

Szenerie: Höhle.

v. 1.   Silen tritt aus der Höhle.
36 f.   ϹЄΙ. ἤδη δὲ παῖδαc προcνέμοντατ εἰcορῶ
ποίμναc.
37 ff. Chor mit Dienern und Herden? zieht ein.
82 ff. ϹЄΙ. cιγήcατ', ὦ τέκν', ἄντρα δ' εἰc πετρηρεφῆ
ποίμναc ἀθροῖcαι προcπόλουc κελεύcατε.
ΧΟ. χωρεῖτ'.
Diener mit den Herden? ab in die Höhle.
85 ff. ϹЄΙ. ὁρῶ πρὸc ἀκταῖc ναὸc 'Ελλάδοc cκάφοc
κώπηc τ' ἄνακταc cὺν cτρατηλάτῃ τινὶ
cτείχονταc εἰc τόδ' ἄντρον. S. 712. 718.
96.   Odysseus mit Begleitern tritt vom Meere her auf.
162 f. ΟΔ. ἐκφέρετέ νυν τυρεύματ' ἢ μήλων τόκον.
ϹЄΙ. δράcω τάδ'.
174.   Silen in die Höhle ab.
188.   Silen kommt zurück.
193.   ϹЄΙ. οἴμοι· Κύκλωψ ὅδ' ἔρχεται· (S. 718.)

194. ΟΔ. ποῖ χρὴ φυγεῖν;
195. CEI. ἔcω πέτρας τῆcδ'.
Silen, Odysseus und Geführten verstecken sich. S. 653. 712.
Kyklop tritt auf (aus dem Innern der Insel).
222 ff. ΚΥ. ἔα· τίν' ὄχλον τόνδ' ὁρῶ πρὸς αὐλίοιc;
κτλ.
345. ΚΥ. ἀλλ' ἕρπετ' εἴcω.
346? Kyklop, Silen und Odysseus' Geführten in die Höhle ab.
355. Odysseus in die Höhle ab.
375. Odysseus tritt aus der Höhle.
482. Odysseus ab in die Höhle.
491. ΧΟ. χωρεῖ πετρίνων ἔξω μελάθρων.
Kyklop tritt aus der Höhle. S. 715.
512. ΧΟ. καλὸc ἐκπερᾷ μελάθρων.
Odysseus und Silen aus der Höhle.
589. Kyklop mit Silen ab in die Höhle, vgl. 591.
597. ΧΟ. χώρει δ' ἐc οἴκουc.
607. Odysseus ab in die Höhle.
624. Odysseus tritt aus der Höhle.
653. Odysseus ab in die Höhle.
669. Kyklop aus der Höhle.
Zwischen 670 und 680 fliehen Odysseus und seine Geführten aus der Höhle.
680 f. ΧΟ. οὗτοι cιωπῇ τὴν πέτραν ἐπήλυτα
λαβόντεc ἑcτήκαcι.
702. ΟΔ. ἐγὼ δ' ἐπ' ἀκτὰc εἶμι.
706. ΚΥ. ἄνω δ' ἐπ' ὄχθον εἶμι.
707. Kyklop ab.
708 f. ΧΟ. ἡμεῖc δὲ cυνναῦταί γε τοῦδ' Ὀδυccέωc
ὄντεc τὸ λοιπὸν Βακχίῳ δουλεύcομεν.
Odysseus mit Begleitern und gefolgt vom Chor ab nach dem Meere. S. 681. 690.

Eur. Heracl.

Szenerie: Tempel.

Die Söhnchen des Herakles knieen um den Altar, bei ihnen steht Iolaos.

v. 49 f. ΙΟ. ὁρῶ κήρυκα τόνδ' Εὐρυcθέωc
cτείχοντ' ἐφ' ἡμᾶc.
Kopreus tritt auf. S. 711.
73. Chor tritt auf.
118 f. ΧΟ. καὶ μὴν ὅδ' αὐτὸc ἔρχεται cπουδὴν ἔχων
Ἀκάμαc τ' ἀδελφόc.
Demophon und Akamas treten auf. S. 693. 718.

287.	Kopreus geht ab, vgl. 273 f.
352.	Demophon und Akamas ab.
381.	Demophon tritt auf.
474.	Makaria tritt aus dem Tempel.
474 f.	MA. ξένοι, θράσος μοι μηδὲν ἐξόδοις ἐμαῖς προσθῆτε.
479.	ἐξῆλθον.
601.	Demophon und Makaria ab.
630.	Diener tritt auf.
642 f.	ΙΟ. ὦ μῆτερ ἐσθλοῦ παιδός, Ἀλκμήνην λέγω, ἔξελθ'.
646.	Alkmene tritt aus dem Tempel.
657.	ΙΟ. σὺ πρόσθε ναοῦ τοῦδ' ὅπως βαίης πέλας.
698 f.	ΙΟ. ἀλλ' εἶσιθ' εἴσω κἀπὸ πασσάλων ἑλὼν ἔνεγχ' ὁπλίτην κόσμον ὡς τάχιστά μοι.
701.	Diener in den Tempel, um Waffen zu holen.
720.	Diener kommt mit den Waffen aus dem Tempel.
734 f.	ΙΟ. ὁρᾷς μου κῶλον ὡς ἐπείγεται; ΘΕ. ὁρῶ δοκοῦντα μᾶλλον ἢ σπεύδοντά σε. Bis 747 Iolaos und Diener ab.
784.	Diener tritt auf.
891.	Diener ab.
928.	Boten, den Eurystheus führend, treten auf.
929.	ΑΓ. Εὐρυσθέα σοι τόνδ' ἄγοντες ἥκομεν.
1050.	ΑΛ. κομίζετ' αὐτόν, δμῶες.
1052.	Alkmene mit dem gefangenen Eurystheus ab.
1055.	Chor ab.

Eur. Here. (421?).

Szenerie: Palast.

Amphitryon und Megara mit den Kindern des Herakles am Altar des Zeus.

v. 107.	Chor zieht ein. S. 697.
119 ff.	μὴ πόδα προκάμητε βαρύ τε κῶλον, ὥστε πρὸς πετραῖον λέπας ζυγοφόρος ἅρματος βάρος φέρων τροχηλάτοιο πῶλος.
125.	γέρων γέροντα παρακόμιζε.
138 f.	ἀλλ' εἰσορῶ γὰρ τῆσδε κοίρανον χθονὸς Λύκον περῶντα τῶνδε δωμάτων πέλας [πάρος Kirchhoff]. Lykos tritt von der Stadt her auf und redet eintretend den Amphitryon an. S. 653. 718.
333.	. ΛΥΚ. κοσμεῖσθ' ἔσω μολόντες.
335.	Lykos nach der Stadt hin ab.
347.	Megara und Amphitryon mit den Kindern in den Palast.

442 ff.　XO. ἀλλ' ἐcορῶ γὰρ τούcδε ...
　　　　　..... τοὺc τοῦ μεγάλου
　　　　　[δή ποτε παῖδαc] τὸ πρὶν 'Ηρακλέουc
　　　　　ἄλοχόν τε φίλην ὑποcειραίουc
　　　　　ποcὶν ἕλκουcαν τέκνα καὶ γεραιὸν
　　　　　πατέρ' 'Ηρακλέουc.
　　　　　Megara, Amphitryon, Kinder aus dem Palast. S. 715.

514 ff.　ΜΕ. ἔα·
　　　　　ὦ πρέcβυ, λεύccω τἀμὰ φίλτατ'; ἢ τί φῶ;
　　　　　ΑΜ. οὐκ οἶδα, θύγατερ· ἀφαcία δὲ κἄμ' ἔχει.
　　　　　ΜΕ. ὅδ' ἐcτὶν ὃν γῆc νέρθεν εἰcηκούομεν;
　　　　　ΑΜ. εἰ μή γ' ὄνειρον ἐν φάει τι λεύccομεν.
　　　　　Herakles tritt (aus der Fremde) auf. S. 712. 718.

523 ff.　ΗΡ. ὦ χαῖρε, μέλαθρον πρόπυλά θ' ἑcτίαc ἐμῆc,
　　　　　ὡc ἄcμενόc c' ἐcεῖδον ἐc φάοc μολών.
　　　　　ἔα· τί χρῆμα; τέκν' ὁρῶ πρὸ δωμάτων
　　　　　cτολμοῖcι νεκρῶν κρᾶταc ἐξεcτεμμένα,
　　　　　ὄχλῳ τ' ἐν ἀνδρῶν τὴν ἐμὴν ξυνάορον (S. 692.)
　　　　　πατέρα τε δακρύοντα cυμφορὰc τίναc;
　　　　　φέρ' ἐκπύθωμαι τῶνδε πληcίον cταθείc,
　　　　　τί καινὸν ἦλθε τοῖcδε δώμαcιν χρέοc;

593.　　ΑΜ. ὤφθηc ἐcελθὼν πόλιν.

598.　　ΗΡ. ὥcτ' ἐκ προνοίαc κρύφιοc εἰcῆλθον χθόνα. S. 722 f.

599 f.　ΑΜ. καλῶc· προcελθὼν νῦν πρόcειπέ θ' ἑcτίαν
　　　　　καὶ δὸc πατρῴοιc δώμαcιν cὸν ὄμμ' ἰδεῖν.

606.　　ΗΡ.　　　εἴμ' εἴcω δόμων.

622.　　ΗΡ.　　　ὁμαρτεῖτ', ὦ τέκν', εἰc δόμουc πατρί.

636.　　Herakles mit den Seinen in den Palast.

701.　　Lykos tritt von der Stadt her auf.

701.　　ΛΥΚ. εἰc καιρὸν οἴκων, 'Αμφιτρύων, ἔξω περᾷc.
　　　　　Amphitryon ist aus dem Palast getreten.

723 f.　ΛΥΚ.　　　ἐκπορεύcομεν
　　　　　cὺν μητρὶ παῖδαc. δεῦρ' ἕπεcθε, πρόcπολοι.

726.　　ΑΜ. cὺ δ' οὖν ἴθ', ἕρχει δ' οἱ χρεών.
　　　　　Lykos ist in den Palast getreten.

731 f.　ΑΜ.　　　εἶμι δ' ὡc ἴδω νεκρὸν
　　　　　πίπτοντ'.

733.　　Amphitryon ab in den Palast.

815 ff.　XO. ἔα ἔα·
　　　　　ἆρ' εἰc τὸν αὐτὸν πίτυλον ἥκομεν φόβου,
　　　　　γέροντεc, οἷον φάcμ' ὑπὲρ δόμων ὁρῶ;
　　　　　Iris und Lyssa erscheinen in der Höhe. S. 669.

872 f.　ΛΥΤ. cτεῖχ' ἐc Οὔλυμπον πεδαίρουc', 'Ιρι, γενναῖον πόδα·
　　　　　εἰc δόμουc δ' ἡμεῖc ἄφαντοι δυcόμεcθ' 'Ηρακλέουc.
　　　　　Iris und Lyssa verschwinden. S. 669.

909.　　Bote tritt aus dem Palast.

1029 f. XO. ἴδεσθε, διάνδιχα κλῇθρα
κλίνεται ὑψιπύλων δόμων.
Herakles erscheint auf dem Ekkyklema. S. 661.
1040 f. XO.   πρέσβυς ὑστέρῳ ποδὶ
πικρὰν διώκων ἥλυσιν πάρεσθ᾽ ὅδε.
Amphitryon tritt aus dem Palast.ʻ S. 664.
1154. HP. Θησεὺς ὅδ᾽ ἕρπει συγγενὴς φίλος τ᾽ ἐμός. S. 718.
Bis 1162 tritt Theseus auf (von der Fremde). S. 712.
1418. ΘΗ. πρόβαινε.
1426. Theseus mit Herakles ab.
Amphitryon ab ins Haus; auf dem Ekkyklema?
1428. Chor zieht ab (vgl. cτείχομεν 1427).

Eur. Andr.

Szenerie: Palast, Tempel.

Andromache tritt aus dem Palast und begibt sich in den
Schutz des Heiligtums der Thetis, vgl. 43 f.
v. 56. Dienerin tritt aus dem Palast.
89. ΘЄP. ἀλλ᾽ εἶμ᾽.
90. Dienerin nach der Seite ab, vgl. 83. 91.
91 ff.? Chor zieht ein (vgl. Graf, Rhein. Mus. XLVI, 73).
147. Hermione tritt aus dem Palast.
268. Hermione ab in den Palast.
309. Menelaos mit dem kleinen Molossos tritt von der Seite
her auf.
309 f. MЄ. ἥκω λαβὼν cὸν παῖδ᾽, ὃν εἰc ἄλλουc δόμουc
λάθρᾳ θυγατρὸc τῆc ἐμῆc ὑπεξέθου.
433. MЄ. ἀλλ᾽ ἕρπ᾽ ἐc οἴκουc τούcδ᾽.
463. Andromache, Menelaos, Molossos ab in den Palast.
494 ff. XO. καὶ μὴν ἐcορῶ
τόδε cύγκρατον ζεῦγος πρὸ δόμων,
. . . .
δύcτηνε γύναι, τλῆμον δὲ cὺ παῖ.
Andromache und Molossos gefesselt aus dem Palast; dann
Menelaos.
545 f. XO. καὶ μὴν δέδορκα τόνδε Πηλέα πέλας,
cπουδῇ τιθέντα δεῦρο γηραιὸν πόδα.
Peleus tritt auf, von einem Diener geführt, vgl. 551 f. S. 718.
733. MЄ. ἄπειμ᾽ ἐc οἴκουc.
746. Menelaos nach der Seite ab.
765. Peleus mit Andromache und Molossos nach der Seite ab,
vgl. 758.

Schol. Andr. 309. τὸν Μολοττὸν ἄγων ταῦτα λέγει. — 747. ἡγοῦ: ἐπὶ
τοὺc ἡμετέρουc οἴκουc δηλονότι. —

802.　Amme tritt aus dem Palast.
823 f.　XO. δωμάτων γὰρ ἐκπερᾷ
　　　　φεύγουca χεῖραc προcπόλων.
　　　　Hermione tritt aus dem Palast.
876 f.　ἀλλ’ εἴcιθ’ εἴcω μηδὲ φαντάζου δόμων
　　　　πάροιθε τῶνδε.’
879 f.　XO. καὶ μὴν ὅδ’ ἀλλόχρωc τιc ἔκδημοc ξένοc
　　　　cπουδῇ πρὸc ἡμᾶc βημάτων πορεύεται.
　　　　Orestes tritt von der Seite auf. S. 718.
881 f.　OP. ξέναι γυναῖκεc, ἦ τάδ’ ἔcτ’ ’Αχιλλέωc
　　　　παιδὸc μέλαθρα καὶ τυραννικαὶ cτέγαι;
989.　ЕР. ὡc τάχιcτα τῶνδε μ’ ἔκπεμψον δόμων, vgl. 966.
1008.　Orestes mit Hermione nach der Seite ab.
1047.　Peleus mit Molossos? (vgl. 1246) tritt von der Seite auf.
1166 f.　XO. καὶ μὴν ὅδ’ ἄναξ ἤδη φοράδην
　　　　Δελφίδοc ἐκ γῆc δῶμα πελάζει.
　　　　Der Leichnam des Neoptolemos wird hereingetragen. S. 708.
　　　　718.
1226 ff.　XO. τί κεκίνηται; τίνοc αἰcθάνομαι
　　　　θείου; κοῦραι, λεύccετ’ ἀθρήcατε·
　　　　δαίμων ὅδε τιc λευκὴν αἰθέρα
　　　　πορθμευόμενοc τῶν ἱπποβότων
　　　　Φθίαc πεδίων ἐπιβαίνει.
　　　　Thetis erscheint in der Höhe. S. 668.
1283.　Thetis verschwindet.
　　　　Peleus ab.
1288.　Chor ab.

Eur. Suppl.

Szenerie: Tempel, Felsen; Palast? S. 668.

Bei Beginn anwesend der Chor (8 ff. 35. S. 681), Adrastos
　　　　(21 f.) und Aithra. S. 693.
v. 87.　Theseus tritt auf. S. 719.
354 f.　ΘΗ. λαβὼν δ’ ’Άδραcτον δεῖγμα τῶν ἐμῶν λόγων
　　　　εἰc πλῆθοc ἀcτῶν εἶμι.
360.　μητρόc; πρὸc οἴκουc ὥc νιν Αἰγέωc ἄγω.
364.　Theseus, Aithra, Adrastos ab.
381.　Theseus mit Adrastos und einem Herold tritt auf.
395.　ΘΗ. ἔα· λόγων τίc ἐμποδὼν ὅδ’ ἔρχεται;
　　　　Thebanischer Herold tritt von der Fremde her auf. S. 718.
582.　ΘΗ. ἀλλ’ ἀποcτέλλου χθονόc.
　　　　Nach 583 Herold ab.

---

880. λείπει ἡ πρό, [γράψον διὰ] πορεύεται πρὸ δωμάτων. — 1007.
ταῦτα εἰπὼν ἀπῆλθεν ἔχων τὴν ‘Ερμιόνην.

597.   Theseus ab.
634.   Bote tritt auf (ἥκω) von der Fremde her. S. 720.
772.   ΑΔ. ἀλλ᾿ εἶμ᾿, ἐπαρῶ χεῖρ᾿ ἀπαντήσας νεκροῖς.
777.   Adrastos und Bote ab nach der Seite der Fremde.
794.   ΧΟ. ἀλλὰ τάδ᾿ ἤδη σώματα λεύσσω.
       Der Leichenzug mit Adrastos und Theseus kommt herein.
       S. 693. 708.
940.   ΘΗ.᾿ στειχέτω δ᾿ ἄχθη νεκρῶν.
954.   Der Leichenzug ohne die Leiche des Kapaneus bewegt sich,
       von Theseus und Adrastos geleitet, nach der Stadt zu.
984 ff. ΧΟ. κλεινήν τ᾿ ἄλοχον τοῦ καταφθιμένου
       τοῦδε κεραυνῷ πέλας Εὐάδνην,

       . . . .

.   τί ποτ᾿ αἰθερίαν ἔστηκε πέτραν,
       ἢ τῶνδε δόμων ὑπερακρίζει;
       Euadne tritt auf und ersteigt den Felsen, vgl. 1045.
1031. ΧΟ. καὶ μὴν ὅδ᾿ αὐτὸς σὸς πατὴρ βαίνει πέλας.
·   Iphis tritt auf. S. 718.
1071. Euadne stürzt sich in den brennenden Scheiterhaufen.
1113. Iphis geht ab.
1114 f. ΧΟ. ἰώ, τάδε δὴ παίδων φθιμένων
       ὀστᾶ φέρεται.
       Die Gebeine der toten Helden werden von den Kindern
       derselben herbeigebracht. Dann folgen Theseus und
       Adrastos.
1183. Athene erscheint. S. 670.
1231. Athene verschwindet.
1232 f. ΧΟ. στείχωμεν, Ἄδρασθ᾿, ὅρκια δῶμεν
       τῷδ᾿ ἀνδρὶ πόλει τ᾿.
       Alle ziehen zusammen zur Stadt ab. S. 690.

Aristoph. Ach. (425).

Szenerie: Häuser des Dikaiopolis, Euripides und Lamachos. S. 655.
       Für die erste Szene die Pnyx durch Bänke angedeutet.

       Dikaiopolis sitzt allein auf einer der Bänke.

v. 40 ff. ἀλλ᾿ οἱ πρυτάνεις γὰρ οὑτοιὶ μεσημβρινοί.

       . . . .

       ἐς τὴν προεδρίαν πᾶς ἀνὴρ ὠστίζεται.
       ΚΗ. πάριτ᾿ ἐς τὸ πρόσθεν,
       πάριθ᾿, ὡς ἂν ἐντὸς ἦτε τοῦ καθάρματος.
       Prytanen, Herold, Volk sind aufgetreten. Die Leute drängen
       sich in die Bänke. S. 693.
45.   Amphitheos tritt auf.

Hypoth. Ach. I erzählt den Gang der Handlung.

61.   ΚΗ. οἱ πρέсβεις οἱ παρὰ βαсιλέωс.
        Die Gesandten treten ein, vgl. 64.

94.   ΚΗ. ὁ βαсιλέωс ὀφθαλμόс.
        Pseudartabas mit zwei Eunuchen tritt ein.

124 f. ΚΗ. τὸν βαсιλέωс ὀφθαλμὸν ἡ βουλὴ καλεῖ
        ἐс τὸ πρυτανεῖον.
        Pseudartabas und die Gesandten ab.

133.   Amphitheos ab nach Sparta.

134.   ΚΗ. προсίτω Θέωροс ὁ παρὰ Сιτάλκουс. ΘΕ. ὁδί.
        Theoros tritt auf mit einem thrakischen Kriegshaufen. Die
        Odomanten treten 155 vor.

172 f. ΚΗ. τοὺс Θρᾷκαс ἀπιέναι, παρεῖναι δ᾽ εἰс ἔνην.
        οἱ γὰρ πρυτάνειс λύουсι·τὴν ἐκκληсίαν.   · ·
        Die Versammlung geht auseinander. Alle bis auf Dikaio-
        polis ab.

175.   ΔΙ. ἀλλ᾽ ἐκ Λακεδαίμονοс γὰρ ᾽Αμφίθεοс ὁδί.
        Amphitheos kommt zurück.

202 f. ΔΙ. ἄξω τὰ κατ᾽ ἀγροὺс εἰсιὼν Διονύсια.
        ΑΜ. ἐγὼ δὲ φεύξομαί τε τοὺс ᾽Αχαρνέαс.
        Dikaiopolis ab in sein Haus.
        Amphitheos ab nach der Seite. S. 709.

204.   Der Chor zieht auf dem Wege, auf dem vorher Amphitheos
        gekommen, ein. S. 680. 709.

237.   Dikaiopolis mit Frau, Tochter und Sklaven tritt aus dem
        Haus zum Opfern.

239 f. ΧΟ. οὗτοс αὐτόс ἐсτιν ὃν ζητοῦμεν. ἀλλὰ δεῦρο πᾶс
        ἐκποδών· θύсων γὰρ ἀνὴρ ὡс ἔοικ᾽ ἐξέρχεται.
        Der Chor zieht sich (in die Parodos) zurück.
        Dikaiopolis' Prozession kommt vorwärts.

257 f. ΔΙ. πρόβαινε, κἂν τῷχλῳ φυλάττεсθαι сφόδρα
        μή τιс λαθών соυ περιτράγῃ τὰ χρυсία.

262.   сὺ δ᾽ ὦ γύναι θεῶ μ᾽ ἀπὸ τοῦ τέγουс. πρόβα.
        Die Frau ab ins Haus, erscheint dann auf dem Dache des-
        selben.

280.   Chor kommt wieder hervor.
        Um 283 Tochter und Sklaven des Dikaiopolis ab ins Haus.

365.   Dikaiopolis holt den Hackblock aus dem Haus, vgl. 359
        ἐπίξηνον ἐξενεγκὼν θύραζ᾽, 366.

Schol. 64. ὦ ᾽κβάτανα: ἐξίαсι γὰρ οἱ πρέсβεις κεκαλλωπιсμένοι. —
204. τῇδε πᾶс ἕπου: ἐντεῦθεν ἡ πάροδοс γίνεται τοῦ χοροῦ, ὃν сυμπληροῦ-
сιν οἱ ᾽Αχαρνεῖс. παράγονται δὲ сυντόνωс μετὰ сπουδῆс διώκοντεс τὸν
᾽Αμφίθεον. — 242. διπλῆ δὲ μετὰ κορωνίδοс, ὅτι εἰсίαсιν οἱ ὑποκριταί, καὶ
εἰсὶν ἰαμβεῖα. — 257. πρόβαινε: ὡс ἐπὶ ὄχλου πομπευόντων αὐτῶν λέγει. —
332. εἴсομαι δ᾽ ὑμῶν: ψίαθον ἀνθράκων προσενήνοχεν, ὃν φηсι παῖδα εἶναι
τῶν ᾽Αχαρνέων. —

394 f.   ΔΙ. καί μοι βαδιcτέ᾽ ἐcτὶν ὡc Εὐριπίδην.
παῖ παῖ.
Diener aus dem Hause des Euripides.

402?   Diener ab ins Haus.

408 ff.   ΔΙ. ἀλλ᾽ ἐκκυκλήθητ᾽ . . . . . .
ΕΥ. ἀλλ᾽ ἐκκυκλήcομαι· καταβαίνειν δ᾽ οὐ cχολή.
Ekkyklema.   S. 662. 664.
ΔΙ. ἀναβάδην ποιεῖc,
ἐ Ἑ ὸν καταβάδην.

479.   ΕΥ. ἀνὴρ ὑβρίζει· κλῇε πηκτὰ δωμάτων.
Euripides auf dem Ekkyklem zurück.

572.   Lamachos tritt aus seinem Haus.

622.   Lamachos ab in sein Haus.

625.   Dikaiopolis ab in sein Haus.

719.   Dikaiopolis tritt aus seinem Haus.

727 f.   ΔΙ.   τὴν cτήλην
μέτειμι.
Dikaiopolis ab ins Haus.

729.   Megarer mit zwei Töchterchen tritt auf.

732.   ΜΕ. ἄμβατε ποττὰν μᾶδδαν, αἴ χ᾽ εὕρητέ πq. (S. 699.)

750.   Dikaiopolis tritt aus dem Haus.

805.   ΔΙ. ἐνεγκάτω τιc ἔνδοθεν τῶν ἰcχάδων.
Diener bringt sie.

815.   Dikaiopolis ab ins Haus.

818.   Sykophant tritt auf.

824.   Dikaiopolis, vom Megarer gerufen, tritt aus dem Hause.

828.   Sykophant von Dikaiopolis davongejagt.

835.   Dikaiopolis mit den Mädchen ins Haus. Megarer nach der
Seite ab.

860.   Böoter mit Pfeifern und Knechten tritt auf.

864.   Dikaiopolis tritt aus dem Hause, nachher auch seine Dienerschaft und seine Kinder, vgl. 889. 891.

_____

394. καί μοι βαδιcτέ᾽ ἐcτίν: μεταβολὴ γέγονε τόπου ὡc ἐπὶ τὴν οἰκίαν
Εὐριπίδου. — 395. τίc οὗτοc: τοῦ Δικαιοπόλιδοc κρούcαντοc τὴν θύραν
Κηφιcοφῶν ὑπακούει. — 408. ἀλλ᾽ ἐκκυκλήθητι: εἰ μὴ cχολὴν ἔχειc κατελ-
θεῖν, ἀλλ᾽ ἐκκυκλήθητι, τουτέcτι cυcτράφηθι. ἐκκύκλημα δὲ λέγεται μηχά-
νημα ξύλινον τροχοὺc ἔχον, ὅπερ περιcτρεφόμενον τὰ δοκοῦντα ἔνδον ὡc
ἐν οἰκίᾳ πράττεcθαι καὶ τοῖc ἔξω ἐδείκνυε, λέγω δὴ τοῖc θεαταῖc. βούλεται
οὖν εἰπεῖν ὅτι κἂν φανερὸc γενοῦ. διὸ ἐπήνεγκεν
ἀλλ᾽ ἐκκυκλήcομαι, καταβαίνειν δ᾽ οὐ cχολή. —
410. ἀναβάδην ποιεῖc: φαίνεται γὰρ ἐπὶ τῆc cκηνῆc μετέωροc. τὸ δὲ ἀναβάδην ἀντὶ τοῦ ἄνω τοὺc πόδαc ἔχων. — 434. ἐξήγαγεν ὁ θεράπων τὰ
ῥάκη. — 626. ἀνὴρ νικᾷ: ἐξιόντων τῶν ὑποκριτῶν ὁ χορὸc λέγει τὴν τε-
λείαν παράβαcιν. — 719. ὅροι μὲν ἀγορᾶc: κορωνίc, ὅτι ἐπειcίαcι. — 732.
ἄμβατε: ἀνάβητε. ἐμφαντικῶc διὰ τὸν λιμὸν ἐδήλωcεν εἰπών, ἔμβατε πρὸc
τὴν μᾶζαν. — 836. εὐδαιμονεῖ γ᾽ ἄνθρωποc: ἐξελθόντων τῶν ὑποκριτῶν
καὶ μένοντοc τοῦ χοροῦ . . . — 860. ἔκαμόν γα τὰν τύλαν: κορωνίc. εἰcίαcι
γὰρ οἱ ὑποκριταί. —

908.   ΔΙ. καὶ μὴν ὁδὶ Νίκαρχοc ἔρχεται φανῶν.
       Nikarchos tritt auf. S. 719.
958.   Böoter mit den Knechten und Pfeifern und dem eingepackten
       Nikarchos ab.
959.   Diener aus dem Haus des Lamachos.
970.   ΔΙ. εἴcειμ'.
       Dikaiopolis in sein Haus, Diener in das des Lamachos ab.
1000.   Herold tritt auf.
1002.   Herold ab.
1003.   Dikaiopolis tritt aus seinem Haus.
1007.   ΔΙ. φέρε τοὺc ὀβελίcκουc.
       Diener aus dem Haus.
1018.   Landmann tritt auf.
1036.   Landmann ab, vgl. 1035 ἀπιών.
1048.   Brautführer und Brautjungfer treten auf.
1068.   Brautführer und Brautjungfer ab.
1069 f.   ΧΟ. καὶ μὴν ὁδί τιc τὰc ὀφρῦc ἀνεcπακὼc
       . . . . ἐπείγεται.
       Herold tritt eilig auf. S. 718.
1072.   Lamachos tritt aus seinem Haus.
1077.   Herold ab.
1084.   ΔΙ. αἰαῖ τίνα δ' αὖ μοι προcτρέχει τιc ἀγγελῶν;
       Bote tritt auf. S. 719.
1094.   Bote ab.
1097 ff.   Ausrüstungsszene.
1141.   Lamachos geht ab.
1142.   Dikaiopolis geht ab, vgl. 1139 ἐξέρχομαι.
1174.   Diener tritt auf.
1189.   ΘΕ. ὁδὶ δὲ καὐτόc· ἀλλ' ἄνοιγε τὴν θύραν.
       Lamachos wird hereingeschleppt. S. 718.
1198.   Dikaiopolis mit zwei Dirnen tritt auf.
1222.   ΛΑ. θύραζε μ' ἐξενέγκατ' ἐc τοῦ Πιττάλου.
1224.   ΔΙ. ὡc τοὺc κριτάc μ' ἐκφέρετε.
1226.   Lamachos seitwärts ab.
1231 f.   ΔΙ. ἔπεcθέ νυν.
       ΧΟ. ἀλλ' ἐψόμεcθα.
       Dikaiopolis und Chor ziehen mitsammen ab. S. 690.

---

971. εἶδεc ᾦ: ὑφ' ὃ κορωνίc, ὑποχωρηcάντων τῶν ὑποκριτῶν. —
1000. εἰcιαcιν οἱ ὑποκριταί. — 1174. ᾦ ὁμῶεc: κορωνίc. εἰcέρχεται γὰρ ὁ
ὑποκριτήc.

Aristoph. Equ. (424).

Szenerie: Haus.

v. 1. Erster Diener aus dem Haus, gleich darauf zweiter Diener.

95. ΟΙΚ. α΄. ἀλλ᾽ ἐξένεγκέ μοι ταχέως οἴνου χόα.

98. ἀλλ᾽ ἔνεγκ᾽.
      Zweiter Diener ab ins Haus, kommt

101. mit dem Weinkrug zurück.

109 f. ΟΙΚ. α΄. τοὺς χρησμοὺς ταχὺ
        κλέψας ἔνεγκε τοῦ Παφλαγόνος ἔνδοθεν.
        Zweiter Diener ab ins Haus, kommt

115. zurück mit dem Orakelbuch.

146 ff. ΟΙΚ. α΄. Ζητῶμεν αὐτόν. ΟΙΚ. β΄. ἀλλ᾽ ὁδὶ
         προσέρχεται
         ὥσπερ κατὰ θεὸν εἰς ἀγοράν. ΟΙΚ. α΄. ὦ μακάριε
         ἀλλαντοπῶλα, δεῦρο δεῦρ᾽ ὦ φίλτατε
         ἀνάβαινε σωτὴρ τῇ πόλει καὶ νῷν φανείς. (S. 699.)
         . . . . . δεῦρ᾽ ἔλθ᾽.
         Wursthändler ist aufgetreten.

154. ΟΙΚ. β΄. ἐγὼ δ᾽ ἰὼν προσκέψομαι τὸν Παφλαγόνα.
        Zweiter Diener geht ab ins Haus.

234. ΑΛ. οἴμοι κακοδαίμων ὁ Παφλαγὼν ἐξέρχεται.
        Paphlagonier tritt aus dem Haus.
        Der Wursthändler läuft davon.

240. ΟΙΚ. α΄. οὗτος τί φεύγεις; οὐ μενεῖς;

244. ἄνδρες ἐγγύς. ἀλλ᾽ ἀμύνου κἀπαναστρέφου πάλιν.

247. Chor tritt auf. S. 686.

475. ΠΑ. ἐγὼ μὲν οὖν αὐτίκα μάλ᾽ ἐς βουλὴν ἰών.

481. Paphlagonier nach der Seite ab.

485. ΧΟ. θεύσει γὰρ ᾄξας ἐς τὸ βουλευτήριον.

488. ΑΛ. ἀλλ᾽ εἶμι, vgl. 498.

497. Wursthändler folgt dem Paphlagonier.
        Erster Diener ab ins Haus.

611. Wursthändler kommt zurück.

Hypoth. Equ. I erzählt den Gang der Handlung. — Schol. 149.
ἀνάβαινε σωτὴρ τῇ πόλει: ἵνα, φησίν, ἐκ τῆς παρόδου ἐπὶ τὸ λογεῖον ἀναβῇ.
διὰ τί οὖν ἐκ τῆς παρόδου; τοῦτο γὰρ οὐκ ἀναγκαῖον. λεκτέον οὖν ὅτι
ἀναβαίνειν ἐλέγετο τὸ ἐπὶ τὸ λογεῖον εἰσιέναι. ᾽ ὃ καὶ πρόσκειται. λέγεται
γὰρ καταβαίνειν τὸ ἀπαλλάττεσθαι ἐντεῦθεν ἀπὸ τοῦ παλαιοῦ ἔθους. ...ὡς
ἐν θυμέλῃ δὲ τὸ ἀνάβαινε. — 247. παῖε παῖε: ἐντεῦθεν ἡ πάροδος γίνεται
τοῦ χοροῦ. ... εἴσθεσις δὲ τῆς διπλῆς ἀμοιβαίας ἑτέρων εἰσιόντων ὑποκριτῶν ... κορωνίς, ὅτι εἰσέρχεται ὁ χορός. — 482. ἄγε δὴ σύ: τὸ μὲν
Κλέωνος τῆς θυμέλης ὑπεξῆλθε πρόσωπον, τὴν βουλὴν δῆθεν κινῆσαι κατ᾽
αὐτῶν. — 493. ἐπέγκαψον: κάψον, ἐπίφαγε ταδί. καὶ τοῦτο παρεπιγραφή.
σκόροδον γὰρ αὐτῷ προσφέρει. S. 686. — 498. ἀλλ᾽ ἴθι χαίρων: κορωνίς.
εἰσελθόντων γὰρ τῶν ὑποκριτῶν, εἶτα καταλειφθεὶς ὁ χορὸς λέγει περίοδον
ἀναπαίστων η΄. τὴν μὲν προπεμπτικὴν τοῦ ἑτέρου τῶν ὑποκριτῶν οὖσαν ... —
611. ὦ φίλτατ᾽ ἀνδρῶν: ἔτι τοῦ χοροῦ ἴαμβοι τρίμετροι ἀκατάληκτοι ε΄,

691.   ΑΛ. καὶ μὴν ὁ Παφλαγὼν οὑτοcὶ προcέρχεται.
        Paphlagonier stürzt herein. S. 719.

723 ff.   ΠΑ. ἴωμεν ἐc τὸν δῆμον. ΑΛ. οὐδὲν κωλύει·
        ἰδοὺ βάδιζε, μηδὲν ἡμᾶc ἰcχέτω.
        ΠΑ. ὦ Δῆμε δεῦρ' ἔξελθε. ΑΛ. νὴ Δί' ὦ πάτερ
        ἔξελθε δῆτ' κτλ.

728.   Demos tritt aus dem Hause.

970 ff.   ΔΗ.(?) καὶ μὴν ἔνεγκ' αὐτοὺc ἰών, ἵν' οὑτοcὶ
        αὐτῶν ἀκούcῃ. ΑΛ.(?) πάνυ γε. ΔΗ. καὶ cύ νυν φέρε.
        ΠΑ. ἰδού. ΑΛ. ἰδοὺ νὴ τὸν Δί'. οὐδὲν κωλύει.
        Paphlagonier ab ins Haus.
        Wursthändler ab nach der·Seite.

997.   Paphlagonier kommt aus dem Hause, Wursthändler aus der
        Stadt zurück.

1110.   ΠΑ. τρέχοιμ' ἂν εἴcω πρότεροc. ΑΛ. οὐ δῆτ', ἀλλ' ἐγώ.
        Paphlagonier und Wursthändler? in das Haus ab.

1151.   Paphlagonier und Wursthändler kehren zurück. S. 663.

1249.   ΠΑ. κυλίνδετ' εἴcω τόνδε τὸν δυcδαίμονα. (S. 662.)

1262?   Paphlagonier ab ins Haus.

1262.   Wursthändler und Demos ab ins Haus.

1316.   Agorakritos tritt aus dem Haus.

1326 ff. ΑΓ. ὄψεcθε δέ· καὶ γὰρ ἀνοιγνυμένων ψόφοc ἤδη τῶν
                            προπυλαίων.
        ἀλλ' ὀλολύξατε φαινομέναιcιν ταῖc ἀρχαίαιcιν 'Αθήναιc
        καὶ θαυμαcταῖc καὶ πολυύμνοιc, ἵν' ὁ κλεινὸc Δῆμοc
                            ἐνοικεῖ.
        Demos tritt aus der Thüre. S. 663.

1331.   ΧΟ. ὅδ' ἐκεῖνοc ὁρᾶν.

1389.   ΑΓ. δεῦρ' ἴθ' αἱ Cπονδαὶ ταχύ.
        Die Spondai, junge Mädchen, kommen aus dem Haus.
        Schlufs fehlt.

τοῦ ὑποκριτοῦ παρερχομένου. ἄλλωc· ὦ φίλτατε: ὁ χορὸc πρὸc τὸν ἀλλαν-
τοπώλην ἥκοντα ἀπὸ τῆc βουλῆc... — 973. ἥδιcτον φάοc: κορωνίc. ἐξέιαcι
γὰρ ὑποκριταί. — 997. ἰδοὺ θέαcαι: κορωνίc εἰcιόντων αὖθιc τῶν ὑποκριτῶν... ὁ δὲ Κλέων ἔξειcιν ἐπὶ τῶν μεταφρένων ἀγγεῖον φέρων... καὶ ὁ
ἕτεροc ὁμοίωc τὸ αὐτὸ ποιεῖ. τοῦτο γὰρ ἐπηγγελμένοι εἰcῆλθον ἐξοίcειν
τοὺc χρηcμούc... — 998. ...ὡc δὲ ἔνδον καὶ ἄλλων ὄντων χρηcμῶν τὸ
οὐχ ἅπαντα ἐκφέρειν φηcίν. — 1151. ἄπαγ' ἐc μακαρίαν: κορωνίc αὖθιc
ἑτέρα εἰcιόντων τῶν ὑποκριτῶν. — 1249. κυλίνδετ' εἴcω: ἑαυτὸν λέγει ὁ Κλέων.
ταῦτα δὲ ἐκ Βελλεροφόντου Εὐριπίδου. τὸ δὲ κυλίνδετ' ἀντὶ τοῦ κομί-
ζετε. — 1263. τί κάλλιον ἀρχομένοιcι...κορωνίc δέ· ἐξέιcι γὰρ οἱ ὑποκριταί. — 1388. τριακοντούτιδαc: πόρναc εἰcφέρει. — 1390. ὡc καλαί: εἰcῆλθον αἱ cπονδαὶ ἑταῖραι ὡραῖαι τὰc ὄψειc, ὑποκρινόμεναι τὰ πρόcωπα τῶν
cπονδῶν, πρὸc ἅc λέγει ὁ δῆμοc. -- 1407. ἐκφερέτω: αἱρόμενοc ἐκφέρεται
ὁ Κλέων.

Aristoph. Vesp. (422.)

Szenerie: Haus mit Hofraum.

Sosias und Xanthias schlafen vor dem Hause, Bdelykleon ἐπὶ τοῦ τέγουc 68.

138 ff. ΒΔ. οὐ περιδραμεῖται cφῷν ταχέωc δεῦρ' ἅτεροc;
ὁ γὰρ πατὴρ ἐc τὸν ἰπνὸν εἰcελήλυθεν
καὶ μυcοπολεῖ τι καταδεδυκώc. ἀλλ' ἄθρει
κατὰ τῆc πυέλου τὸ τρῆμ' ὅπωc μὴ 'κδύcεται·
Sosias ab.
cὺ δὲ τῇ θύρᾳ πρόcκειco.

144. Philokleon kommt zum Rauchfang heraus.

148. ΒΔ. δύου πάλιν.
Bdelykleon stöfst ihn wieder hinunter.

153. ΒΔ. κἀγὼ γὰρ ἐνταῦθ' ἔρχομαι.

168. Bdelykleon ist vom Dache heruntergestiegen und tritt durch die zweite, nicht verrammelte Thüre aus dem Haus. S. 655.

177. ΒΔ. ἀλλ' εἰcιών μοι τὸν ὄνον ἔξαγ' ἔνδοθεν.
Xanthias führt aus dem Hof den Esel, an welchem Philokleon hängt.

196. Philokleon wird ins Haus (ἐc τὴν οἰκίαν), der Esel in den Hof zurückgejagt.

198. ΒΔ. ἔνδον κέκραχθι τῆc θύραc κεκλημένηc.

230 ff. Chor zieht ein in Begleitung von Knaben, die Lampen tragen.

316. Philokleon steckt oben seinen Kopf heraus.

394. Philokleon beginnt sich am Seil herunterzulassen, vgl. 379 f.

398. ΒΔ. ἀνάβαιν' ἀνύcαc κατὰ τὴν ἑτέραν.

399. Xanthias ab ins Haus, erscheint in der Höhe?

402. Philokleon verschwindet.

Schol. 68. ... τὸ δὲ ἄνω δεικτικῶc φηcιν ἐπὶ ὑπερῴου. ὁρᾶται γὰρ ὁ Βδελυκλέων ἐπὶ ὑπερῴου καθήμενοc. — 164. ὀδὰξ τὸ δίκτυον: νῦν πάλιν διὰ τοῦ δικτύου φαίνεται ἄνω παρὰ τὴν καπνοδόχην. — 179. κάνθων, τί κλάειc: ὡc βαρουμένου τοῦ ὄνου. ἔφερε γὰρ τὸν γέροντα ὑποκρεμαcθέντα λάθρα, κατὰ μίμηcιν τοῦ 'Οδυccέωc. — 230. οἱ τοῦ χοροῦ δὲ ἀλλήλοιc ἐγκελευόμενοι τὴν πάροδον ποιοῦνται. — 248. ὦ πάτερ πάτερ: παρέπονται αὐτοῖc παῖδεc λύχνον φέροντεc, καὶ πιθανῶc, ἵνα ἡ ὀρχήcτρα πληρωθῇ. παῖc δέ τιc προηγούμενοc μετὰ λύχνου προεωρακὼc πηλόν. — 249. πρὸc τοὺc παῖδαc δέ φηcι, τοὺc προπέμποντας αὐτόν. — 266. γενόμενοι περὶ τὸν οἶκον τοῦ Φιλοκλέωνοc ὑπομιμνήcκονται αὐτοῦ, καὶ μὴ ἑωρακότεc αὐτὸν μεθ' ἑαυτῶν διαλέγονται περὶ αὐτοῦ. — 270. cτάντεc: πρὸ τῶν θυρῶν τοῦ Φιλοκλέωνοc cτάντεc οἱ τοῦ χοροῦ τὸ cτάcιμον ᾄδουcι μέλοc. — 290. ὕπαγε: εἰc τὴν οἰκίαν δηλονότι, ὡc καταcταθέντων αὐτῶν. — 398. ἀνά-βαιν' ἀνύcαc: τῷ οἰκέτῃ φηcί, διὰ τοῦ ἑτέρου μέρουc ἀνάβαινε. καὶ ταῖcι φυλλάcι: ... τοῦτο οὖν φηcι, παῖε αὐτὸν τοῖc κλάδοιc, ὅπωc ἂν ἀνακρούcη-ται τὴν πρύμναν, τουτέcτιν εἰc τοὐπίcω ἀναδράμῃ. — 415. ἀλλὰ μὴ κεκρά-

430.   Philokleon kommt aus dem Haus.
433 f.   ΒΔ. ὦ Μίδα καὶ Φρὺξ βοήθει δεῦρο καὶ Μασυντία,
         καὶ λάβεσθε τουτουί.
         Sklaven eilen aus dem Haus und halten den entfliehenden
         Philokleon fest.
522.   ΒΔ. ἀφετέ νυν ἅπαντες αὐτόν.
         Die Sklaven, die den Philokleon festgehalten, ab ins Haus.
529.   ΒΔ. ἐνεγκάτω μοι δεῦρο τὴν κίστην τις ὡς τάχιστα.
         Das Gewünschte wird gebracht.
         Nach 530 Xanthias ab ins Haus?
799.   ΒΔ. ἀνάμενέ νυν· ἐγὼ δὲ ταῦθ' ἥξω φέρων.
         Bdelykleon ab ins Haus.
806.   Bdelykleon kommt zurück.
832 f.   ΦΙ. ἀλλ' ἐγὼ δραμὼν
         αὐτὸς κομιοῦμαι τό γε παραυτίκ' ἔνδοθεν.
         Philokleon ab ins Haus.
835.   Xanthias aus dem Haus.
843.   ΒΔ. ἴθι νυν ἄγ' αὐτὼ δεῦρο.
         Xanthias ab ins Haus.
844.   Philokleon aus dem Haus.
848.   ΒΔ. φέρε νυν ἐνέγκω τὰς σανίδας καὶ τὰς γραφάς.
         Bdelykleon ab ins Haus.
851.   Bdelykleon kommt zurück.
860 f.   ΒΔ. ὡς τάχιστα πῦρ τις ἐξενεγκάτω
         καὶ μυρρίνας καὶ τὸν λιβανωτὸν ἔνδοθεν.
         Das Gewünschte wird gebracht.   .
         Etwa 891 Xanthias mit den Hunden aus dem Haus.
937 ff.   Die Zeugen (Küchengeräte) werden herausgebracht.
976.   Die jungen Hunde werden herausgebracht.
1008.   ΒΔ. ἀλλ' εἰσίωμεν.
         Philokleon, Bdelykleon, die Sklaven ab ins Haus.
1122.   Philokleon, Bdelykleon (Xanthias) kommen aus dem Haus.
1264.   ΒΔ. ἄγε νυν ἴωμεν.
         Philokleon, Bdelykleon und Xanthias gehen ab.
1292.   Xanthias kommt zurück. S. 716 Anm.
1324 f.   ΞΑ. ὁδὶ δὲ καὐτὸς σφαλλόμενος προσέρχεται.
         ἀλλ' ἐκποδὼν ἄπειμι. S. 718.
         Xanthias ab ins Haus.

γατε: ταῦτα, ἵνα ἀποδὺς ὀρχήσηται ὁ χορὸς καὶ ἀπέλθωσιν οἱ παῖδες. —
442. τούτω: δυϊκῶς τὸ τούτω, ἵν' ᾖ ἐπὶ τῶν οἰκετῶν. — 522. ἀφετε νῦν
ἅπαντες: πρὸς τοὺς σφῆκάς φησιν ὅτι ἄφετε αὐτόν. ἢ πρὸς τοὺς οἰκέτας
τοὺς κατέχοντας τὸν Φιλοκλέωνα. — 799. ταῦθ' ἥξω: τὰ πρὸς τὸ σχῆμα
τοῦ δικαστηρίου ἐπιτηδεύει. — 835. βάλλ' ἐς κόρακας: ἔξεισιν ὁ οἰκέτης
κυνὶ ἐγκαλῶν. — 844. ἔξεισιν ὁ ἕτερος τῶν οἰκετῶν ἀντὶ δρυφάκτων χοιρο-
κομεῖον ἔχων. — 1264. ἀπαλλάττονται. — 1292. ἰὼ χελῶναι: ὁ οἰκέτης
ἐξέρχεται τυπτηθεὶς ὑπὸ Φιλοκλέωνος. — 1826. ἄνεχε, πάρεχε: μετὰ λαμπά-

Philokleon mit einer Flötenspielerin tritt auf; hinter ihm wahrscheinlich Leute von der Gesellschaft, von denen einer 1332 ff. spricht, vgl. 1327 f. Sie ziehen sich etwa 1340 (οὐκ ἄπει cύ;) zurück.

1342. ΦΙ. ἀνάβαινε δεῦρο χρυcομηλολόνθιον. (S. 699 f. 721.)
1360. ὁδὶ δὲ καὐτόc· ἐπὶ cὲ κἄμ' ἔοικε θεῖν.
Bdelykleon tritt auf. S. 716 Anm. 718.
Nach 1380 Flötenbläserin ab?
1387. Brothändlerin mit einem Zeugen (Chairephon) tritt auf.
1414. . Brothändlerin mit Chairephon geht ab.
1415 f. ΒΔ. ὁδί τιc ἕτεροc, ὡc ἔοικεν, ἔρχεται
καλούμενόc cε· τόν γέ τοι κλητῆρ' ἔχει.
Ein anderer Kläger mit einem Zeugen tritt auf. S. 719.
1441. Kläger ab.
1443 f. ΒΔ. ἀλλ' ἀράμενοc ἔγωγε . . . . . .
εἴcω φέρω c' ἐντεῦθεν·
1449. Bdelykleon trägt den Philokleon ins Haus.
1474. Xanthias titt aus dem Haus.
1483 f. ΞΑ. τουτὶ καὶ δὴ χωρεῖ τὸ κακόν.
ΦΙ. κλῇθρα χαλάcθω τάδε.
Philokleon tritt heraus.
1489 ff. ΦΙ. εἴ τιc τραγῳδόc φηcιν ὀρχεῖcθαι καλῶc,
ἐμοὶ διορχηcόμενοc ἐνθάδ' εἰcίτω.
φηcίν τιc ἢ οὐδείc; ΞΑ. εἷc γ' ἐκεινοcὶ μόνοc.
Erster Karkinite tritt auf. S. 719.
1505. ΞΑ. ἕτεροc τραγῳδὸc Καρκινίτηc ἔρχεται.
Zweiter Karkinite tritt auf. S. 719.
1508. ΞΑ. προcέρχεται γὰρ ἕτεροc αὖ τῶν Καρκίνου.
Dritter Karkinite tritt auf. S. 719.
1514. ΦΙ. ἀτὰρ καταβατέον γ' ἐπ' αὐτούc μοι. S. 699. 721.
1516. ΧΟ. φέρε νυν ἡμεῖc αὐτοῖc ὀλίγον ξυγχωρήcωμεν ἅπαντεc.
1531. καὐτὸc γὰρ ὁ ποντομέδων ἄναξ πατὴρ προcέρπει.
Karkinos tritt auf. S. 718.
1535 f. ἀλλ' ἐξάγετ', εἴ τι φιλεῖτ' ὀρχούμενοι, θύραζε
ἡμᾶc ταχύ.
1537. Philokleon, Karkinos, Karkiniten, Chor tanzend ab. S. 690. 691.

δων ἔρχεται καὶ μετὰ αὐλητρίδοc. — 1328. ἐπακολουθούντων ἐμοί: ἠκολούθουν γὰρ αὐτῷ τινεc τῶν τυφθέντων ὑπ' αὐτοῦ. — 1342. ἀνάβαινε δεῦρο: ἑταίρα τιc ἠκολούθει αὐτῷ. — χρυcομηλολόνθιον: ἐπί τινοc μετεώρου ὁ γέρων ἐφεcτὼc προcκαλεῖται προcκορίζόμενοc τὴν ἑταίραν. — 1417. ὤμοι κακοδαίμων: παραγίνεταί τιc ἀνὴρ Εὐριπίδηc ὠνομαcμένοc, κατηγορῶν τοῦ Φιλοκλέωνοc..., καὶ κατήγορον ἐπαγόμενοc. — 1446. Αἴcωπον οἱ Δελφοί: ὁ μὲν Βδελυκλέων ἀράμενοc τὸν πατέρα αὐτοῦ Φιλοκλέωνα, εἴcω κομίζει. — 1482. τίc ἐπαυλείοιcιν: ὀρχούμενοc ὁ γέρων παρατραγικεύεται. — 1535. ἐξάγετ', εἴ τι φιλεῖτε: ἐξάγετε, φηcίν, ἑαυτοὺc ἔξω. — εὐχερῶc δέ, ὡc ἐν τέλει, τὴν ἔξοδον τῶν προcώπων βούλεται ποιῆcαι. — 1536. οὐδείc πω πάροc: εἰcέρχεται γὰρ ὁ χορὸc ὀρχούμενοc, οὐδαμῶc δὲ ἐξέρχεται.

Aristoph. Pax (421).

Szenerie: Haus mit Hofraum.

Zwei Diener sind beschäftigt, den κάνθαροc zu füttern.

49.   OIK. α'. ἀλλ' εἰcιὼν τῷ κανθάρῳ δώcω πιεῖν.
      Erster Diener ab in den Hofraum.

80 f. OIK. ὁ δεcπότηc γάρ μου μετέωροc αἴρεται
      ἱππηδὸν ἐc τὸν ἀέρ' ἐπὶ τοῦ κανθάρου.
      Trygaios wird auf dem Käfer sitzend in der Höhe sichtbar.
      S. 668.

114. Kinder des Trygaios eilen aus dem Haus.
      Nach 149 Kinder des Trygaios und Diener ab ins Haus.

174. ΤΡ. ὦ μηχανοποιὲ πρόcεχε τὸν νοῦν ὡc ἐμέ. (S. 668.)

177 ff. ἀτὰρ ἐγγὺc εἶναι τῶν θεῶν ἐμοὶ δοκῶ,
      καὶ δὴ καθορῶ τὴν οἰκίαν τὴν τοῦ Διόc.
      τίc ἐν Διὸc θύραιcιν; οὐκ ἀνοίξετε;
      Hermes tritt heraus.

      (Szenerie: Götterwohnung; eine Höhle, vgl. 223 ff. S. 672.)

232 f. ΕΡ. ἀλλ' εἶμι· καὶ γὰρ ἐξιέναι γνώμην ἐμὴν
      μέλλει· θορυβεῖ γοῦν ἔνδοθεν.
      Hermes ab in die Götterwohnung.

234. ΤΡ. φέρ' αὐτὸν ἀποδρῶ.
      Trygaios zieht sich seitwärts zurück.

236. Polemos tritt heraus.

255. Kydoimos tritt heraus.

261. ΠΟ. οὔκουν παρ' Ἀθηναίων μεταθρέξει ταχὺ πάνυ;

262. Kydoimos geht seitwärts ab.

268. Kydoimos kehrt zurück.

274 f. ΠΟ. οὔκουν ἕτερον δῆτ' ἐκ Λακεδαίμονοc μέτει
      ἀνύcαc τι; ΚΥ. ταῦτ' ὦ δέcποθ'. ΠΟ. ἡκέ νυν ταχύ.
      Kydoimos geht seitwärts ab.

280. Kydoimos kehrt zurück.

Hypoth. I. Τρυγαῖοc... ὀχούμενοc ἐπὶ κανθάρου... εἰc τὸν οὐρανὸν
ἀναφέρεται. γενόμενοc δὲ κατὰ τὴν τοῦ Διὸc οἰκίαν ἐντυγχάνει τῷ Ἑρμῇ
.... τὰ λοιπὰ τοῦ δράματοc ἐπὶ τῆc γῆc ἤδη περαίνεται .... τὸ δὲ δρᾶμα
τῶν ἄγαν ἐπιτετευγμένων. — Hypoth. II. ... ἡ δὲ cκηνὴ τοῦ δράματοc
ἐκ μέρουc μὲν ἐπὶ τῆc γῆc, ἐκ μέρουc δὲ ἐπὶ τοῦ οὐρανοῦ. — Schol. 80.
μετέωροc δὲ αἴρεται ἐπὶ μηχανῆc. τοῦτο δὲ καλεῖται ἐώρημα. ἐν αὐτῇ δὲ
κατῆγον τοὺc θεοὺc καὶ τοὺc ἐν ἀέρι λαλοῦνταc. — 82. ἠρέμα κάνθων:
... ὁ Τρυγαῖόc ἐcτιν ἔνδοθεν ταῦτα λέγων καὶ παρακελευόμενοc, ἐπιβεβη-
κὼc ἤδη τῷ κανθάρῳ καὶ μετέωροc ἀρθείc. — 180. πόθεν βροτοῦ με: ...
ὁ δὲ Ἑρμῆc ἐcτιν ὁ ταῦτα λέγων, ἤδη Τρυγαίου προcπεπελακότοc τῷ
οὐρανῷ. — 234. φέρ' αὐτὸν ἀποδρῶ: νοεῖν δεῖ τὸν Τρυγαῖον ἀποβε-
βηκότα τοῦ κανθάρου ἐπὶ τῆc cκηνῆc ταῦτα λέγειν. — ἔcτι δὲ τι καὶ ἄντρον ἐπὶ τῆc cκηνῆc — 286. ἰὼ βροτοί: κορωνὶc ἑτέρα ἑτέρων εἰcιόντων
ὑποκριτῶν .... ὁ Πόλεμοc ἐξέρχεται θέλων τρῖψαι μυττωτόν. — 275. ἀνύ-

288. ΠΟ. ἐγὼ δὲ δοίδυκ' εἰcιὼν ποιήcομαι.
Polemos und Kydoimos gehen hinein.
Trygaios kommt wieder hervor.

298. ΤΡ. δεῦρ ἴτ' ὦ πάντεc λεώ.

301. Chor zieht ein (δεῦρο πᾶc χώρει).

362. Hermes tritt aus der Götterwohnung.

426 f. ΕΡ. ἀλλὰ ταῖc ἅμαιc
εἰcιόντεc ὡc τάχιcτα τοὺc λίθουc ἀφέλκετε. (S. 686.)

516. ΧΟ. ἤδη 'cτὶ τοῦτ' ἐκεῖνο.
Eirene, Opora und Theoria kommen zum Vorschein.

550 f. ΕΡ. ἴθι νυν ἄνειπε τοὺc γεωργοὺc ἀπιέναι.
ΤΡ. ἀκούετε λεώ· τοὺc γεωργοὺc ἀπιέναι.

555. ἀλλὰ πᾶc χώρει πρὸc ἔργον εἰc ἀγρὸν παιωνίcαc.

564. ΕΡ. ὦ Πόcειδον ὡc καλὸν τὸ cτῖφοc αὐτῶν φαίνεται
(S. 686).

713 f. ΕΡ. ἀλλ' ὡc τάχιcτα τήνδε τὴν Θεωρίαν
ἀπάγαγε τῇ βουλῇ λαβὼν ἧcπέρ ποτ' ἦν.

725 ff. ΤΡ. πῶc δῆτ' ἐγὼ καταβήcομαι; ΕΡ. θάρρει, καλῶc·
τῃδὶ παρ' αὐτὴν τὴν θεόν. ΤΡ. δεῦρ' ὦ κόρα
ἔπεcθον ἅμ' ἐμοὶ θᾶττον.
Trygaios mit den Mädchen steigt hinab, Hermes geht hinein.
Eirene verschwindet?

819. Trygaios mit Opora und Theoria tritt auf der Bühne, vor
seinem Hause auf.

823. Diener aus dem Haus des Trygaios.

842. ΤΡ. ἀλλ' εἴcαγ' ὡc τάχιcτα ταυτηνὶ λαβών.

855. Diener mit Opora ab ins Haus, vgl. 851.

868. Diener kommt zurück.

937 f. ΤΡ. ἴθι νυν ἄγ' ὡc τάχιcτα τὸ πρόβατον λαβών.
ἐγὼ δὲ ποριῶ βωμὸν ἐφ' ὅτου θύcομεν.
Diener und Trygaios ab ins Haus.

---

cαc τι: ἀπελθὼν ὁ Κυδοιμὸc ἐπανῆλθε. — 301. ... κορωνὶc τοῦ χοροῦ
εἰcελθόντοc. — 517. ὦ εἶα ὦ εἶα: ἀνηνέχθη ἡ Εἰρήνη. — 523. χαῖρ' ὀπώρα:
ὡc καὶ τούτων cὺν τῇ Εἰρήνῃ ἀνελθουcῶν. — 564. ὦ Πόcειδον: ὁ Ἑρμῆc
ὁρῶν τοὺc ἀγροίκουc εἰc ἀγρὸν ἐξιόντας φηcὶ τὸ ὦ Πόcειδον. — 726. παρὰ
τὴν θεόν: τινὲc οὗ παρὰ τὴν Εἰρήνην, λέγουcι γὰρ ἐν τῷ οὐρανῷ μεῖναι
καὶ ἐκεῖθεν ἐνεργεῖν, ὥcπερ καὶ τὸν Πόλεμον· οὐδαμοῦ γὰρ αὐτῆc μέμνηται·
ἐν τοῖc ἑξῆc ὡc κατελθούcηc: παρὰ τὴν θεὸν οὖν τὴν Ἀθηνᾶν. ἄγαλμα γὰρ
ἦν ἐν τῷ θεάτρῳ τῆc Ἀθηνᾶc. — 727. ἔπεcθον ἅμ' ἐμοί: κατέλυcε τοῦ οὐρανοῦ
τὴν ὑπόκρισιν. κάτεισι γὰρ ἐπὶ τὴν ὀρχήcτραν κλίμακι. ἐχόμενος δὲ τῆc Εἰρήνηc καταβαίνει ὁ πρεcβύτηc ἐπὶ τὴν ὀρχήcτραν. ἴcωc δὲ καὶ ὁ χορὸc ἀνῆλθεν
εἰc τὴν ἀναγωγὴν τῆc Εἰρήνηc. — 819. ὡc χαλεπόν: κορωνίc, προῖαcι γὰρ
οἱ ὑποκριταί. ... ὁ Τρυγαῖόc ἐcτι κατελθὼν ἐκ τοῦ οὐρανοῦ καὶ λοιπὸν τῇ
οἰκίᾳ πληcιάcαc. — 842. ταυτηνὶ λαβών: ἐλέγετο ὅτι δύο πόρναc εἶχε τῇ
Εἰρήνῃ cυναφθείcαc, τήν τε Ὀπώραν καὶ τὴν Θεωρίαν ... τούτων οὖν τὴν
μὲν Ὀπώραν τοῖc οἰκέταιc ὁ Τρυγαῖοc δίδωcιν ἀπαγαγεῖν εἰc τὴν οἰκίαν
... ἴcωc δὲ ἡ Εἰρήνη ἐν τῷ οὐρανῷ ἔμεινεν· οὐδαμοῦ γὰρ ποιεῖται αὐτῆc
μνήμην ὡc κατελθούcηc. — 868. ἡ παῖc λέλουται: κορωνὶc ἑτέρα εἰcιόντων

942.   Trygaios tritt aus dem Haus.
956.   Diener tritt aus dem Haus.
1020 f. ΤΡ. ἀλλ᾽ εἴcω φέρων
       θύcαc τὰ μηρί᾽ ἐξελὼν δεῦρ᾽ ἔκφερε.
1022. Diener ab ins Haus.
1034. ΤΡ. καὶ τὴν τράπεζαν οἴcομαι.
       Trygaios ab ins Haus, kommt gleich wieder.
1039. Diener tritt aus dem Haus.
1040. ΟΙΚ. ἐγὼ δ᾽ ἐπὶ cπλάγχν᾽ εἶμι.
       Diener ab ins Haus.
1042. ΟΙΚ. ἰδοὺ πάρειμι.
       Diener kommt zurück.
1043 f. ΤΡ.   καὶ γὰρ οὑτοcὶ
       προcέρχεται δάφνη τιc ἐcτεφανωμένοc.
       Hierokles tritt auf. S. 711. 714. 719.
1126. Hierokles nach der Seite ab.
1126. Trygaios und Diener ins Haus.
1191. Trygaios und Diener treten aus dem Haus.
1196. Diener ins Haus ab.
1197. Sensenschmied und Töpfer treten von der Seite auf.
1207 ff. ΤΡ. Ἴθι νυν καταθέμενοι παρ᾽ ἐμοὶ ταῦτ᾽ εἴcιτε
       . . . . καὶ γὰρ οὑτοcὶ
       ὅπλων κάπηλοc ἀχθόμενοc προcέρχεται.
       Sensenschmied und Töpfer ab ins Haus.
       Waffenhändler tritt auf mit einem Lanzenmacher und einem
           Helmschmied. S. 719.
1264. Dieselben ab (χωρῶμεν ὦ τᾶν ἐκποδών).
1265. ΤΡ. νὴ τὸν Δί᾽, ὡc τὰ παιδί᾽ ἤδη ᾽ξέρχεται.
       Knaben der Gäste, speziell des Lamachos und des Kleo-
           nymos, aus dem Haus.
1294. ΤΡ. ἄπερρε καὶ τοῖc λογχοφόροιcιν ᾆδ᾽ ἰών.
       Knabe des Lamachos seitwärts ab.
1302. ΤΡ. ἀλλ᾽ εἰcίωμεν.
1315. Trygaios mit den Knaben ab ins Haus.
1329. Die Opora wird mit Fackeln aus dem Hause geleitet (vgl.
           1316 f.). Trygaios, Diener, Gäste.
1329. ΤΡ. δεῦρ᾽ ὦ γύναι εἰc ἀγρόν.
1339 ff. ΧΟ.   ἀλλ᾽ ἀράμενοι φέρω-
       μεν οἱ προτεταγμένοι
       τὸν νυμφίον ὤνδρεc.

τῶν ὑποκριτῶν. — 1039. ταυτὶ δέδραται: κορωνὶc εἰcιόντων ἑτέρων ὑποκριτῶν. — 1127. ... κορωνίc. εἰcελθόντων τῶν ὑποκριτῶν ὁ χορὸc μόνοc
καταλιπεὶc .... — 1191. ἰοὺ ἰού: κορωνὶc εἰcιόντων τῶν ὑποκριτῶν. —
1316. κορωνίc. εἰcίαcι γὰρ οἱ ὑποκριταί.

1357 f. ΤΡ. κἂν ξυνέπηςθέ μοι
πλακοῦντας ἔδεςθε.
Alle ziehen gemeinsam nach der Seite ab. S. 690. 691.

Aristoph. Nub.

Szenerie: Haus des Strepsiades und Phrontisterion des Sokrates.

Strepsiades, Pheidippides und ein Diener schlafen vor dem
Hause.

v. 18 f. ΣΤΡ.   ἅπτε παῖ λύχνον
κἄκφερε τὸ γραμματεῖον.
Der Diener holt das Gewünschte aus dem Haus.
125.   ΦΕΙ. ἀλλ' εἴcειμι.
Pheidippides ab ins Haus.
131 f. ΣΤΡ. ἰτητέον. τί ταῦτ' ἔχων cτραγγεύομαι,
ἀλλ' οὐχὶ κόπτω τὴν θύραν; παῖ παίδιον.
Ein Schüler erscheint an der Thüre des Phrontisterions.
181 ff. ΣΤΡ. ἄνοιγ' ἄνοιγ' ἀνύcαc τὸ φροντιcτήριον,
. . . .
. . . . ἀλλ' ἄνοιγε τὴν θύραν.
Das Innere des Phrontisterions wird sichtbar mit den Schülern und dem Sokrates im Hängekorb. S. 662.
(Schüler treten heraus.
195 f. ΜΑ. ἀλλ' εἴcιθ', ἵνα μὴ 'κεῖνος ὑμῖν ἐπιτύχῃ.
ΣΤΡ. μήπω γε μήπω γ'· ἀλλ' ἐπιμεινάντων.
198 f. ΜΑ. ἀλλ' οὐχ οἷόν τ' αὐτοῖcι πρὸς τὸν ἀέρα
ἔξω διατρίβειν πολὺν ἄγαν ἐcτὶν χρόνον.)[1]

---

1) Hier scheint ein inkongruenter Rest aus der ersten Bearbeitung
des Stückes stehen geblieben zu sein, in welcher wohl die ganze Szene
vor dem Phrontisterion spielte. Vgl. Kock, Einleitung zur Kommentarausgabe S. 37.

Hypoth. Nub. III. . . . μαθητὴν τοῦ Cωκράτους ἐκκαλέcαc τινὰ διαλέγε-
ται· ἐκκυκληθείcης δὲ τῆς διατριβῆς οἵ τε μαθηταὶ κύκλῳ καθήμενοι πιναροὶ
cυνορῶνται καὶ αὐτὸς ὁ Cωκράτης ἐπὶ κρεμάθρας αἰωρούμενος .... εἰcέρ-
χονται Νεφέλαι ἐν cχήματι χοροῦ ... Fast ebenso in Hypoth. X. — Schol. 18.
ἅπτε παῖ λύχνον: ταῦτα πάντα παρεγκυκλήματά εἰcι καὶ παρεπιγραφαί. δεῖ
γὰρ τὸν οἰκέτην τὸ προcταχθὲν ποιῆcαι, καὶ ἅψαι τὸν λύχνον, καὶ δοῦναι
τὸ βιβλίον .... — 132. ἀλλ' οὐχὶ κόπτω τὴν θύραν: ... τοῦτο δὲ παρεγκύκλημα. δεῖ γὰρ αὐτὸν ἐλθεῖν καὶ κόψαι τὴν θύραν τοῦ Cωκράτους. —
184. ὦ 'Ηράκλεις: πεποίηκε τὸ προcταχθὲν ὁ φιλόcοφος καὶ ἀνέῳξε τὰς
θύρας. ὁ δὲ εἰcελθὼν καὶ θεαcάμενος αὐτοὺς ὠχροὺς καθημένους τεθαύ-
μακεν ... ὁρᾷ δὲ ὡς φιλοcόφους κομῶντας, cτραφέντος τοῦ ἐγκυκλήματος
(S. 663). — 187. ... εἰcελθὼν δὲ ἐπὶ cυννοίᾳ κατέλαβε τοὺς περὶ Cωκράτην
καθημένους ... εἰcελθὼν γὰρ εὗρε περὶ τὸν Cωκράτην κάτω νεύοντας ἐπὶ
cυννοίας. — 195. ἀλλ' εἴcιθ', ἵνα μὴ 'κεῖνος: κατὰ τὸ cιωπώμενον, ἄλλων
ἐξεληλυθότων ἐκ τοῦ φροντιcτηρίου. — 200. πρὸς τῶν θεῶν, τί ταῦτα:
εἰcελθὼν ὁ πρεcβύτης ὁρᾷ τὰ τῶν φιλοcόφων cκεύη. —

218.   ΣΤΡ. φέρε τίς γὰρ οὗτος οὑπὶ τῆς κρεμάθρας ἀνής;
237.   ΣΤΡ. ἴθι νυν κατάβηθ᾽ ὦ Σωκρατίδιον ὡς ἐμέ.
        Nach 237 steigt Sokrates von der κρεμάθρα herab und tritt
        zu Strepsiades.
326 ff. ΣΤΡ. ὡς οὐ καθορῶ. ΣΩ. παρὰ τὴν εἴσοδον. ΣΤΡ. ἤδη
                                       νυνὶ μόλις οὕτως.
        ΣΩ. νῦν γέ τοι ἤδη καθορᾷς αὐτάς, εἰ μὴ λημᾷς κολο-
                                    κύνταις.
        ΣΤΡ. νὴ Δί᾽ ἔγωγ᾽. ὦ πολυτίμητοι. πάντα γὰρ ἤδη κατ-
                                      ἔχουσιν.
        Der Chor zieht ein.
505 ff. ΣΩ.   ἀλλ᾽ ἀκολουθήσεις ἐμοὶ
        ἀνύσας τι δευρὶ θᾶττον;
        ΣΤΡ.   ὡς δέδοικ᾽ ἐγὼ
        εἴσω καταβαίνων ὥσπερ ἐς Τροφωνίου.
        ΣΩ. χώρει· τί κυπτάζεις ἔχων περὶ τὴν θύραν;
        ΧΟ. ἀλλ᾽ ἴθι χαίρων.
        Sokrates und Strepsiades gehen in das Phrontisterion, dessen
            Inneres jetzt nicht mehr sichtbar war, ab.
627.   Sokrates tritt aus dem Phrontisterion.
632 f. ΣΩ. αὐτὸν καλῶ θύραζε δευρὶ πρὸς τὸ φῶς.
        ποῦ Στρεψιάδης; ἔξει τὸν ἀσκάντην λαβών.
        Strepsiades mit dem ἀσκάντης aus dem Phrontisterion.
698.   Sokrates ab in das Phrontisterion?
723.   Sokrates kommt zurück?
801 ff. ΣΤΡ. ἀτὰρ μέτειμί γ᾽ αὐτόν· ἢν δὲ μὴ θέλῃ,
        οὐκ ἔσθ᾽ ὅπως οὐκ ἐξελῶ ᾽κ τῆς οἰκίας.
        ἀλλ᾽ ἐπανάμεινόν μ᾽ ὀλίγον εἰσελθὼν χρόνον.
        Strepsiades ab in sein Haus.
813.   Sokrates ab in das Phrontisterion.
814.   Strepsiades mit Pheidippides tritt aus seinem Hause.
843.   ΣΤΡ. ἀλλ᾽ ἐπανάμεινόν μ᾽ ὀλίγον ἐνταυθὶ χρόνον.
        Strepsiades ab ins Haus, kommt
847.   zurück mit dem Hahn und der Henne.
866 f. ΣΤΡ.   δεῦρο δεῦρ᾽ ὦ Σώκρατες,
        ἔξελθ᾽· ἄγω γάρ σοι τὸν υἱὸν τουτονί.
        Sokrates tritt aus dem Phrontisterion.
886 f. ΣΩ. αὐτὸς μαθήσεται παρ᾽ αὐτοῖν τοῖν λόγοιν.
        ἐγὼ δ᾽ ἄπειμι.
        Sokrates ab in das Phrontisterion.

---

     218. φέρε τίς γὰρ οὗτος οὑπὶ τῆς κρεμάθρας: ... παρεγκύκλημα.
(S. 663.) δεῖ γὰρ κρεμᾶσθαι τὸν Σωκράτην ἐπὶ κρεμάθρας καθήμενον
καὶ τοῦτον εἰσελθόντα.... οὕτω πυθέσθαι. — 510. ἀλλ᾽ ἴθι χαίρων: τοῦτο
διὰ τὸ εἰσάγεσθαι τὸν χορὸν ἐξιόντων τῶν ὑποκριτῶν ὀνομάζεται κορωνίς. —
627. μὰ τὴν ἀναπνοὴν: ὑποχωρήσαντος τοῦ χοροῦ εἰσίασιν αὖθις οἱ ὑποκριταί. —

(888.   Strepsiades ab in sein Haus?)[1])

889.   Der δίκαιος und der ἄδικος λόγος werden als Kampfbähne
        auf die Bühne gebracht.

1103 ff. ΔΙ. ἡττήμεθ᾽· ὦ βινούμενοι
        πρὸς τῶν θεῶν δέξασθέ μου
        θοἰμάτιον, ὡς
        ἐξαυτομολῶ πρὸς ὑμᾶς.
        Der δίκαιος λόγος ab in den Zuschauerraum (?), der ἄδικος
        in das Phrontisterion.

1105.   Sokrates tritt aus dem Phrontisterion, (Strepsiades aus
        seinem Hause?).[1])

1112.   Sokrates mit Pheidippides in das Phrontisterion, Strepsiades
        in sein Haus ab, vgl. 1113 χωρεῖτέ νυν.

1131.   Strepsiades tritt aus seinem Hause. ·

1145.   Sokrates tritt auf das Klopfen des Strepsiades aus dem
        Phrontisterion.

1164 f. ΣΤΡ. ὃν κάλεσον τρέχων ἔνδοθεν ὡς ἐμέ.
        ΣΩ. ὦ τέκνον ὦ παῖ ἔξελθ᾽ οἴκων,

1167.   ὅδ᾽ ἐκεῖνος ἀνήρ.
        Pheidippides tritt aus dem Phrontisterion.

1169.   Sokrates ins Phrontisterion zurück.

1212.   ΣΤΡ. ἀλλ᾽ εἰσάγων σε βούλομαι πρῶτον ἑστιᾶσαι.
        Strepsiades mit Pheidippides ab ins Haus (vgl. 1169).

1214.   Pasias mit einem Ladungszeugen tritt von der Seite auf.

1221.   Strepsiades tritt aus dem Hause.

1245.   Strepsiades ab ins Haus, kommt

1247.   zurück mit dem Backtrog.

1253 f. ΣΤΡ. οὔκουν ἀνύσας τι θᾶττον ἀπολιταργιεῖς
        ἀπὸ τῆς θύρας; ΠΑ. ἄπειμι.

1258.   Pasias mit dem Zeugen nach der Seite ab.

1259.   Amynias tritt von der Seite auf.

1296 ff. ΣΤΡ. οὐκ ἀποδιώξει σαυτὸν ἀπὸ τῆς οἰκίας;
        φέρε μοι τὸ κέντρον.
        Ein Sklave bringt ihm den Stachel heraus.
        ὕπαγε. τί μέλλεις; οὐκ ἐλᾷς ὦ σαμφόρα; κτλ.

1) Auch hier herrscht Verwirrung infolge des Ineinandergreifens
der beiden Bearbeitungen.

889. χώρει δευρί. δεῖξον σαυτὸν· διπλῆ καὶ κορωνὶς ἀποχωρησάντων
τῶν ὑποκριτῶν.... ὑπόκεινται ἐπὶ τῆς σκηνῆς ἐν πλεκτοῖς οἰκίσκοις οἱ λόγοι
δίκην ὀρνίθων μαχόμενοι. — 1131. πέμπτη: κορωνὶς εἰσιόντων τῶν ὑποκριτῶν... ἐξέρχεται δὲ ὁ Στρεψιάδης... — 1246. ἀποδώσειν σοι: τινὲς τοῦτο
τοῦ κλητῆρος εἶναι λέγουσιν. ἢ εἰσελθόντος τοῦ Στρεψιάδου ὁ δανειστὴς
φησι πρὸς τὸν μάρτυρα. — τῷ μάρτυρι φησιν ὁ δανειστὴς εἰσελθόντος τοῦ
Στρεψιάδου. — ὁ μάρτυς φησὶ τῷ Πασίᾳ εἰσελθόντος τοῦ Στρεψιάδου...
εἰσέρχεται δὲ ἐκβάλλειν κάρδοπον. — 1248. τουτὶ τί ἐστιν: εἰσελθὼν ὁ
Στρεψιάδης προῆλθε πάλιν τῆς οἰκίας, σκαφίδιον ἢ μαγίδιον ἐξαγαγών. —

1302. Strepsiades jagt den Amynias hinaus und geht dann ins Haus ab.
1321. Strepsiades stürzt aus dem Haus, von Pheidippides verfolgt.
1475. Pheidippides ab ins Haus.
1485 ff. CTP.   δεῦρο δεῦρ' ὦ Ξανθία,
κλίμακα λαβὼν ἔξελθε καὶ cμινύην φέρων,
κἄπειτ' ἐπαναβὰc ἐπὶ τὸ φροντιcτήριον
τὸ τέγοc κατάcκαπτ'
Xanthias eilt aus dem Haus, steigt auf das Phrontisterion und demoliert es.
1490. ἐμοὶ δὲ δᾷδ' ἐνεγκάτω τιc ἡμμένην.
Es wird ihm eine Fackel gebracht, mit der er das Phrontisterion in Brand steckt.
1493. 1497. 1499. Schüler des Sokrates stürzen heraus.
1505? Sokrates und Chairephon stürzen heraus und werden von Strepsiades verfolgt, vgl. 1508.
1510. ΧΟ. ἡγεῖcθ' ἔξω.
Chor zieht ab.

Soph. Trach. (419?).

Szenerie: Palast.

v. 1. Deianeira und Dienerin treten aus dem Palast.
58. ΘΕ. ἐγγὺc δ' ὅδ' αὐτὸc ἀρτίπουc θρῴcκει δόμουc. (S. 714 Anm.)
61. Hyllos tritt von der (rechten) Seite auf.
93. Hyllos geht nach der (linken) Seite ab, vgl. 86 ἀλλ' εἶμι, 92 χώρει νυν.
94. Chor zieht (von rechts) ein.
178 f. ΧΟ. εὐφημίαν νῦν ἴcχ'· ἐπεὶ καταcτεφῆ cτείχονθ' ὁρῶ τιν' ἄνδρα πρὸc χαρὰν λόγων.
Bote tritt von der (linken) Seite auf. S. 716.
222 ff. ΧΟ. ἴδ', ὦ φίλα γυναικῶν,
τάδ' ἀντίπρῳρα δή coι
βλέπειν πάρεcτ' ἐναργῆ.
Lichas mit den gefangenen Frauen tritt von der (linken) Seite auf. S. 693. 718.
332 f. ΔΗ.   πρὸc δὲ δώματα
χωρῶμεν ἤδη πάντεc.
334. Lichas mit den gefangenen Frauen ab in den Palast. Deianeira wird von dem Boten zurückgehalten.

1303. κορωνὶc καὶ εἴcθεcιc μέλουc ἐξιόντων ὑποκριτῶν. ... ἰcτέον δὲ ὅτι ἐκεῖνοι διαλεχθέντεc ἀπελήλύθαcιν. — 1321. ἰοὺ ἰού: κορωνὶc ἑτέρα εἰcιόντων αὖθιc τῶν ὑποκριτῶν.... cχετλιάζων ἔξειcιν ὁ πρεcβύτηc... — 1508. ὡc τῶν φιλοcόφων φευγόντων· διὰ τὸ πῦρ.
Schol. Trach. 228. ...ὑποδεικνύουcι δὲ τὸν Λίχαν ἐρχόμενον. —

391 f. ΔΗ. ὅδ' ἀνὴρ οὐκ ἐμῶν ὑπ' ἀγγέλων,
ἀλλ' αὐτόκλητος ἐκ δόμων πορεύεται.
Lichas tritt aus dem Palast.

492 f. ΔΗ. ἀλλ' εἴcω cτέγηc
χωρῶμεν.

496. Deianeira und Lichas in den Palast, Bote nach der Seite ab.

531. Deianeira tritt aus dem Palast, vgl. 533 θυραῖοc ἦλθον.

594 f. ΔΗ. τόνδε γὰρ βλέπω
θυραῖον ἤδη·
Lichas tritt aus dem Palast. S. 715.

632. Lichas nach der linken Seite ab, vgl. 624.
Deianeia geht in den Palast.

663. Deianeira tritt aus dem Palast.

731 ff. ΧΟ. cιγᾶν ἂν ἁρμόζοι cε τὸν πλείω λόγον,
. εἰ μή τι λέξειc παιδὶ τῷ cαυτῆc· ἐπεὶ
πάρεcτι,
Hyllos tritt von der (linken) Seite auf. S. 717.

812. ˙ Deianeira ab in den Palast, vgl. 813 τί cῖγ' ἀφέρπειc;
815 ἐᾶτ' ἀφέρπειν.

820. Hyllos ab in den Palast, vgl. 901 f.

869 f. ΗΜ. τήνδ' ὡc ἀηδὴc καὶ cυνωφρυωμένη
χωρεῖ πρὸc ἡμᾶc γραῖα cημανοῦcά τι.
Amme tritt aus dem Palast.

946. Amme ab in den Palast.

964 ff. ΧΟ. ξένων γὰρ ἐξόμιλοc ἤδε τιc βάcιc.
πᾷ δ' αὖ φορεῖ νιν; κτλ.
Herakles wird auf einer Bahre hereingetragen. S. 708.
714 Anm.

971. Hyllos stürzt aus dem Palast.

1255. ΗΡ. ἄγ' ἐγκονεῖτ', αἵρεcθε·

1264. ΥΛ. αἵρετ', ὀπαδοί.

1275. ΥΛ.? λείπου μηδὲ cύ, παρθέν', [ἀπ'] οἴκων.

1278. Herakles wird, von Hyllos und dem Chor geleitet, nach
der rechten Seite hinausgetragen. S. 690.

---

335. αὐτοῦ γε πρῶτον: ὁ προευαγγελιcάμενοc κατέχει αὐτήν. — 531.
ἦμοc, φίλαι, κατ' οἶκον: Δηιάνειρα πρὸc τὸν χορὸν ἐξελθοῦcα διαλέγεται. —
963. ... ὁ χορὸc αἰcθάνεται τοῦ Ἡρακλέουc πληcίον φερομένου καὶ πλῆθοc
θρηνούντων ἐπακολουθούντων αὐτῷ. — 971. Ὕλλοc ἀπαντήcαc τῷ πατρὶ
θρηνεῖ. — 1275. λείπου μηδὲ cύ, παρθέν: ἔοικεν Ὕλλοc ἀποcτραφεὶc ταῖc
ἀπὸ τοῦ χοροῦ λέγειν [τοῦ] μὴ ἀπολιμπάνεcθαι τῶν οἴκων ἕωc ἂν ἐπαν-
έλθωcιν ἀπὸ τῆc πυρᾶc· τινὲc δὲ γράφουcιν ἐπ' οἴκων τουτέcτι μηδὲ ὑμεῖc
περιλείπεcθε ἐνταῦθα ἀλλ' ἀκολουθήcατε.

Soph. Oed. Col.

Szenerie: Heiliger Hain.

v. 1.   Ödipus und Antigone treten von der (linken) Seite auf
         (ἀφίγμεθα 2).
29 ff.   AN.   πέλας γὰρ ἄνδρα τόνδε νῷν ὁρῶ.
         ΟΙ. ἢ δεῦρο προσστείχοντα κἀξορμώμενον;
         ΑΝ. καὶ δὴ μὲν οὖν παρόντα. (S. 714 Anm.)
         Ein Wanderer ist von rechts her aufgetreten.
80.   Der Wanderer entfernt sich wieder nach der rechten Seite,
         vgl. 81 f. βέβηκεν ἡμῖν ὁ ξένος; | βέβηκεν.
111 ff. AN. σίγα· πορεύονται γὰρ οἵδε δή τινες
         χρόνῳ παλαιοί, σῆς ἕδρας ἐπίσκοποι.
         ΟΙ.   καὶ σύ μ' ἐξ ὁδοῦ πόδα
         κρύψον κατ' ἄλσος.
116.   Antigone mit Ödipus nach rückwärts hinter die Dekoration
         ab. S. 652.
         Chor zieht (von rechts) ein.
138.   Ödipus und Antigone treten wieder aus dem Gebüsch·
         S. 652.
         ΟΙ. ὅδ' ἐκεῖνος ἐγώ.
311 ff.   AN. γυναῖχ' ὁρῶ
         στείχουσαν ἡμῶν ἆσσον, Αἰτναίας ἐπὶ
         πώλου βεβῶσαν κτλ.
320.   σαίνει με προσστείχουσα.
322 f.   AN. παῖδα σήν, ἐμὴν δ' ὁρᾶν
         ὅμαιμον· αὐδῇ δ' αὐτίκ' ἔξεστιν μαθεῖν.
         Ismene, zunächst auf einem „ätnäischen Maultier" reitend?,
         ist von der Seite der Fremde her angekommen. S. 708.
         712. 714. 719.
503 ff. ΙΣ. ἀλλ' εἶμ' ἐγὼ τελοῦσα· τὸν τόπον δ' ἵνα
         χρῇσταί μ' ἐφευρεῖν, τοῦτο βούλομαι μαθεῖν.
         ΧΟ. τοὐκεῖθεν ἄλσους, ὦ ξένη, τοῦδ'.
507.   ΙΣ. χωροῖμ' ἂν ἐς τόδ'·
509.   Ismene nach dem Hintergrunde oder nach links ab (vgl.
         818 f.).

Hypoth. Oed. C. Ἡ σκηνὴ τοῦ δράματος ὑπόκειται ἐν τῇ Ἀττικῇ
ἐν τῷ ἱππίῳ Κολωνῷ, πρὸς τῷ ναῷ τῶν σεμνῶν.
Schol. 140. οὔπω ἀκριβῶς αὐτὸν ἑωρακότες τοῦτό φασιν. — 163. πολλὰ
κέλευθος ἐρατύει: οἷον πολλή ἐστιν ὁδὸς ἡ διαχωρίζουσά σε ἡμῶν· δεῖ γὰρ
νοεῖν ὡς ὅτι πόρρωθεν προσφωνοῦσιν αὐτὸν μὴ δυνάμενοι ἐπιβῆναι τῷ
τόπῳ· καὶ ταῦτα εἰπόντων κατὰ μικρὸν ὁ Οἰδίπους προσέρχεται καὶ ἵσταται
ὥσπερ ἐν τῷ οὐδῷ τοῦ χωρίου. (S. 684 Anm. 702.) — 311. ἡ Ἰσμήνη
πρόσεισι. — 510. δεινὸν μὲν τὸ πάλαι: τῆς Ἰσμήνης ἀποστάσης ὁ χορὸς
ἐρωτᾷ τὸν Οἰδίποδα ... —

549 f.   XO. καὶ μὴν ἄναξ ὅδ᾽ ἡμὶν Αἰγέως γόνος
Θησεὺς κατ᾽ ὀμφὴν σὴν ἐφ᾽ ἀστάλη πάρα. (S. 718.)
Theseus tritt von Athen her auf.

667.   Theseus geht nach Athen zu ab.

722 f.   AN. ἆσσον ἔρχεται
Κρέων ὅδ᾽ ἡμῖν οὐκ ἄνευ πομπῶν, πάτερ.

728.   Kreon mit Gefolge tritt von der Seite der Fremde auf.
S. 713. 714. 719.

730.   KP. τῆς ἐμῆς ἐπεισόδου. (S. 653.)

826 f.   KP. ὑμῖν ἂν εἴη τήνδε καιρὸς ἐξάγειν
ἄκουσαν, εἰ θέλουσα μὴ πορεύεται.

844.   AN. ἀφέλκομαι δύστηνος.

845.   πρὸς βίαν πορεύομαι.

847.   KP. οὐκ ἄξεθ᾽ ὑμεῖς;
Antigone wird nach der linken Seite fortgeschleppt.

886.   Theseus tritt von rechts auf.

904.   ΘΗ. ἴθ᾽, ὡς ἄνωγα, σὺν τάχει.
Einer aus dem Gefolge des Theseus (nach rechts) ab, vgl.
897 ff.

1019 f.   ΘΗ. ὁδοῦ κατάρχειν τῆς ἐκεῖ, πομπὸν δέ με
χωρεῖν.

1025.   ἀλλ᾽ ἐξυφηγοῦ.

1043.   Kreon und Theseus nach links ab.

1097 f.   XO.   τὰς κόρας γὰρ εἰσορῶ
τάσδ᾽ ἆσσον αὖθις ὧδε προσπολουμένας. (S. 718.)
Antigone und Ismene werden (von der linken Seite) zurück-
gebracht. Gleich darauf tritt Theseus auf demselben
Wege ein.

1210.   Theseus ab nach der Stadt.

1249 ff.   AN. καὶ μὴν ὅδ᾽ ἡμῖν, ὡς ἔοικεν, ὁ ξένος
ἀνδρῶν γε μοῦνος, ὦ πάτερ, δι᾽ ὄμματος
ἀστακτὶ λείβων δάκρυον ὧδ᾽ ὁδοιπορεῖ.

1253.   πάρεστι δεῦρο Πολυνείκης ὅδε. (S. 714 Anm. 719.)
Polyneikes ist aufgetreten (von rechts, vgl. 1158 f.).

1446.   Polyneikes nach der Seite der Fremde ab.

1499.   XO. σπεῦσον, ἄισσ᾽, ὦναξ.

1500.   Theseus tritt von rechts auf.

1541 f.   ΟΙ. στείχωμεν ἤδη μηδ᾽ ἔτ᾽ ἐντρεπώμεθα.
ὦ παῖδες ὧδ᾽ ἕπεσθ᾽·

1555.   Ödipus, von seinen Töchtern und Theseus gefolgt, ab nach
dem Hintergrund? S. 652.

---

720. Ἀντιγόνη ταῦτά φησιν ὁρῶσα προσιόντα τὸν Κρέοντα μετὰ χαρᾶς
(χειρὸς Neue.). — 845. πρὸς βίαν κ. ἑ.] ἀπαγομένης δὴ τῆς Ἀντιγόνης ὑπὸ
τῶν προστεταγμένων παρὰ τοῦ Κρέοντος. — 1044. εἴην ὅθι δαΐων: ὁ μὲν
Κρέων καὶ ὁ Θησεὺς ἀπῆλθον. — 1547. οὐ πταίει ὁ ὑποκριτὴς ἀλλ᾽ εὐθὺ
ἄπεισιν ὥσπερ ἀγόμενος ὑπὸ τοῦ θεοῦ. —

1579.   Bote tritt auf von der Seite, nach welcher Ödipus ab-
        gegangen war.
1668 f. ΑΓ. αἴδ' οὐχ ἑκάς· τῶων τὰρ οὐκ ἀσήμονες
        φθόγγοι cφε cημαίνουcι δεῦρ' ὁρμωμένac.
        Antigone und Ismene kommen zurück.
1751?   Theseus kommt zurück.
1779.   Theseus mit den Töchtern des Ödipus ab nach rechts, der
        Chor ebendahin.

Eur. Tro. (415).

Szenerie: Zelte.

Hekabe liegt vor dem mittleren Zelt am Boden.
v. 1.   Poseidon tritt von der Seite auf. S. 670.
1 f.   ΠΟ. ἥκω λιπὼν Αἴγαιον ἁλμυρὸν βάθος
        πόντον Ποcειδῶν.
36 f.   τὴν δ' ἀθλίαν τήνδ' εἴ τιc εἰcορᾶν θέλει,
        πάρεcτιν Ἑκάβη κειμένη πυλῶν πάροc.
48.:·   Athene tritt von der Seite auf. S. 670.
92.   ΠΟ. ἀλλ' ἕρπ' 'Ολυμπον.
97.   Poseidon und Athene gehen nach verschiedenen Seiten ab.
153.   Ein Teil des Chors tritt aus einem der Zelte. S. 655. 678.
154 f. ΗΜ.   διὰ γὰρ μελάθρων
        ἄιον οἴκτουc.
166.   Τρωάδεc, ἔξω κομίcαcθ' οἴκων.
176.   Ein Teil des Chors tritt aus einem andern Zelt. S. 655. 678.
176 f. ΗΜ.   τρομερὰ cκηνὰc ἔλιπον
        τάcδ' 'Αγαμέμνονος.
230 ff. ΧΟ. καὶ μὴν Δαναῶν ὅδ' ἀπὸ cτρατιᾶc
        κῆρυξ νεοχμῶν μύθων ταμίαc
        cτείχει ταχύπουν ἴχνος ἐξανύων. (S. 714 Anm. 718.)
        Talthybios tritt von der Seite auf.
294.   ΤΑ. ἴτ', ἐκκομίζειν δεῦρο Καcάνδραν χρεών.
304.   ἄνοιγ' ἄνοιγε.
307.   ΕΚ. μαινὰc θοάζει δεῦρο Καcάνδρα δρόμῳ.
        Kasandra stürzt aus dem (mittleren) Zelt. S. 655.
461.   Talthybios mit Kasandra ab nach der Seite (vgl. 445).
568 ff. ΧΟ. Ἑκάβη, λεύccειc τήνδ' 'Ανδρομάχην
        ξενικοῖc ἐπ' ὄχοιc πορθμευομένην;

1579. ... ἔcτι δὲ ὁ ἄγγελος εἰc τῶν ἀκολουθηcάντων Θηcεῖ θερα-
πόντων.
        Schol. Tro. 189. (Gloss.) αὕτη μὲν ἔξω τῆc cκηνῆc ἦν, ὁ δὲ χορὸc
ἔcω. — 166. ...λέγει πρὸc τὰc λοιπὰc τὰc ἔcω, ἵνα τὸ ἡμιχόριον ἐξέλθη. —
169. μὴ νῦν μοι τὰν ἐκβακχεύουcαν· ἐπειδὴ μέλλουcιν αἱ Τρωάδεc ἐξιέναι,
cυμβουλεύει ἡ Ἑκάβη μὴ ἐᾶν Καcάνδραν ἐξιέναι διὰ τὸ μαίνεcθαι. — 176.
(Gloss.) τὸ λοιπὸν ἡμιχόριον ἐξῆλθεν. — 568. Ἑκάβη, λεύccειc: ἀποθεω-

παρὰ δ' εἰρεσίᾳ μαστῶν ἕπεται
φίλος 'Αστυάναξ.
Andromache mit Astyanax wird auf einem Wagen herein-
gefahren. S. 708. 714 Anm. 718.

707 f. ΕΚ. τίν' αὖ δέδορκα τόνδ' 'Αχαϊκὸν λάτριν
στείχοντα καινῶν ἄγγελον βουλευμάτων; (S. 718.)
Talthybios tritt von der Seite auf.
779? Wagen mit Andromache führt hinaus.
790 ff. Talthybios mit Astyanax ab.
860. Menelaos tritt von der Seite auf.
880 f. ΜΕ. ἀλλ' εἶα χωρεῖτ' εἰς δόμους, ὀπάονες,
κομίζετ' αὐτὴν κτλ. vgl. 871 f.
Diener des Menelaos ab ins Zelt, kehren
895. mit Helena zurück.
897. ΕΛ. βίᾳ πρὸ τῶνδε δωμάτων ἐκπέμπομαι.
1059. Menelaos mit Helena ab nach der Seite.
1119 ff. ΧΟ. λεύσσετε Τρώων
τόνδ' 'Αστυάνακτ' ἄλοχοι μέλεαι
νεκρόν. (S. 718.)
Talthybios bringt den Leichnam des Astyanax.
1153. ΤΑ. ἀλλ' εἶμ' ὀρυκτὸν τῷδ' ἀναρρήξων τάφον.
1155. Talthybios nach der Seite ab.
1200. ΕΚ. φέρετε, κομίζετ' ἀθλίῳ κόσμον νεκρῷ.
Geführtinnen der Hekabe gehen ins Zelt ab, kommen
1207. mit Totenschmuck zurück.
1207 f. ΧΟ. καὶ μὴν πρὸ χειρῶν αἵδε σοι σκυλευμάτων
Φρυγίων φέρουσι κόσμον ἐξάπτειν νεκρῷ.
1260. Talthybios tritt von der Seite auf.
1285 f. ΤΑ. ἀλλ' ἄγετε, μὴ φείδεσθ'· 'Οδυσσέως δὲ χρὴ
εἰς χεῖρα δοῦναι τήνδε καὶ πέμπειν γέρας.
1286. Talthybios ab.
1332. ΧΟ. πρόφερε πόδα σὸν ἐπὶ πλάτας 'Αχαιῶν.
Hekabe und der Chor gegen die Schiffe zu ab. S. 681. 690.

Aristoph. Av. (414).

Szenerie: Gebüsch; höhlenartige Wohnung.

v. 1. Peithetairos und Euelpides treten von der Seite auf und
nähern sich langsam dem Hintergrund. S. 697 f. 713. 715.
60. Auf ihr Klopfen tritt der Trochilos aus der Wohnung des
Epops.
84. Trochilos geht hinein.

ρῦσιν αἱ κατὰ τὸν χορὸν τὴν 'Ανδρομάχην παροδεύουσαν ἐπὶ ὀχήματος
'Ελληνικοῦ καὶ τὸν 'Αστυάνακτα αὐτῇ ἑπόμενον. — 1207. καὶ μὴν πρὸ
χειρῶν: ἕτεραι Τρωάδες φέρουσι σκῦλα Φρυγῶν τῷ τεθνηκότι.
Hypoth. Av. III. ἡ δὲ σκηνὴ ἐν πέτραις καὶ ὀρνέοις.

92.   ΕΠ. ἄνοιγε τὴν ὕλην, ἵν' ἐξέλθω ποτε.
       Epops tritt heraus.
202.   ΕΠ. δευρὶ γὰρ ἐcβὰc αὐτίκα μάλ' ἐc τὴν λόχμην
207 f. ΠΕ.   ἄγ' ὡc τάχιcτ' ἐc τὴν λόχμην
       ἐcβαινε.
       Epops geht hinein.
268.   ΠΕ.   ἀλλ' οὖν οὑτοcὶ καὶ δή τιc ὄρνιc ἔρχεται.
   ·   Ein Vogel eilt herbei.
270?   Epops tritt wieder aus seiner Wohnung.
274.   ΕΥ. ἕτεροc ὄρνιc οὑτοcί. κτλ.
       Bis 296 sammeln sich allmählich die Vögel, die dann den
       Chor bilden.
296.   ΕΥ. οὐδ' ἰδεῖν ἔτ' ἔcθ' ὑπ' αὐτῶν πετομένων τὴν εἴcοδον.
642.   ΕΠ. εἰcέλθετ' ἐc νεοττιάν τε τὴν ἐμήν.
646 f.   ΕΠ. δεῦρο τοίνυν εἴcιτον.
       ΠΕ. ἴωμεν· εἰcηγοῦ cὺ λαβὼν ἡμᾶc. ΕΠ. ἴθι.
656 f. ΠΕ. οὕτω μὲν εἰcίωμεν. ἄγε δὴ Ξανθία   ·
       καὶ Μανόδωρε λαμβάνετε τὰ cτρώματα.
       Zwei Theaterdiener? tragen ihnen das Gepäck hinein.
665 ff. ΕΠ.   ἡ Πρόκνη
       ἔκβαινε.
       Der Flötenspieler als Prokne tritt heraus.
675.   ΕΠ. ἴωμεν. ΠΕ. ἡγοῦ δὲ cὺ νῷν.
       Epops mit den beiden Athenern ab in seine Wohnung.
801.   Peithetairos und Euelpides treten aus der Wohnung des
       Epops.
846.   ΠΕ. ἴθ' ὠγάθ' οἱ πέμπω c' ἐγώ (vgl. 837 ff.).
847.   Euelpidés nach der Seite ab.
849 f. ΠΕ. τὸν ἱερέα πέμψοντα τὴν πομπὴν καλῶ.
       παῖ παῖ, τὸ κανοῦν αἴρεcθε καὶ τὸν χέρνιβα.
       Während der Sklave Vorbereitungen zum Opfer trifft, geht
       Peithetairos ab, kommt
859.   mit einem Priester zurück.
                                                              ι.

Schol. 85. κακῶc cύ γ' ἀπόλοιο: πρὸc τὸν θεράποντα τοῦ ἔποποc
λέγει εἰcελθόντα. — 268. δγάθ' ἀλλ' οὑτοcί: κορωνὶc αὖθιc ἑτέρα εἰcιόντων τῶν ὑποκριτῶν. — 296. πετομένων τὴν εἴcοδον: ...εἴcοδοc δὲ λέγεται
ἡ ὁ χορὸc εἴcειcιν εἰc τὴν cκηνήν. καὶ ἐν ταῖc Νήcοιc
                   τί cὺ λέγειc; εἰcὶν δὲ ποῦ;
            αἰδὶ κατ' αὐτὴν ἣν βλέπειc τὴν εἴcοδον. —
297. οὑτοcὶ πέρδιξ: ἀπὸ τούτου ἡ καταρίθμηcιc τῶν εἰc τὸν χορὸν cυντει-
νόντων προcώπων κδ', ἐν περιττῷ ληφθέντων τῶν προκατειλεγμένων. —
666. ὀνόματα τῶν οἰκετῶν μετὰ τῶν (μετ' αὐτῶν?) πρὸc ὄρνιθαc ἀφικο-
μένων. — 661. ὦ τοῦτο μέντοι: εἰcθεcιc ὁμοίαc ἑτέραc περιόδου...ἐπὶ τῷ
τέλει [675] κορωνίc, ἐξιόντων τῶν ὑποκριτῶν. — 667. ὦ Ζεῦ πολυτίμηθ':
ἑταιρίδιον πρόcειcι. — 673 ἀπολέψαντα χρή: ἀντὶ τοῦ ἀφελόντα τὸ προcωπεῖον. ὡc ἐν θυμέλῃ γὰρ προcωπεῖον ἐξῆλθεν ἔχουcα. — 801. ταυτὶ τοι-
αυτί: κορωνὶc εἰcιόντων αὖθιc τῶν ὑποκριτῶν...ἐξῆλθον μὲν οἱ δύο ἐπτε-
ρωμένοι. — 859. ... ἔξειcιν ἱερέα καὶ αὐλητὴν ἔχων.

893.   ΠΕ. ἄπελθ᾽ ἀφ᾽ ἡμῶν καὶ cὺ καὶ τὰ cτέμματα.
894.   Priester ab nach der Seite.
904.   Dichter tritt von der Seite auf.
951.   Dichter geht ab (vgl. 948).
959.   Wahrsager tritt von der Seite auf.
991.   Der Wahrsager wird von Peithetairos fortgejagt (ἐκτρέχων).
992.   Meton tritt von der Seite auf.
1020. Meton wird fortgejagt (ἀπιών).
1021. Episkopos tritt von der Seite auf.
1034. Episkopos wird fortgejagt (οὐκ ἀποcοβήcειc; 1032).
1035. Psephismenkrämer tritt von der Seite auf.
1055. Psephismenkrämer läuft fort (οὗτοc οὐ μενεῖc;).
1056 f. ΠΕ. ἀπίωμεν ἡμεῖc· ὡc τάχιcτ᾽ ἐντευθενὶ
         θύcοντεc εἴcω.
         Peithetairos mit dem Diener geht hinein.
1118. Peithetairos tritt heraus.
1121. ΠΕ. ἀλλ᾽ οὑτοcὶ τρέχει τιc Ἀλφειὸν πνέων. (S. 718.)
         Bote läuft herein.
1163. Bote geht nach der Seite ab (ἀποτρέχων 1162).
1168 f. ΠΕ. ἀλλ᾽ ὅδε φύλαξ γὰρ τῶν ἐκεῖθεν ἄγγελοc
         ἐcθεῖ πρὸc ἡμᾶc δεῦρο. (S. 718.)
         Wächter läuft herein.
1199 f. ΠΕ. αὕτη cὺ ποῖ; ποῖ ποῖ πέτει; μέν᾽ ἥcυχοc,
         ἔχ᾽ ἀτρέμαc· αὐτοῦ cτῆθ᾽· ἐπίcχεc τοῦ δρόμου.
         Iris ist im Fluge auf der Bühne erschienen, vgl. 1172 f.
         1176 f. 1197 f. 1229 f. S. 668 f. 671.
1261. Iris fliegt fort (ἑτέρωcε πετομένη 1260).
1271. Herold tritt von der Seite auf.
1309 ff. ΠΕ. ἀλλ᾽ ὡc τάχιcτα cὺ μὲν ἰὼν τὰc ἀρρίχουc
         καὶ τοὺc κοφίνουc ἄπανταc ἐμπιμπλῆ πτερῶν·
         Herold ab (nach innen?).
         Μανῆc δὲ φερέτω μοι θύραζε τὰ πτερά·
1317. θᾶττον φέρειν κελεύω.
         Manes bringt Federn heraus.
1337. Vatermörder tritt von der Seite auf.
1341. ΠΕ. ᾄδων γὰρ ὅδε τιc ἀετοὺc προcέρχεται.
1371. Vatermörder nach der Seite ab.
1372. Kinesias tritt von der Seite auf.
1409. Kinesias geht nach der Seite ab.

---

904. Νεφελοκοκκυγίαν τὴν εὐδαίμονα: ἔρχεταί τιc ποιητήc... —
992. ἥκω παρ᾽ ὑμᾶc: εἴcθεcιc ὁμοίαc ἑτέραc περιόδου... ἐπὶ τῷ τέλει [1057]
κορωνὶc ἐξιόντων τῶν ὑποκριτῶν. — 1035. προέρχεται οὗτοc καθ᾽ ἑαυτὸν
μελετῶν νόμουc... — 1118. τὰ μὲν ἱέρ᾽ ἡμῖν: κορωνὶc εἰcιόντων αὖθιc τῶν
ὑποκριτῶν. — 1199. αὕτη cὺ: κορωνὶc εἰcιόντων αὖθιc τῶν ὑποκριτῶν. —
πρὸc τὴν Ἶρίν φηcι καταλαβὼν αὐτήν. — 1271. ὢ Πειcθέταιρ᾽: ἄγγελοc
πεμφθεὶc εἰc ἀνθρώπουc ἐξ ὀρνίθων ὑποcτρέφει... —

1410.   Sykophant tritt von der Seite auf.
1468.   Sykophant wird fortgejagt (οὐ πτερυγιεῖς ἐντευθενί; 1466).
1469.   ΠΕ. ἀπίωμεν ἡμεῖς ξυλλαβόντες τὰ πτερά.
        Peithetairos mit dem Diener geht hinein.
1494.   Prometheus tritt von der Seite auf.
1495.   Peithetairos kommt heraus.
1552.   Prometheus ab nach der Seite (ὡς ἂν ἀποτρέχω πάλιν
        1549).
1565.   Poseidon, Herakles, Triballos treten von der Seite auf und
        nähern sich langsam dem Hintergrunde, wo Peithetairos
        mit Kochen beschäftigt ist. S. 711. 714.
1689 f.   ΗΡ. βούλεςθε δῆτ' ἐγὼ τέως
        ὀπτῶ τὰ κρέα ταυτὶ μένων; ὑμεῖς δ' ἴτε.
1692.   ΠΟ. οὐκ εἶ μεθ' ἡμῶν; ΗΡ. εὖ γε μέντἂν διετίθην.
1693.   Poseidon und Triballos mit Peithetairos ab nach der Seite.
        Herakles zieht sich nach dem Hintergrunde zurück.
1706.   Bote tritt von der Seite (nach welcher er vorher als Be-
        gleiter des Peithetairos abgegangen war) auf.
1718.   ΑΓ. ὁδὶ δὲ καὐτός ἐςτιν. (S. 718.)
        Peithetairos mit Basileia von derselben Seite wie vorher
        der Bote.
1755.   ΠΕ. ἕπεςθε νῦν γάμοιςιν.
1765.   Alle ziehen (tanzend) ab. S. 690. 691. 708.

Eur. Iph. Taur.

Szenerie: Tempel.

v. 1.   Iphigenie tritt aus dem Tempel.
65 f.   ΙΦ.   εἶμ' εἴςω δόμων
        ἐν οἷςι ναίω τῶνδ' ἀνακτόρων θεᾶς.
        Iphigenie ab in den Tempel.
67.   Orestes und Pylades treten von der Seite der Fremde auf.
106.   ΠΥ. ναοῦ δ' ἀπαλλαχθέντε κρύψωμεν δέμας, vgl. 118 f.
122.   Orestes und Pylades ab nach der Seite, von der sie ge-
        kommen.
123.   Chor (vgl. 63 ff.) zieht von rechts ein.
137?   Iphigenie tritt aus dem Tempel.
236 f. ΧΟ. καὶ μὴν ὅδ' ἀκτὰς ἐκλιπὼν θαλαςςίους
        βουφορβὸς ἥκει, ςημανῶν τί ςοι νέον. (S. 718.)
        Hirte tritt (von links) auf.

1468. ςτρεψοδικοπανουργίαν: . . . ἀναχωρήςαντος δὲ αὐτοῦ τοῦτό
φηςι. — 1494. οἴμοι τάλας: κορωνὶς εἰςιόντων αὖθις τῶν ὑποκριτῶν. —
1565. τὸ μὲν πόλιςμα: κορωνὶς εἰςιόντων αὖθις τῶν ὑποκριτῶν. — 1706.
ὦ πάντ' ἀγαθά: . . . εἴη δ' ἂν οὗτος ὁ ἄγγελος θεράπων ςυναναβεβηκὼς τῷ
Πειςθεταίρῳ. — 1758. ὄρεξον ὦ μάκαιρα: . . . εὐκαίρως δὲ τὴν κωμικὴν
ὄρχηςιν ποιεῖται.

342. ΙΦ.   cὺ μὲν κόμιζε τοὺс ξένουс μολών.
Hirte ab nach der (linken) Seite.

391. Iphigenie ab in den Tempel?

455 f. ΧΟ. ἀλλ' οἵδε χέραс δεcμοῖс δίδυμοι
cυνερειcθέντεc χωροῦcι.
Orestes und Pylades werden hereingeführt.

467. Iphigenie tritt aus dem Tempel?

636 f. ΙΦ. ἀλλ' εἶμι δέλτον τ' ἐκ θεᾶс ἀνακτόρων
οἴcω.

642. Iphigenie ab in den Tempel.

724. ΟΡ. γυνὴ γὰρ ἥδε δωμάτων ἔξω περᾷ.
Iphigenie tritt aus dem Tempel.

725. ΙΦ. ἀπέλθεθ' ὑμεῖc καὶ παρευτρεπίζετε
τἄνδον μολόντεc τοῖc ἐφεcτῶcι cφαγῇ.
Die Diener (vgl. 638) ab in den Tempel.

1079. ΙΦ. cὸν ἔργον ἤδη καὶ cὸν εἰcβαίνειν δόμουc.

1081? Orestes und Pylades in den Tempel ab.

1088. Iphigenie in den Tempel ab.

1152. Thoas tritt von der (rechten) Seite ab.

1156. Iphigenie tritt aus dem Tempel, vgl. 1157. 1176.

1205 f. ΘΟ. ἴτ' ἐπὶ δεcμά, πρόcπολοι.
ΙΦ. κἀκκομιζόντων δὲ δεῦρο τοὺc ξένουc.
Diener des Thoas ab in den Tempel.

1222. ΙΦ. τούcδ' ἄρ' ἐκβαίνονταc ἤδη δωμάτων ὁρῶ ξένουc.
Orestes und Pylades werden aus dem Tempel geführt.

1233. Iphigenie mit den Gefangenen ab. nach der (linken) Seite,
Thoas ab in den Tempel.

1284. Bote tritt (von links) auf.

1286 f. ΑΓ. καλεῖτ' ἀναπτύξαντεc εὐγόμφουc πύλαc
ἔξω μελάθρων τῶνδε κοίρανον χθονόc.

1307. Thoas tritt aus dem Tempel, vgl. 1304 ff. 1310.

1435. Athene erscheint. S. 670.

1489. Athene verschwindet. Thoas mit Gefolge nach rechts ab.

1499. Chor zieht (nach rechts) ab.

Eur. Ion.

Szenerie: Tempel.

v. 1. Hermes tritt von der Seite auf. S. 670.

76. ΕΡ. ἀλλ' εἰc δαφνώδη γύαλα βήcομαι τάδε. (S. 651 Anm.)

78. ὁρῶ γὰρ ἐκβαίνοντα Λοξίου γόνον
Ion tritt aus dem Tempel.

81. Hermes ab nach der Seite. S. 670.

184. Chor zieht (von links) ein. S. 680. 709.

237.   XO. παρούcαc δ' ἀμφὶ τᾱcδ' ἐρωτᾷc.
       Kreusa ist von derselben Seite wie vorher der Chor auf-
       getreten. S. 709. 711. 714.

392 f.   KP. ἀλλ' ὦ ξέν', εἰcορῶ γὰρ εὐγενῆ πόcιν
       Ξοῦθον πέλαc δὴ τόνδε. (S. 718.)
       Xuthos tritt auf. S. 711. 714.

418.   ΞΟΥ. cτείχοιμ' ἂν εἴcω.

424.   Xuthos ab in den Tempel.

428.   Kreusa ab nach der (rechten) Seite (vgl. 422 f.).

451.   Ion ab in den Tempel.

510.   Ion tritt aus dem Tempel.

516.   XO. ἐξιόντα τ' ἤδη δεcπότην ὁρᾶν πάρα.
       Xuthos tritt aus dem Tempel.

675.   Xuthos mit Ion nach der (rechten) Seite ab.

725.   Kreusa und der alte Pädagog treten von der (rechten) Seite
       auf. S. 712. 714.

727.   KP. ἔπαιρε cαυτὸν πρὸc θεοῦ χρηcτήρια.

738 f.   ΠΑΙ. ἔλχ' ἕλκε πρὸc μέλαθρα καὶ κόμιζέ με.
       αἰπεινά τοι μαντεῖα. (S. 697. 699. 721.)

1039.   ΠΑΙ. cὺ μέν νυν εἴcω προξένων μέθεc πόδα.
       Kreusa nach der (linken?) Seite ab.

1047.   Pädagog nach der (rechten) Seite ab.

1106.   Diener tritt von der (rechten) Seite auf.

1228.   Diener ab?

·1250.   Kreusa eilt von der Seite herein.

1257 f.   KP. καὶ μὴν οἶδ' ἀγωνιcταὶ πικροὶ
       δεῦρ' ἐπείγονται ξιφήρειc. (S. 714 Anm. 719.)
       Ion mit Begleitern stürmt, die Kreusa verfolgend, herein.

1320.   Pythia tritt aus dem Tempel (θριγκοῦ τοῦδ' ὑπερβάλλω
       πόδα 1321).

1368.   Pythia ab in den Tempel.

1549 f.   ΙΩΝ. ἔα· τίc οἴκων θυοδόκων ὑπερτελὴc
       ἀντήλιον πρόcωπον ἐκφαίνει θεῶν;
       Athene erscheint, in der Luft schwebend, vgl. 1556. 1570.
       S. 668. 671.

1616.   KP. ὦ τέκνον, cτείχωμεθ' οἴκουc. ΑΘ. cτείχεθ'.

1618.   Athene verschwindet.
       Kreusa und Ion nach der linken Seite ab.

1622.   Der Chor folgt auf demselben Wege. S. 681. 710.

Eur. El.

Szenerie: Bauernhaus.

v. 1.   Der Gemahl der Elektra tritt aus dem Haus.

54.   Elektra tritt aus dem Haus.

77.   ΑΥ. εἴ τοι δοκεῖ coι, cτεῖχε.

81. Elektra und ihr Gemahl nach verschiedenen Seiten ab. (S. 716 Anm.)

82. Orestes und Pylades treten von der (linken) Seite auf.

107. OP. ἀλλ' εἰcορῶ γὰρ τήνδε προcπόλων τινά.
Elektra tritt von der Seite auf. S. 713 f.

167. Chor zieht (von rechts) ein.

217 f. ΗΛ. ξένοι τινὲc παρ' οἶκον οἵδ' ἐφεcτίουc
εὐνὰc ἔχοντεc ἐξανίcτανται λόχου.
Elektra hat sich dem Hintergrund genähert, wo sich Orestes und Pylades verborgen hatten.

339 f. ΧΟ. καὶ μὴν δέδορκα τόνδε, còν λέγω πόcιν,
λήξαντα μόχθου πρὸc δόμουc ὡρμημένον. S. 713 f.
Gemahl der Elektra tritt von der Seite auf.

358. ΑΥ. χωρεῖτ' ἐc οἴκουc.

360. αἴρεcθ', ὀπαδοί, τῶνδ' ἔcω τεύχη δόμων.
Diener tragen das Gepäck hinein.

363. Mann der Elektra ab ins Haus?

393 f. OP.   χωρεῖν χρεών,
δμῶεc, δόμων τῶνδ' ἐντόc.

400. Orestes und Pylades ab ins Haus.

404. Mann der Elektra tritt aus dem Haus?

421. ΑΥ.   χώρει δ' εἰc δόμουc.

431. Elektra ab ins Haus, ihr Mann ab nach der (rechten) Seite, vgl. 409 ff.

487. Alter Mann tritt (von rechts) auf. S. 697. 714 Anm. 721.

489 f. ΠΡ. ὡc πρόcβαcιν τῶνδ' ὀρθίαν οἴκων ἔχει
ῥυcῷ γέροντι τῷδε προcβῆναι ποδί.

493? Elektra tritt aus dem Haus (ἄρτι γάρ cε πρὸc δόμοιc ὁρῶ).

500. ἴτω φέρων τιc τοῖc ξένοιc τάδ' εἰc δόμουc.
Ein Diener trägt die Sachen hinein.

549. ΗΛ. οἵδ' ἐκ δόμων βαίνουcι λαιψηρῷ ποδί.
Orestes und Pylades treten aus dem Haus.

689. ΗΛ. δόμων δ' ἔcω βὰc' εὐτρεπὲc ποιήcομαι.

698. Elektra ab ins Haus, Orestes und Pylades mit dem Alten (vgl. 669 f.) ab nach der Seite.

751. Elektra tritt auf den Ruf des Chors aus dem Haus.

761. Bote (ein Begleiter des Orestes) tritt auf und wendet sich an den Chor. S. 720.

880. Orestes mit Pylades tritt auf; Diener tragen die Leiche des Aigisthos (895).

959. OP.   κομίζειν τοῦδε cῶμ' εἴcω χρεών.
Diener tragen die Leiche des Aigisthos ins Haus.

962 ff. ΗΛ. ἐπίcχεc·
OP. τί δ'; ἐκ Μυκηνῶν μῶν βοηδρόμουc ὁρᾷc;
ΗΛ. οὔκ, ἀλλὰ τὴν τεκοῦcαν ἥ μ' ἐγείνατο. (S. 719.)

966. καὶ μὴν ὄχοιc γε καὶ cτολῇ λαμπρύνεται.

987.   Orestes und Pylades ab ins Haus (εἴϲειμι 985).
988.   Klytämestra fährt auf einem Wagen (von der rechten Seite)
        herein, vgl. 998 f. S. 647. 708. 713.
1135 f. ΚΛ.   ἀλλὰ τούϲδ' ὄχουϲ, ὀπάονεϲ,
        φάτναιϲ ἄγοντεϲ πρόϲθεθ'.
        Der Wagen der Klytämestra fährt hinaus.
1139.   ΗΛ. χώρει πένηταϲ εἰϲ δόμουϲ.
1141.   Klytämestra ab ins Haus.
1146.   Elektra folgt ihr.
1172 f. ΧΟ. ἀλλ' οἴδε μητρὸϲ νεοφόνοιϲιν αἵμαϲι
        πεφυρμένοι βαίνουϲιν ἐξ οἴκων πόδα.
        Orestes, Pylades und Elektra treten aus dem Haus. Die
        Leichen werden herausgebracht? S. 663. 715.
1178 ff. ΟΡ.   ἴδετε τάδ' ἔργα φόνι-
        α μυϲαρά, δίγονα ϲώματ' ἐν
        χθονὶ κείμενα.
1233 ff. ΧΟ. ἀλλ' οἴδε δόμων ὑπὲρ ἀκροτάτων
        φαίνουϲί τινεϲ δαίμονεϲ ἢ θεῶν
        τῶν οὐρανίων; οὐ γὰρ θνητῶν γ'
        ἥδε κέλευθοϲ.
        Die Dioskuren erscheinen in der Höhe. S. 669.
1341?   Elektra mit Pylades ab nach der Seite der Fremde (vgl.
        1336 f. ϲτείχειϲ ἤδη; ϲτείχω. 1340 χαίρων ἴθι).
1356?   Orestes nach der Seite (der Fremde) ab.
1356.   Die Dioskuren verschwinden.
1359.   Chor nach rechts ab.

Eur. Hel. (412).

Szenerie: Palast.

v. 1.   Helene tritt aus dem Palast und begibt sich an das Grab-
        mal des Proteus (64).
68.   Teukros tritt von der Seite der Fremde auf.
163.   Teukros geht nach derselben Seite wieder ab.
179.   Chor zieht (von rechts) ein.
317.   ΧΟ. ἐλθοῦϲ' ἐϲ οἴκουϲ.
327.   θέλω δὲ κἀγὼ ϲοὶ ϲυνειϲελθεῖν δόμουϲ.
331.   ΕΛ. βᾶτε βᾶτε δ' εἰϲ δόμουϲ.
385.   Helene und Chor in den Palast ab. S. 680. 689. 690. 692.
386.   Menelaos tritt aus der Fremde auf.
437.   Alte Dienerin tritt auf den Ruf des Menelaos (435) aus
        dem Palast.
482.   Alte Dienerin ab in den Palast.
515.   Chor tritt wieder aus dem Palast. S. 679. 689.
528.   Helene tritt aus dem Palast.
528 f. ΕΛ. ἥδ' αὖ τάφου τοῦδ' εἰϲ ἕδραϲ ἐγὼ πάλιν
        ϲτείχω.

597.	Bote tritt auf (von links, wie vorher Menelaos).
757.	Bote ab nach der Seite, von welcher er kam.
858 f.	ΕΛ. ἐκβαίνει δόμων
	ἡ θεςπιῳδὸς Θεονόη.
	Theonoe tritt mit Dienerinnen aus dem Palast. S. 715.
1029.	Theonoe ab in den Palast (ἀποςτᾶς᾽ ἐκποδών 1023).
1087.	ΕΛ. ἐγὼ δ᾽ ἐς οἴκους βᾶςα
1106.	Helene ab in den Palast.
1165.	Theoklymenos tritt von der rechten Seite auf. S. 719.
1184 f.	ΘΕΟΚ. ἐπίςχετ᾽· εἰςορῶ γὰρ οὓς διώκομεν
	παρόντας ἐν δόμοιςι κοὺ πεφευγότας.
	Helene tritt aus dem Palast.
1296.	ΕΛ. ἀλλ᾽ ὦ τάλας, εἴςελθε
1300.	Theoklymenos, Helene, Menelaos ab in den Palast.
1369.	Helene tritt aus dem Palast.
1385 f.	ΕΛ. ἀλλ᾽ ἐκπερᾷ γὰρ δωμάτων ὁ τοὺς ἐμοὺς
	γάμους ἑτοίμους ἐν χεροῖν ἔχειν δοκῶν.
	Theoklymenos tritt mit Menelaos und Dienern (1390 f.) aus dem Palast. S. 715.
1440?	Theoklymenos ab in den Palast.
1450.	Menelaos mit Helene und den ihm zugewiesenen Dienern (1390 f. 1412) ab nach der (linken) Seite.
1512?	Theoklymenos tritt aus dem Palast.
1512.	Bote tritt von der (linken) Seite auf.
1618.	Bote ab?
1642.	Die Dioskuren erscheinen. S. 670.
1687.	Die Dioskuren verschwinden.
	Theoklymenos ab in den Palast.
1692.	Chor ab nach rechts.

Aristoph. Lys. (411).

Szenerie: Zwei Privathäuser. Akropolis mit Thor. (S. 656.)

v. 1.	Lysistrate tritt aus ihrem Haus.
5.	ΛΥ. πλὴν ἤ γ᾽ ἐμὴ κομῆτις ἥδ᾽ ἐξέρχεται.
	Kalonike tritt aus ihrem Haus. S. 656.
65 f.	ΚΑ. ἀτὰρ αἵδε καὶ δή ςοι προςέρχονταί τινες.
	αἲ δ᾽ αὖ γ᾽ ἕτεραι χωροῦςί τινες.
	Myrrhine und andere Frauen treten von rechts auf.
77.	ΜΥ. ἡδὶ δὲ καὶ δὴ Λαμπιτὼ προςέρχεται.
	Lampito mit anderen Lakonerinnen (vgl. 244) tritt von links auf.
85.	ΛΥ. ἡδὶ δὲ ποδαπή ᾽ςθ᾽ ἡ νεᾶνις ἀτέρα;
	Böoterin ist (von links) aufgetreten.

Hypoth. Lys. I erzählt den Gang der Handlung.

90.   τίc δ' ἀτέρα παῖc;
      Korintherin ist (von links) aufgetreten.
199. φερέτω κύλικά τιc ἔνδοθεν καὶ cταμνίον.
      Das Gewünschte wird aus dem Haus der Lysistrate ge-
      bracht. S. 656.
242 ff. ΛΥ.   ἀλλ' ὦ Λαμπιτοῖ
      cὺ μὲν βάδιζε καὶ τὰ παρ' ὑμῖν εὖ τίθει,
      ταcδὶ δ' ὁμήρουc κατάλιφ' ἡμῖν ἐνθαδί·
      ἡμεῖc δὲ ταῖc ἄλλαιcι ταῖcιν ἐν πόλει
      ξυνεμβάλωμεν εἰcιοῦcαι τοὺc μοχλούc.
      Lampito ab nach links.
253. Alle Frauen ab in die Burg. S. 656.
254. Chor der Greise zieht (von rechts) ein. S. 688.
266. ΧΟ. ΓΕΡ. ὡc τάχιcτα πρὸc πόλιν cπεύcωμεν (vgl. 302).
286 ff. ἀλλ' αὐτὸ γάρ μοι τῆc ὁδοῦ
      λοιπόν ἐcτι χωρίον
      τὸ πρὸc πόλιν τὸ cιμόν, οἱ cπουδὴν ἔχω.
319. Chor der Frauen zieht (von rechts) ein. S. 679.
320. ΧΟ. ΓΥ. cπευcτέον ἐcτὶ θᾶττον.
326. μῶν ὑcτερόπουc βοηθῶ.
332 ff.   ταῖcιν ἐμαῖc
      δημότιcιν καομέναιc
      φέρουc' ὕδωρ βοηθῶ.
353. ΧΟ. ΓΕΡ. ἐcμὸc γυναικῶν οὑτοcὶ θύραcιν αὖ βοηθεῖ.
387. Probulos mit Häschern tritt auf. S. 719.
430. Lysistrate aus dem Thor, nachher andere Frauen.
456. ΛΥ. ὦ ξύμμαχοι γυναῖκεc ἐκθεῖτ' ἔνδοθεν.
      Es kommen noch mehr Frauen aus dem Thor. Die Skythen
      greifen an und werden geworfen (vgl. 462). S 688. 693.
613. Probulos ab nach der Seite (vgl. 609 f.), die Frauen in
      die Burg.
706. Lysistrate tritt aus der Burg.
707. ΧΟ. ΓΥ. τί μοι cκυθρωπὸc ἐξελήλυθαc δόμων;
727. ΛΥ.   ἡδὶ γοῦν τιc αὐτῶν ἔρχεται
      Eine Frau kommt heraus.
735. Zweite Frau kommt heraus.
742. Dritte Frau kommt heraus.

Schol. 288. τὸ cιμὸν οἱ cπουδὴν ἔχω: ...τὸ cιμὸν ἀντὶ τοῦ πρόcαντεc. ἢ ὄνομα χωρίου. καὶ ἐν Βαβυλωνίοιc „μέcην ἔρειδε πρὸc τὸ cιμόν".
καὶ Πλάτων ἐν Νίκαιc
          τουτὶ προcαναβῆναι τὸ cιμὸν δεῖ. (S. 698 f.) —
320. ὥcπερ πυρὸc καομένου: γυναῖκέc τινεc ὑδροφοροῦcαι παρακελεύονται
ἀλλήλαιc. αἱ δὲ λοιπαί εἰcιν ἐν τῇ ἀκροπόλει. — 321. πέτου πέτου: νῦν
ἐcτιν ἡμιχόριον τὸ λέγον ἐκ γυναικῶν εἰcερχομένων ἄνωθεν, ἵνα καὶ τὸ
ὕδωρ αὐτῶν καταχέωcιν ἄνωθεν. τὸ δὲ ἄλλο ἡμιχόριον ἐξ ἀνδρῶν κάτωθεν
ἐπερχομένων ταῖc ἐν τῇ ἀκροπόλει εἰc πολιορκίαν. (S. 688. 698 f. 702.
703.) — 461. παύcαcθ', ἐπαναχωρεῖτε: τοῦτο ὡc τῶν ἀνδρῶν πεφευγότων. —

760.	Vierte? Frau kommt heraus.
779.	ΓΥ. α΄. ἀλλ᾽ εἰσίωμεν.
780.	Alle Frauen ab in die Burg.
829.	ΛΥ. ἰοὺ ἰοὺ γυναῖκες ἴτε δεῦρ᾽ ὡς ἐμέ.
831.	ἄνδρ᾽ ἄνδρ᾽ ὁρῶ προσιόντα. (S. 719. 723 Anm.)
	Lysistrate, dann eine andere Frau (835) werden oben auf
	der Mauer sichtbar, dann mehrere (837), darunter Myr-
	rhine.
	Kinesias tritt von der (rechten) Seite auf. S. 713. 714.
844.	ΛΥ.	ἀλλ᾽ ἀπέλθετε.
	Die Frauen außer Lysistrate ab.
864.	ΛΥ. φέρε νυν καλέσω καταβᾶσά σοι.
	Lysistrate ab.
870.	Myrrhine erscheint mit Lysistrate auf der Mauer. Letztere
	gleich wieder ab
873.	ΚΙ. κατάβηθι δεῦρο, vgl. 874. 883 f.
884.	Myrrhine verschwindet und kommt
889.	aus der Burg.
908 f.	ΚΙ. μὰ Δί᾽ ἀλλὰ τοῦτό γ᾽ οἴκαδ᾽ ὦ Μανῆ φέρε.
	ἰδοὺ τὸ μέντοι παιδίον καὶ δὴ ᾽κποδών.
	Diener trägt das Kind fort.
918—947.	Myrrhine geht sechsmal in die Burg und wieder heraus.
951.	Myrrhine in die Burg ab.
980.	Spartanischer Herold tritt (von links) auf.
1013.	Herold nach links. „Probulos" (= Kinesias) nach rechts
	ab (vgl. 1009 ff.).
1072 f.	ΧΟ. καὶ μὴν ἀπὸ τῆς Σπάρτης οἱδὶ πρέσβεις ἕλκοντες
	ὑπήνας
	χωροῦσ᾽.
	Spartanische Gesandte treten (von links) auf.
1082 ff.	καὶ μὴν ὁρῶ γε τούσδε τοὺς αὐτόχθονας κτλ.
	Athenische Abgeordnete treten (von rechts) auf. S. 714
	Anm. 718.
1107.	αὐτὴ γάρ, ὡς ἤκουσεν, ἥδ᾽ ἐξέρχεται.
	Lysistrate mit Gefolge (Diallage 1114) aus der Burg.
1187.	ΑΘ. ἀλλ᾽ ἴωμεν ὡς τάχος.
1188.	Lysistrate, die Lakonier und die Athener ab in die Burg.
	S. 688.
1216.	Ein Athener kommt aus der Burg. S. 688.
	ΑΘ. ἄνοιγε τὴν θύραν· παραχωρεῖν οὐ θέλεις;
1221?	Zweiter Athener kommt heraus.

864. ἀπὸ τοῦ τείχους κατελθοῦσα ὅπου ἐφύλασσον αἱ ἡμεροσκόποι. —
951. σπονδὰς ποιεῖσθαι ψηφιεῖ: τοῦτο εἰρηκυῖα ἡ γυνὴ ἄπεισι. — 955. πῶς
ταύτην παιδοτροφήσω: ὡς θυγατρὸς αὐτῷ ἑπομένης. — 1216. ἐπικωμάζει
λαμπάδα ἔχων. δεῖ δὲ νοεῖν ὅτι πρὸς τὴν θυρωρὸν λέγει. — 1225. ἐξέρχε-
ταί τις τῶν Ἀθηναίων ἀπὸ τοῦ συμποσίου.

1241. ΑΘ. β'. νὴ τὸν Δί' ὡc ἤδη τε χωροῦc' ἔνδοθεν.
Die Lakonier und andere Athener kommen heraus.
1271. Lysistrate mit den Frauen tritt heraus.
1322. Alle ziehen unter Tanz ab, die Lakonier nach links, die
Athener nach rechts. S. 690. 691. 708.

Aristoph. Thesm. (411?).

Szenerie: Haus (des Agathon), Tempel (Thesmophorion).

v. 1.   Euripides und Mnesilochos, mit einem Diener? (279 ff.),
treten von der Seite auf und gelangen
26.   vor das Haus des Agathon.
36 f.   ΕΥ. ἀλλ' ἐκποδὼν πτήξωμεν, ὡc ἐξέρχεται
θεράπων τιc αὐτοῦ.
Diener tritt aus dem Haus.
70.   Diener ab in das Haus.
95 f.   ΕΥ. cίγα. ΜΝ. τί δ' ἔcτιν; ΕΥ. Ἀγάθων ἐξέρχεται (vgl.
66. 70).
ΜΝ. καὶ ποῦ 'cθ'; ΕΥ. ὅπου 'cτίν; οὗτοc οὑκκυκλούμενοc.
Agathon erscheint auf dem Ekkyklem. S. 662.
238.   ΕΥ. ἐνεγκάτω τιc ἔνδοθεν δᾷδ' ἢ λύχνον.
Diener bringt ein Licht aus dem Haus. S. 664.
265.   ΑΓ. εἴcω τιc ὡc τάχιcτά μ' ἐcκυκληcάτω.·
Agathon wird hineingerollt. S. 662.
277 ff. ΕΥ. καὶ cπεῦδε ταχέωc· ὡc τὸ τῆc ἐκκληcίαc
cημεῖον ἐν τῷ θεcμοφορείῳ φαίνεται. (S. 656 f.)
ἐγὼ δ' ἄπειμι.
Euripides nach der Seite ab.
                    ΜΝ. δεῦρό· νυν ὦ Θρᾷτθ' ἔπου.
293.   cὺ δ' ἄπιθ' ὦ Θρᾷττ' ἐκποδών.
Diener ab.
Der Chor sammelt sich allmählich, von der Seite ein-
ziehend; dazu andere Frauen. S. 679.
295.   Heroldin tritt aus dem Tempel?
458.   Zweite Frau ab nach der Seite (εἰc ἀγορὰν ἄπειμι 457).
571 f. ΧΟ. παύcαcθε λοιδορούμεναι· καὶ γὰρ γυνή τιc ἡμῖν
ἐcπουδακυῖα προcτρέχει. (S. 714 Anm. 717.)
Kleisthenes tritt eilig auf von der Seite.
654.   Kleisthenes ab nach der Seite.
728.   ΓΥ. α'. ἴωμεν ἐπὶ τὰc κληματίδαc ὦ Μανία
(vgl. ἐκφέρειν τε τῶν ξύλων 726). Erste Frau mit Dienerin geht hinein und bringt Holz.

Schol. Thesm. 2. ἀλοῦν: ἔξωθεν ἐν κύκλῳ περιάγων ὡc οἱ ἐν ταῖc
ἅλωcι. — 96. ἐπὶ ἐκκυκλήματοc γὰρ φαίνεται. — 277. παρεπιγραφή. ἐκκυκλεῖται ἐπὶ τὸ ἔξω τὸ θεcμοφόριον. — 688. . . . ἁρπάζει παιδίον μιᾶc γυναι-
κὸc καὶ καταφεύγει ἐν τῷ ἱερῷ. —

760. Dritte Frau (Kritylla) tritt auf?

764. Erste Frau (Mikka) ab nach der Seite.

871. Euripides-Menelaos tritt von der (linken) Seite auf.

923 f. ΓΥ. γ΄. προcέρχεται γὰρ ὁ πρύτανιc χὠ τοξότηc. (S. 718.)
ΕΥ. τουτὶ πονηρόν· ἀλλ᾽ ὑπαποκινητέον.

927. Euripides ab (nach links).

929. Prytane mit Wache tritt (von rechts) auf. S. 713. 714.

930 ff. ΠΡ. δῆcον αὐτὸν εἰcάγων
ὦ τοξότ᾽ ἐν τῇ cανίδι, κἄπειτ᾽ ἐνθαδὶ
cτήcαc φύλαττε.

946. Prytane und Kritylla ab nach der Seite. Mnesilochos von
dem Skythen hineingeführt.

1001. Skythe mit dem gebundenen Mnesilochos kommt heraus.

1007. Skythe geht hinein, um sich einen φορμός zu holen.

1011. ΜΝ. cημεῖον ὑπεδήλωcε Περcεὺc ἐκδραμών.

1014. οὐ γὰρ ἂν παρέπτετο.
Euripides ist als Perseus in der Höhe erschienen, verschwindet 1021 wieder? S. 669.

1022? Skythe kommt wieder heraus.

1056. Euripides-Echo erscheint.

1064? Euripides verbirgt sich? (vgl. 1086).

1092 ff. Euripides läuft davon.

1098. Euripides-Perseus erscheint, fliegend? S. 669.

1098 ff. ΕΥ. ὦ θεοὶ τίν᾽ ἐc γῆν βαρβάρων ἀφίγμεθα
ταχεῖ πεδίλῳ; διὰ μέcου γὰρ αἰθέροc
τέμνων κέλευθον πόδα τίθημ᾽ ὑπόπτερον.

1115. φέρε δεῦρό μοι τὴν χεῖρ᾽, ἵν᾽ ἅψωμαι κόρηc.

1132. Euripides-Perseus ab.

1160. Euripides mit einer Tänzerin und einer Flötenbläserin
tritt auf.
Die Tänzerin tanzt 1175 ff.

1203. Skythe mit der Tänzerin (seitwärts) ab (ἀπότρεχε).

1209. Mnesilochos und Euripides laufen davon, vgl. 1205. 1208.

1210. Skythe mit der Tänzerin kommt zurück.

1214. Skythe schickt die Tänzerin fort (ἀπότρεκ᾽ ὡc τάκιcτα cύ).

1218 f. ΧΟ. ταύτη γ᾽ οἴχεται
αὐτή τ᾽ ἐκείνη καὶ γέρων τιc εἵπετο.

1221. ἔτ᾽ ἂν καταλάβοιc, εἰ διώκοιc ταυτηί.

1223 f. ὀρθὴν ἄνω δίωκε. ποῖ θεῖc; οὐ πάλιν
τῃδὶ διώξει; 'c τοὔμπαλιν τρέχειc cύ τε.

1009. ὁρᾷ Εὐριπίδην προcιόντα. — 1172. Εὐριπίδηc ἐν cχήματι προ-
αγωγοῦ γραόc. — 1199. παρακελεύεται αὐτῷ τηρεῖν τὸν γέροντα, αὐτὸc
δὲ εἰcέρχεται μετὰ τῆc ὀρχηcτρίδοc. — 1218. ὁ χορὸc ἐμπαίζει τῷ Cκύθῃ.
ἵνα μὴ διώκων καταλάβῃ αὐτούc. — 1224. ὡc αὐτοῦ τὴν ὁδὸν ἐκείνην
θέλοντοc ἀπελθεῖν, οἵαν ἀπῆλθον οἱ περὶ τὸν Εὐριπίδην.

1225.   Skythe ab in der entgegengesetzten Richtung als vorher Euripides.
1230.   Chor zieht (nach rechts) ab.

Soph. Phil. (409).

Szenerie: Höhle.

v. 1.   Odysseus und Neoptolemos mit Diener treten von der (linken) Seite auf. S. 709. 717.

27 ff.   ΝΕ. δοκῶ γὰρ οἷον εἶπας ἄντρον εἰcορᾶν.
          ΟΔ. ἄνωθεν ἢ κάτωθεν; οὐ γὰρ ἐννοῶ.
          ΝΕ. τόδ᾽ ἐξύπερθε (vgl. 15 f. 22 f.). S. 699.

45.   ΟΔ. τὸν οὖν παρόντα πέμψον εἰς κατασκοπήν.
48.   ΝΕ. ἀλλ᾽ ἔρχεταί τε, καὶ φυλάξεται cτίβος.
        Diener von Neoptolemos nach der Seite abgeschickt (nach links? vgl. 125).   .
        Vor 126 tritt der Chor (von links) auf. S. 680. 709.

132.   ΟΔ. ἐγὼ δὲ πρὸς ναῦν εἶμι (vgl. 124).
134.   Odysseus geht nach dem Schiffe (nach links) ab.
219.   Philoktet tritt auf (von rechts).

539 ff.   ΧΟ. ἐπίcχετον, μάθωμεν· ἄνδρε γὰρ δύο,
         ὃ μὲν νεὼς cῆς ναυβάτης, ὃ δ᾽ ἀλλόθρους
         χωρεῖτον. (S. 717.)
        Einer der Schiffsleute mit dem verkleideten Kauffahrer tritt von links auf.

626 f.   ΕΜ.   ἀλλ᾽ ἐγὼ μὲν εἶμ᾽ ἐπὶ
         ναῦν.   .
        Kauffahrer ab nach dem Schiffe (nach links).

674.   ΝΕ. χωροῖc ἂν εἴcω. ΦΙ. καὶ cέ γ᾽ εἰcάξω.
675.   Neoptolemos und Philoktet ab in die Höhle.
719.   Neoptolemos und Philoktet kommen wieder aus der Höhle.
974.   Odysseus, schon seit einiger Zeit in der Nähe, tritt hervor (mit Dienern, 1003).
1080.   Odysseus und Neoptolemos ab nach links (vgl. 1061. 1065. 1068. 1079).
1217?   Philoktet ab in seine Höhle.
1218 ff.   ΧΟ. ἐγὼ μὲν ἤδη καὶ πάλαι νεὼς ὁμοῦ
         cτείχων ἂν ἦ coι τῆς ἐμῆς, εἰ μὴ πέλας
         Ὀδυccέα cτείχοντα τόν τ᾽ Ἀχιλλέως
         γόνον πρὸς ἡμᾶς δεῦρ᾽ ἰόντ᾽ ἐλεύccομεν.
        Odysseus und Neoptolemos treten von links auf. S. 714 Anm. 717.
1258.   Odysseus zieht sich nach der (linken) Seite zurück.

Schol. Phil. 28. ἄνωθεν ἢ κάτωθεν] ταπεινὸν ἢ ὑψηλόν. — 48. ἀπέρχεται, φηcίν, ὁ θεράπων εἰς κατασκοπήν. — 134. ὁ Ὀδυccεὺς ἀπέcτη.

1262.	Philoktet kommt auf den Ruf des Neoptolemos aus der Höhle.
1293.	Odysseus kommt wieder herbei.
1300.	Odysseus flieht.
1409.	Herakles erscheint in der Höhe. S. 670.
1420.	HP. ἀθάνατον ἀρετὴν ἔσχον, ὡς πάρεσθ᾽ ὁρᾶν.
1451.	Herakles verschwindet.
1469.	XO. χωρῶμεν δὴ πάντες ἀολλεῖς
1471.	Alle ziehen gemeinsam nach dem Schiffe (nach links) ab. S. 681. 690.

Eur. Phoen.

Szenerie: Palast.

v. 1.	Iokaste tritt aus dem Palast.
87.	Iokaste in den Palast ab.
88.	Pädagog, nachher Antigone erscheinen auf dem Dache des Palastes.
90.	μελάθρων ἐς διῆρες ἔσχατον.
100.	κέδρου παλαιὰν κλίμακ᾽ ἐκπέρα ποδί.
193.	ΠΑΙ. ὦ τέκνον, εἴσβα δῶμα.
196 f.	ὄχλος γὰρ . . . . χωρεῖ γυναικῶν πρὸς δόμους τυραννικούς.
201.	Pädagog und Antigone steigen in den Palast hinab. Chor ist eingezogen.
261.	Polyneikes tritt von der (linken) Seite auf.
296 ff.	XO. ἰὼ ἰὼ πότνια, μόλε πρόδρομος, ἀμπέτασον πύλας. κτλ.
301.	Iokaste tritt aus dem Palast.
443 f.	XO. καὶ μὴν Ἐτεοκλῆς εἰς διαλλαγὰς ὅδε χωρεῖ. (S. 718.) Eteokles tritt von der (rechten) Seite auf.
636.	ET. ἔξιθ᾽ ἐκ χώρας.
637.	Polyneikes ab nach der (linken) Seite. Iokaste und Eteokles? in den Palast ab.
690.	Eteokles tritt aus dem Palast?

Schol. Phoen. 88. ὦ κλεινὸν οἴκοις: ... ἡ δὲ ἔξοδος τοῦ παρθένου εἰκών ἐστι τῆς Ὁμηρικῆς τειχοσκοπίας... — 90. ἐς διῆρες ἔσχατον: τὸ διῃρημένον καὶ ὑπερκείμενον, τὸ ὑπερῷον. ἢ τὸ δίστεγον... †καταχρηστικώτερον δὲ κἂν τριώροφον ἢ κἂν πολύστεγον, οὕτως λέγεται. — ὑψηλόν. — 93. μή τις πολιτῶν ἐν τρίβῳ: ταῦτα μηχανᾶσθαί φασι τὸν Εὐριπίδην ἵνα τὸν πρωταγωνιστὴν ἀπὸ τοῦ τῆς Ἰοκάστης προσώπου μετασκευάσῃ· διὸ οὐ συνεπιφαίνεται αὐτῷ Ἀντιγόνη, ἀλλ᾽ ὕστερον. — 196. ὄχλος γὰρ ὡς ταραγμός: τὸ ἑξῆς· ὡς ταραγμὸς εἰσῆλθεν εἰς τὴν πόλιν, ὄχλος γυναικῶν χωρεῖ εἰς τὰ βασίλεια... λέγει δὲ τὰς τοῦ χοροῦ γυναῖκας. — 275. κοὐκ ἔρημα δώματα: τὰς ἀπὸ τοῦ χοροῦ ἑωρακὼς φησι τεθαρρηκέναι. — τὰς τοῦ χοροῦ πρὸ τῶν βασιλείων οἴκων εἶδεν. — 690. δεῖ νοεῖν, ὅτι τοῦ χοροῦ ᾄδοντος ἔσω ἦν ὁ Ἐτεοκλῆς· νῦν δὲ ἐξεισιν οἰκέτῃ ἐπιτάσσων καλέσαι τὸν Κρέοντα. —

696. ET. ὁρῶ γὰρ αὐτὸν πρὸc δόμουc cτείχοντ' ἐμούc. (S. 718.)
      Kreon tritt von der Seite auf (ἐπῆλθον).
779. ET. ἐκφέρετε τεύχη πάνοπλά τ' ἀμφιβλήματα.
      Diener bringen dem Eteokles Waffen aus dem Palast.
783. Eteokles nach der (linken?) Seite ab (ὁρμώμεθ' ἤδη 781).
834 ff. Teiresias tritt (von rechts?) auf, von seiner Tochter und
      dem jungen Menoikeus geführt. S. 697 Anm. 712. 714.
834. TEI. ἡγοῦ πάροιθε, θύγατερ.
836. δεῦρ' εἰc τὸ λευρὸν πέδον ἴχνοc τιθεῖc' ἐμόν.
953 f.   ἡγοῦ, τέκνον,
      πρὸc οἶκον.
959. Teiresias mit seiner Tochter nach der (rechten?) Seite ab.
990. Kreon nach der (rechten) Seite ab (ἀλλ' εἶα, χώρει 990.
      χώρει νυν 986).
1018. Menoikeus nach der (linken) Seite ab (cτείχω δέ 1013).
1067. Bote tritt (von links?) auf.
1072. Iokaste tritt auf die Rufe des Boten (1067 ff.) aus dem
      Palast.
1263. Bote ab?
1264. IO. ὦ τέκνον ἔξελθ', 'Αντιγόνη, δόμων πάρος. (S. 653.)
1270. Antigone tritt aus dem Palast.
1274. ἀλλ' ἕπου.
1280. ἔπειγ' ἔπειγε, θύγατερ·
1282. Iokaste und Antigone ab nach der Seite von der der Bote kam.
1307 f. XO. ἀλλὰ γὰρ Κρέοντα λεύccω τόνδε δεῦρο cυννεφῆ
      πρὸc δόμουc cτείχοντα.
      Kreon tritt von der (rechten?) Seite auf.
1333 f. KP. cκυθρωπὸν ὄμμα καὶ πρόcωπον ἀγγέλου
      cτείχοντοc. (S. 714 Anm. 719.)
      Bote tritt von der (linken?) Seite auf.
1479. Bote ab?
1481 ff. XO.   πάρα γὰρ λεύccειν
      πτώματα νεκρῶν τριccῶν ἤδη
      τάδε πρὸc μελάθροιc. (S. 718.)
      Die Leichen der Brüder und der Iokaste werden (von
      links?) hereingetragen. Antigone geleitet sie. S. 708.
1539. Ödipus tritt auf den Ruf der Antigone (1530 ff.) aus dem
      Palast.
1539 f. OI. τί μ', ὦ παρθένε, βακτρεύμαcι τυ-
      φλοῦ ποδὸς ἐξάγαγεc εἰc φῶc;
1710. AN. ἴθ' εἰc φυγὴν τάλαιναν.
1714. OI. ἰδοὺ πορεύομαι.

---

694. κατὰ τὸ cιωπώμενον εἶδεν αὐτὸν ἐρχόμενον. — 1539. τί μ' ὦ
παρθένε: ... μόνος ἐκπορεύεται ἑαυτὸν ὁδηγῶν. τάχα δὲ τῶν παρόντων
κακῶν πάντεc ἐξῆλθον θεαταὶ γενέcθαι· διὸ μεμονωμένον θεράποντος Οἰδί-
ποδοc τὸ πρόcωπον ἔξειcιν.

1718.   ΟΙ. πόθι γεραιὸν ἴχνος τίθημι;
1720.   ΑΝ. τᾷδε τᾷδέ βᾶθί μοι.
        Bis 1763. Ôdipus, von Antigone geführt, langsam nach der
        (linken) Seite ab.
1763?   Kreon ab in den Palast. Die Leichen werden hineingetragen.
1766.   Chor zieht ab.

Eur. Or. (408).

Szenerie: Palast.

Orestes liegt vor dem Palast schlafend auf einem Ruhebett.
Elektra sitzt neben ihm (v. 36 f.).

v. 71.   Helene tritt aus dem Palast.
111.   ΕΛ. ὦ τέκνον ἔξελθ᾽, Ἑρμιόνη, δόμων πάρος.   (S. 653.)
        Hermione tritt aus dem Palast.
124 f. ἴθ᾽ ὦ τέκνον μοι, σπεῦδε καὶ χοὰς τάφῳ
        δοὺς᾽ ὡς τάχιστα τῆς πάλιν μέμνης᾽ ὁδοῦ (vgl. 114).
        Hermione nach der Seite, Helene in den Palast ab.
132 f. ΗΛ. αἵδ᾽ αὖ πάρεισι τοῖς ἐμοῖς θρηνήμασι
        φίλαι ξυνῳδοί.
        Chor zieht ein.   S. 688 f. 702.
142 f. ΗΛ. ἀποπρὸ βᾶτ᾽ ἐκεῖς᾽, ἀποπρό μοι κοίτας
        ΧΟ. ἰδού, πείθομαι.
149.   ΗΛ. κάταγε κάταγε, πρόσιθ᾽ ἀτρέμας, ἀτρέμας ἴθι.
170 ff. οὐκ ἀφ᾽ ἡμῶν, οὐκ ἀπ᾽ οἴκων
        πάλιν ἄρα μεθεμένα κτύπου
        πόδα σὸν εἱλίξεις;
315.   Elektra ab in den Palast (βᾶσα δωμάτων ἔσω 301).
348 f. ΧΟ. καὶ μὴν βασιλεὺς ὅδε δὴ στείχει,
        Μενέλαος ἄναξ.   (S. 718.)
        Menelaos tritt von der (linken) Seite auf. S. 714 Anm. 720.
375 f. ΜΕ. καὶ νῦν ὅπου ᾽στὶν εἴπατ᾽, ὦ νεάνιδες,
        Ἀγαμέμνονος παῖς.
456 ff. ΧΟ. καὶ μὴν γέροντι δεῦρ᾽ ἁμιλλᾶται ποδὶ
        ὁ Σπαρτιάτης Τυνδάρεως κτλ.   (S. 718.)
        Bis 469 tritt Tyndareos auf von der Seite. S. 720. 723 Anm.
470.   ΤΥ. ποῦ ποῦ θυγατρὸς τῆς ἐμῆς ἴδω πόσιν;
        Tyndareos erblickt den Menelaos 477, den Orestes 478.
629.   ΤΥ. ἡμᾶς δ᾽ ἀπ᾽ οἴκων ἄγετε τῶνδε, πρόσπολοι.
        Tyndareos ab (στεῖχ᾽ 630) auf dem Weg, auf welchem er
        gekommen.

───────────

·Hypoth. Or. …πρὸς τὰ τοῦ Ἀγαμέμνονος βασίλεια ὑπόκειται Ὀρέστης
κάμνων καὶ κείμενος ὑπὸ μανίας ἐπὶ κλινιδίου, ᾧ προσκαθέζεται πρὸς τοῖς
ποσὶν Ἠλέκτρα … — Schol. 71. ὦ παῖ Κλυταιμνήστρας: … καὶ ἡ μὲν
Ἑλένη ἔξεισιν ἔχουσα χοάς… — 132. κατὰ τὸ σιωπώμενον ἔρχονται αἱ γυναῖκες ἰδεῖν τὸν Ὀρέστην πῶς ἔχει, καὶ ἐθεάσατο αὐτάς. — 141. τιθεῖτε:
…εἰσελήλυθε δὲ ὁ χορὸς κατὰ ὑπόθεσιν ἔσω. —

716.   Menelaos ab nach der Seite.

725 f.   OP. ἀλλ' εἰcopῶ γὰρ τόνδε φίλτατον βροτῶν
        Πυλάδην δρόμῳ cτείχοντα Φωκέων ἄπο. (S. 714 Anm. 718.)
        Pylades tritt eilig auf.

796.   OP. καί με πρὸc τύμβον πόρευcον πατρόc.

806.   Orestes und Pylades ab nach der Seite (vgl. 801 f. ἐγὼ δι'
        ἄcτεώc cε ... ὀχήcω).

844.   Elektra tritt aus dem Palast.

850 f..   XO.   ἔοικε δ' οὐ μακρὰν ὅδ' ἄγγελοc
        λέξειν τὰ κεῖθεν coῦ καcιγνήτου πέρι. (S. 718.)
        Bote tritt auf.

956.   Bote ab?

1013 ff.   XO. καὶ μὴν ὅδε còc cύγγονοc ἕρπει

     . . . .

        ὅ τε πιcτότατοc πάντων Πυλάδηc. (S. 718.)
        Orestes und Pylades treten auf, von derselben Seite wie
        vorher der Bote.

1245.   Orestes und Pylades ab in den Palast (ἔcω cτείχοντεc 1222).

1251 f.   HΛ. cτῆθ' αἳ μὲν ὑμῶν τόνδ' ἀμαξήρη τρίβον,
        αἳ δ' ἐνθάδ' ἄλλον οἶμον εἰc φρουρὰν δόμων.

1258 ff.   HMIX. χωρεῖτ', ἐπειγώμεcθ'· ἐγὼ μὲν οὖν τρίβον
        τόνδ' ἐκφυλάξω, τὸν πρὸc ἡλίου βολάc.
        HMIX. καὶ μὴν ἐγὼ τόνδ', ὃc πρὸc ἑcπέραν φέρει. S. 724.

1311 f.   XO. cιγᾶτε cιγᾶτ'· ἠcθόμην κτύπου τινὸc
        κέλευθον εἰcπεcόντοc ἀμφὶ δώματα.

1314.   HΛ. ἤδ' Ἑρμιόνη πάρεcτι. (S. 719.)
        Bis 1322 tritt Hermione (von der Seite) auf. (S. 711. 714.)

1344.   EP. ἰδού, διώκω τὸν ἐμὸν εἰc δόμουc πόδα.

1347.   Hermione wird an der Palastthüre von Orestes in Empfang
        genommen.

1352.   Orestes, Hermione und Elektra ab in den Palast.

1366 f.   XO. ἀλλὰ κτυπεῖ γὰρ κλῆθρα βαcιλικῶν δόμων,
        cιγήcατ'· ἔξω γάρ τιc ἐκβαίνει Φρυγῶν.
        Phryger tritt aus dem Palast. (Ursprünglich sollte er vom
        Dach herunterspringen, s. 1371 f. und Schol.)

---

725. κατὰ τὸ cιωπώμενον εἶδε τὸν Πυλάδην ἐρχόμενον. — 850. κατὰ
τὸ cιωπώμενον εἶδον τὸν ἄγγελον ἐρχόμενον αἱ τοῦ χοροῦ γυναῖκεc. —
1366. ἀλλὰ κτυπεῖ: ἐξιὼν τιc ψοφεῖ, τοῦτο γὰρ ἔθοc, ταῖc θύραιc. τούτουc
δὲ τοὺc τρεῖc cτίχουc οὐκ ἄν τιc ἐξ ἑτοίμου cυγχωρήcειεν Εὐριπίδου εἶναι,
ἀλλὰ μᾶλλον τῶν ὑποκριτῶν, οἵτινεc, ἵνα μὴ κακοπαθῶcιν ἀπὸ τῶν βαcιλείων δόμων καθαλλόμενοι, παρανοίξαντεc ἐκπορεύονται τὸ τοῦ Φρυγὸc
ἔχοντεc cχῆμα καὶ πρόcωπον. ὅπωc οὖν διὰ τῆc θύραc εὐλόγωc ἐξιόντεc
φαίνωνται, τούτουc προcενέταξαν. ἐξ ὧν δὲ αὐτοὶ λέγουcιν, ἀντιμαρτυ-
ροῦcι τῇ διὰ τῶν θυρῶν ἐξόδῳ. φανερὸν γὰρ ἐκ τῶν ἑξῆc ὅτι ὑπερπεπή-
δηκεν. —

1504 f.　ΧΟ. Ξιφηφόρον γὰρ εἰcορῶ πρὸ δωμάτων
　　　　βαίνοντ' Ὀρέcτην ἐπτοημένῳ ποδί. (S. 653.)
　　　　Orestes tritt aus dem Palast (vgl. 1529).
1524.　ΟΡ.　ἀλλὰ βαῖν' εἴcω δόμων.
1526?　Phryger ab in den Palast.
1536.　Orestes ab in den Palast (vgl. 1552).
1549.　ΧΟ. ἀλλὰ μὴν καὶ τόνδε λεύccω Μενέλεων δόμων πέλαc.
　　　　　　　　　　　　　　　　　　　　(S. 714 Anm.)
　　　　Menelaos tritt von der Seite auf.
1567.　Orestes und Pylades erscheinen mit Hermione auf dem Dache
　　　　des Palastes.
1573 ff.　ΜΕ. ἔα, τί χρῆμα; λαμπάδων ὁρῶ cέλαc,
　　　　δόμων δ' ἐπ' ἄκρων τούcδε πυργηρουμένουc,
　　　　Ξίφοc δ' ἐμῆc θυγατρὸc ἐπίφρουρον δέρῃ.
1625.　Apollon erscheint in der Höhe, mit Helene? S. 670.
1626.　ΑΠ. ἐγγὺc ὤν.
1631.　ἥδ' ἐcτίν, ἣν ὁρᾶτ' ἐν αἰθέροc πτυχαῖc.
1673.　ΜΕ. ὦ Ζηνὸc Ἑλένη χαῖρε παῖ.
1684.　ΑΠ. Ἑλένην Δίοιc μελάθροιc πελάcω.
1690.　Apollon (mit Helene?) verschwindet.
　　　　Orestes, Pylades, Hermione steigen in den Palast hinab.
　　　　Menelaos ab.
1693.　Chor zieht ab.

Eur. Bacch. (307).

Szenerie: Palast. Grabmal der Semele.

v. 1.　Dionysos tritt von der (linken) Seite auf, vgl. 4 f. 53 f.
　　　　S. 670. 709.
　　　　Vor 55 tritt der Chor von derselben Seite wie vorher
　　　　Diouysos auf. S. 680. 709.
62 f.　ΔΙ. ἐγὼ δὲ Βάκχαιc εἰc Κιθαιρῶνοc πτυχὰc
　　　　ἐλθὼν κτλ.
　　　　Dionysos ab nach der Seite.
170.　Teiresias tritt (von rechts) auf.
178.　Kadmos tritt aus dem Palast, vgl. 170. 173.
212.　ΚΑ. Πενθεὺc πρὸc οἴκουc ὅδε διὰ cπουδῆc περᾷ. (S. 714
　　　　Anm. 719.)
　　　　Pentheus tritt von der (linken) Seite auf, erblickt 248 ff.
　　　　die beiden Greise. S. 721.
　　　　Nach 346 ff. und 352 ff. einige Diener des Pentheus nach
　　　　der Seite ab.
369.　Teiresias und Kadmos ab (vgl. 360. 363. 365) nach der
　　　　(linken?) Seite.

1567. ταῦτα ἄνωθεν Ὀρέcτηc ἐκ τοῦ δώματόc φηcιν.

434.   Dienor mit dem aufgegriffenen Dionysos kommen zurück.
ΘΕ. Πενθεῦ, πάρεςμεν τήνδ᾽ ἄγραν ἠγρευκότες.
518.   Diener mit Dionysos ab in den Palast, vgl. 509 ff. 515.
Pentheus ab in den Palast.
604?   Dionysos tritt aus dem Palast.
636 ff.   ΔΙ.   ἥςυχος δ᾽ ἐκβὰς ἐγὼ
δωμάτων ἥκω πρὸς ὑμᾶς. . . . . . .
ὡς δέ μοι δοκεῖ, ψοφεῖ γοῦν ἀρβύλη δόμων ἔςω,
εἰς προνώπι᾽ αὐτίχ᾽ ἥξει.
642.   Pentheus tritt aus dem Palast.
657 f.   ΔΙ. κείνου δ᾽ ἀκούςας πρῶτα τοὺς λόγους μάθε,
ὃς ἐξ ὄρους πάρεςτιν ἀγγελῶν τί coι.   (S. 718.)
Bote tritt von der (linken?) Seite auf.
780 ff.   ΠΕ.   cτεῖχ᾽ ἐπ᾽ Ἠλέκτρας ἰὼν
πύλας· κέλευε πάντας ἀςπιδηφόρους κτλ.
786.   Bote ab nach der Seite.
846.   Pentheus ab in den Palast (ἐλθὼν ἐς οἴκους 843; cτείχοιμ᾽
ἄν 845).
861.   Dionysos ab in den Palast (ἀλλ᾽ εἶμι κόςμον . . . Πενθεῖ
προςάψων 857 ff. vgl. 827).
912.   Dionysos tritt aus dem Palast.
914.   ΔΙ. ἔξιθι πάροιθε δωμάτων.
Pentheus tritt aus dem Palast.
976.   Dionysos mit Pentheus nach der (linken?) Seite ab, vgl.
965. 971. 974 f.
1024.   Bote tritt von der (linken?) Seite auf.
1152.   Bote ab, vgl. 1149.
1165 f.   ΧΟ. ἀλλ᾽ εἰσορῶ γὰρ εἰς δόμους ὁρμωμένην
Πενθέως Ἀγαύην μητέρ᾽.
Agaue stürmt herein von der (linken?) Seite.
1216.   Kadmos tritt von der (linken?) Seite auf mit Dienern,
welche die Leiche des Pentheus tragen. S. 708.
1216 f.   ΚΑ. ἕπεσθέ μοι φέροντες ἄθλιον βάρος
Πενθέως, ἕπεσθε, πρόσπολοι, δόμων πάρος.
1231.   Kadmos erblickt die Agaue. S. 721.
Zwischen 1329 und 1330 Lücke. Dionysos erscheint. S. 670.
1378?   Dionysos verschwindet.
1387.   Agaue ab nach der Seite (vgl. 1371. 1381 ff.), Kadmos ab
in den Palast?
1392.   Chor zieht ab.

Eur. Iph. Aul. (407).

• Szenerie: Zelt.

v. 1. Agamemnon tritt aus dem Zelt.
1 f. ΑΓΑ. ὦ πρέϲβυ, δόμων τῶνδε πάροιθεν
ϲτεῖχε. ΠΡ. ϲτείχω. (S. 653.)
Alter Diener tritt aus dem Zelt.
163. Alter Diener nach der (linken) Seite (111 f. 139 ff. 156),
Agamemnon ins Zelt ab.
164. Chor zieht (von rechts) ein.
303. Menelaos und der alte Diener treten (von links) auf.
317. Agamemnon tritt auf den Ruf des Alten aus dem Zelt.
Nach 319 alter Diener ab ins Zelt?
414. Bote tritt (von links) auf.
440. ΑΓΑ. ἀλλὰ ϲτεῖχε δωμάτων ἔϲω.
Bote ab ins Zelt.
542. Menelaos ab nach rechts (ἀνὰ ϲτρατὸν ἐλθών 538 f.).
591 ff. ΧΟ.   τὴν τοῦ βαϲιλέωϲ
ἴδετ᾽ Ἰφιγένειαν ἄναϲϲαν
τὴν Τυνδαρέου τε Κλυταιμνήϲτραν. (S. 718.)
Klytämestra und Iphigenie mit dem kleinen Orestes fahren
auf einem Wagen (610. 616. 618 ff.) von der (linken)
Seite herein. S. 708. 713.
599 f. ΧΟ. τὴν βαϲίλειαν δεξώμεθ᾽ ὄχων
ἄπο μὴ ϲφαλερῶϲ ἐπὶ γαῖαν.
615 f. ΚΛ. ὑμεῖϲ δὲ νεάνιδέϲ νιν ἀγκάλαιϲ ἔπι
δέξαϲθε καὶ πορεύϲατ᾽ ἐξ ὀχημάτων.
685. ΑΓΑ. ἴθ᾽ εἰϲ μέλαθρα (vgl. 678).
Iphigenie ab ins Zelt.
741. Klytämestra ab ins Zelt.
760. Agamemnon ab nach dem Lager (nach rechts), vgl. 746 ff.
1099.
801. Achilleus tritt vom Lager her auf.
819. Klytämestra tritt aus dem Zelt (ἐξέβην πρὸ δωμάτων 820,
s. S. 653).
855. Alter Diener wird in der Zeltthüre sichtbar.
857. ΑΧ. τίϲ ὁ καλῶν πύλαϲ παροίξαϲ;
863. ΚΛ. ἔξω δ᾽ ἐλθὲ βαϲιλικῶν δόμων.
1035. Achilleus nach dem Lager ab, Klytämestra ins Zelt.
Alter Diener spätestens hier ins Zelt ab.
1098. Klytämestra tritt aus dem Zelt (ἐξῆλθον οἴκων).
1103 f. ΚΛ. μνήμην δ᾽ ἄρ᾽ εἶχον πληϲίον βεβηκότοϲ
Ἀγαμέμνονοϲ τοῦδ᾽. (S. 718.)
Agamemnon tritt vom Lager her auf.
1117. ΚΛ. χώρει δὲ θύγατερ ἐκτόϲ.

1119 f. λαβοῦc' Ὀρέcτην còν καcίγνητον ...
         ἰδοὺ πάρεcτιν ἥδε.
         Iphigenie mit dem kleinen Orestes ist aus dem Zelt ge-
         treten.
1275.   Agamemnon ab nach dem Lager (φεύγει cε πατήρ 1278).
1338 f. ΙΦ.   ἀνδρῶν ὄχλον εἰcορῶ πέλαc.
         ΚΛ. τόν γε τῆc θεᾶc παῖδα (S. 719.)
         Achilleus mit Bewaffneten tritt bis 1345 auf. S. 713. 714.
1438.   Achilleus ab nach dem Lager.
1509.   Iphigenie geht nach dem Lager ab, vgl. 1512.
         Klytämestra ab ins Zelt, vgl. 1532 f.
1532.   Bote tritt vom Lager her auf.
1532 f. ΑΓΓ. ὦ Τυνδαρεία παῖ, Κλυταιμνήcτρα, δόμων
         ἔξω πέραcον.
         Klytämestra tritt auf den Ruf des Boten aus dem Zelt.
[1612.   Bote ab?
1619.   ΧΟ. καὶ μὴν Ἀγαμέμνων ἄναξ cτείχει. (S. 718.)
         Agamemnon tritt vom Lager her auf.
1626.   Klytämestra ab nach links?
         Agamemnon ab ins Zelt?
1629.   Chor zieht nach rechts ab.]

                        Aristoph. Ran. (405).
                 Anfängliche Szenerie: Haus des Herakles.

v. 1.   Dionysos mit dem auf einem Esel (S. 703. 708) reitenden
         Xanthias tritt·von der Seite auf. S. 713.·715. Sie ge-
         langen
35.   an das Haus des Herakles. (S. 703.) Dionysos klopft.
38.   Herakles tritt heraus.
165.   Herakles ab in sein Haus, vgl. 164.
170.   ΔΙ. καὶ γάρ τιν' ἐκφέρουcιν οὑτοὶ νεκρόν.
         Eine Leiche wird vorübergetragen.
174.   ΝΕ. ὑπάγεθ' ὑμεῖc τῆc ὁδοῦ.
177.   Leichenträger mit·dem Toten ab.

Hypoth. Ran. I erzählt den Gang der Handlung.
    Schol. ὁ Ξανθίαc ἐπὶ ὄνου παράγεται καθεζόμενοc. — 89. πρόc τινα
τῶν ἑαυτοῦ παίδων τοῦτό φηcιν, οὔπω τῆc θύραc ἀνοιγείcηc. — 174. ὑπάγεθ' ὑμεῖc: ἀντὶ τοῦ ἀναχωρεῖτε. ἀποcτρέφεται δὲ αὐτοὺc ὁ νεκρόc, μὴ
βουλόμενοc cκευηφορεῖν ... τὸ δὲ, ὑπάγετε ὑμεῖc τῆc ὁδοῦ, ὁ νεκρόc φηcι
πρὸc τοὺc νεκροφόρουc. — 180. ...τὸ δὲ παραβαλοῦ ἀντὶ τοῦ ὅρμιcον τῇ
γῇ τὴν ναῦν. ἐν τῇ νηὶ γὰρ ὁ Χάρων λέγει. — πληcίαcον τὸ cκάφοc τῷ
λιμένι. —

Szenenwechsel.

Die Wanderer gelangen an den acherusischen See. Ist eine
Darstellung desselben auf der Dekoration anzunehmen,
so war dieselbe wohl schon vorher neben dem Haus des
Herakles da; also kein Dekorationswechsel. S. 658.

181 f. ΞΑ. τουτὶ τί ἔcτι; ΔΙ. τοῦτο; λίμνη νὴ Δία
       αὕτη 'cτὶν ἣν ἔφραζε, καὶ πλοῖόν γ' ὁρῶ.

180.   χωρῶμεν ἐπὶ τὸ πλοῖον. ΧΑ. ὤοπ παραβαλοῦ.

183.   ΞΑ. νὴ τὸν Ποcειδῶ κἄcτι γ' ὁ Χάρων ούτοcί.
       Der Nachen des Charon bewegt sich auf der Bühne von
       der Seite her auf die Ankömmlinge zu.

193.   ΧΑ. οὔκουν περιθρέΞει δῆτα τὴν λίμνην κύκλῳ;

196.   Xanthias ab nach der Seite (oder läuft er an der Peripherie
       der Orchestra herum auf die andere Seite der Bühne,
       während der Nachen den geraden Weg dahin nimmt?).

270.   ΧΟ. ἔκβαιν', ἀπόδος τὸν ναῦλον.
       Dionysos steigt aus, Charon verschwindet mit seinem Nachen
       (auf demselben Weg zurück?). Xanthias kommt auf den
       Ruf des Dionysos von der Seite herein.

277.   ΔΙ. ἄγε δὴ τί δρῶμεν; ΞΑ. προϊέναι βέλτιστα νῷν.

Vor 316:   Szeneriewechsel.

An Stelle des Hauses des Herakles und des acherusischen Sees, falls
dieser zu sehen war, tritt der Palast des Pluton. S. 658.

324?   Chor der Mysten zieht (von rechts) ein. S. 679.

351 f. ΧΟ. προβάδην ἔΞαγ' ἐπ' ἀνθηρὸν ἕλειον δάπεδον κτλ.

181. ... ἐνταῦθα δὲ τοῦ πλοίου ὀφθέντος ἠλλοιῶcθαι χρὴ τὴν cκηνὴν
καὶ εἶναι κατὰ τὴν Ἀχερουcίαν λίμνην τὸν τόπον ἐπὶ τοῦ λογείου, ἢ ἐπὶ
τῆς ὀρχήcτρας, μηδέπω δὲ ἐν Ἅιδου. S. 658. — 184. ... πιθανὸν ὑπο-
νοεῖν τρεῖc τοῦτο λέγοντας, ἀcπαζομένους τὸν Χάρωνα, Διόνυcον, Ξανθίαν
καὶ τὸν νεκρόν. δεῖ γὰρ ὑπονοῆcαι βούλεcθαι καὶ αὐτὸν cυνεμβαίνειν αὐτοῖc. — 209. ... ταῦτα καλεῖται παραχορηγήματα, ἐπειδὴ οὐχ ὁρῶνται ἐν
τῷ θεάτρῳ οἱ βάτραχοι, οὐδὲ ὁ χορόc, ἀλλ' ἔcωθεν μιμοῦνται τοὺc βατρά-
χους. — 268. ἔμελλον ἄρα: cιωπῶcιν οἱ βάτραχοι καὶ ἕτερος χορὸc εἰcέρχεται, ὡc προείπομεν, ὁ τῶν μυcτῶν, ὅc ἐcτιν ἀναγκαῖοc. — 269. ὦ παῦε
παῦε: κορωνὶc ἀμοιβαία εἰcιόντων τῶν ὑποκριτῶν.... πρὸc τὴν γῆν δὲ
φθάcαc φηcὶ ταῦτα. — 270. ... ἐν Ἅιδου λοιπὸν τὰ πράγματα. — 274.
μεταβέβληται ἡ cκηνὴ καὶ γέγονεν ὑπόγειος. μεταβέβληται δὲ καὶ ὁ χορόc...
(S. 658.) — 297. ἱερεῦ διαφύλαΞον: ἱερέωc τινὸς ἀκολουθοῦντος αὐτῷ μέ-
μνηται. — ἐν προεδρίᾳ κάθηται ὁ τοῦ Διὸc (Διονύcου?) ἱερεύc. ἀποροῦcι
δέ τινεc πῶc ἀπὸ τοῦ λογείου περιελθὼν καὶ κρυφθεὶc ὄπιcθεν τοῦ ἱερέωc
τοῦτο λέγει. φαίνονται δὲ οὐκ εἶναι ἐπὶ τοῦ λογείου, ἀλλ' ἐπὶ τῆς ὀρχήcτρας, ἐν ᾗ ὁ Διόνυcος ἐνέβη καὶ ὁ πλοῦc ἐπετελεῖτο... ἄλλωc. παρὰ ταῖc
θέαιc προεδρίᾳ ἐτετίμητο ὁ ἱερεὺc τοῦ Διονύcου πρὸc cυνήθειαν οὖν καλεῖ
ὁ Διόνυcος τὸν ἱερέα. ἄλλωc. ἤδη γὰρ ἦν τῶν μεμυημένων κατὰ τὴν
cκηνὴν γενόμενος. — οἱ δέ φαcιν ἄτοπον εἶναι νομίζειν ἀκολουθεῖν αὐτοῖc
ἱερέα· μὴ γὰρ ἐμφαίνεcθαι ... — 301. ἴθ' ἥπερ ἔρχει: τοῦτο ἔμφαcιν
παρέχει, ὡc προερχομένου αὐτοῦ πρότερον ὄπιcθ⟨ε⟩ν τοῦ ἱερέωc ὄντος.
S. 713. — 316. μετεβλήθη ὁ χορὸc εἰc μύcτας. —

436.   XO. ἀλλ' ἴcθ' ἐπ' αὐτὴν τὴν θύραν ἀφιγμένοc.
444 f. ἐγὼ δὲ cὺν ταῖcιν κόραιc εἴμι καὶ γυναιξίν κτλ.
       Ein Teil des ursprünglich aufgetretenen Chors zieht nach
       der Seite ab.
464.   Auf das Klopfen des Dionysos tritt Aiakos aus dem Palast.
478.   ΑΙ. ἐφ' ἃc ἐγὼ δρομαῖον ὁρμήcω πόδα.
       Aiakos ab in den Palast, vgl. 603 f.
503.   Dienerin tritt aus dem Palast.
520.   Dienerin ab in den Palast (ἴθι νυν 519), Xanthias wird
       von Dionysos zurückgehalten.
549.   Wirtinnen treten von der Seite auf (δεῦρ' ἔλθ').
578.   Wirtinnen ab nach der Seite (εἴμ' ἐπὶ Κλέων' 577).
603 f. ΞΑ.   ὡc ἀκούω
       τῆc θύραc καὶ δὴ ψόφον.
       Aiakos mit Gehilfen tritt aus dem Palast.
669.   ΑΙ. ἀλλ' εἴcιτον.
673.   Aiakos, Dionysos, Xanthias ab in den Palast.
738.   Aiakos und Xanthias aus dem Palast.
812.   ΑΙ. ἀλλ' εἰcίωμεν.
813.   Aiakos und Xanthias ab in den Palast.
830.   Dionysos, Pluton, Aischylos, Euripides treten aus dem Palast.
1479. ΠΛ. χωρεῖτε τοίνυν ὦ Διόνυc' εἴcω.
1481. Dionysos, Pluton, Aischylos, Euripides ab in den Palast.
1500. Dionysos, Pluton, Aischylos treten wieder aus dem Palast.
1524 f. ΠΛ. φαίνετε τοίνυν ὑμεῖc τούτῳ
       λαμπάδαc ἱεράc, χἄμα προπέμπετε.
1527. Pluton ab in den Palast.
1533. Dionysos und Aischylos ab nach der Oberwelt (nach links).
       Der Chor geleitet sie. S. 681. 690.

Aristoph. Eccl. (389?).

Szenerie: Vier (drei?) Häuser. S. 656.

v. 1. Praxagora tritt aus ihrem Haus. S. 679.
27 f. ΠΡ.   ἀλλ' ὁρῶ τονδὶ λύχνον
       προcιόντα, vgl. 31. S. 680.
30.   Einige Frauen treten von der Seite auf.
33 f. ΠΡ.   ἀλλὰ φέρε τὴν γείτονα
       τήνδ' ἐκκαλέcωμαι θρυγονῶcα τὴν θύραν.

---

460. ἄγε δή: κορωνὶc εἰcιόντων αὖθιc τῶν ὑποκριτῶν. — 549. Πλαθάνη, Πλαθάνη: κορωνὶc ὁμοία εἰcιόντων τῶν ὑποκριτῶν. — 605. ξυνδεῖτε
ταχέωc: κορωνὶc αὖθιc ἑτέρα εἰcιόντων τῶν ὑποκριτῶν. — 738. ...κορωνὶc
δὲ εἰcιόντων αὖθιc τῶν ὑποκριτῶν. — 830. κορωνὶc δὲ εἰcιόντων τῶν ὑποκριτῶν.
    Schol. Eccl. 1. ὦ λαμπρὸν: Πραξαγόρα λύχνον ἔχουca προέρχεται
(ebenso Hypoth. I). —

35. Erste Frau (Nachbarin der Praxagora) tritt aus ihrem Haus.
S. 656. 679.

41 f. ΠΡ. καὶ μὴν ὁρῶ καὶ Κλειναρέτην καὶ Cωcτράτην
προcιοῦcαν ἤδη τήνδε καὶ Φιλαινέτην.
Andere Frauen des Chors treten auf. S. 680.

46 f. ΓΥ. α'. τὴν Cμικυθίωνος δ' οὐχ ὁρᾷc Μελιcτίχην
cπεύδουcαν ἐν ταῖc ἐμβάcιν;
Zweite Frau tritt von der Seite auf.

52. ΓΥ. α'. τὴν τοῦ καπήλου δ' οὐχ ὁρᾷc Γευcιcτράτην;

54 ff. ΠΡ. καὶ τὴν Φιλοδωρήτου τε καὶ Χαιρητάδου
ὁρῶ προcιούcαc χἀτέραc πολλὰc πάνυ
γυναῖκαc.
Weitere Frauen treten von der Seite auf. Der Chor sammelt sich. S. 680. 692.

279 f. ΓΥ. β'.　　ἡμεῖc δέ γε
προῖωμεν αὐτῶν. S. 680.

282.　　　　ΠΡ. ἀλλὰ cπεύcαθ' ὡc οἷόν τ', vgl. βαδίζετ' 277.

285—310. Alle Frauen ziehen nach der Seite ab. S. 710.

311. Blepyros tritt aus seinem Haus.

327. Nachbar des Blepyros tritt aus seinem Haus (vgl. 33 ff.
S. 656).

357. Nachbar des Blepyros ab nach der Seite?

372. Chremes tritt von der Seite auf.

477. Chremes ab (ἀλλ' εἶμι) nach der Seite, Blepyros ins Haus.

478 ff. Chor zieht von der Seite ein. S. 709 f.

496 ff. ΧΟ. ἀλλ' εἶα δεῦρ' ἐπὶ cκιᾶc
ἐλθοῦcα πρὸc τὸ τειχίον κτλ. S. 710. 724.

500 f.　　　　ὡc τήνδε καὶ δὴ τὴν cτρατηγὸν ἡμῖν
χωροῦcαν ἐξ ἐκκληcίαc ὁρῶμεν. S. 714 Anm.
Praxagora tritt von derselben Seite wie der Chor auf. S. 709 f.

503. ΧΟ. χαῦται γὰρ ἥκουcιν κτλ.
Andere Frauen des Chors kommen herbei.

520. Blepyros tritt aus seinem Haus.
Vor 568(?) tritt der Nachbar des Blepyros wieder auf (von
der Seite, vgl. 352 f.).

711. ΠΡ. βαδιcτέον τἄρ' ἐcτὶν εἰc ἀγορὰν ἐμοί.

725. ΒΛ. φέρε νυν ἐγώ cοι παρακολουθῶ πληcίον.

727. Blepyros und Praxagora ab nach der Seite.

---

280. προῖωμεν αὐτῶν: προηγηcώμεθα τῶν λοιπῶν γυναικῶν (S. 680
Anm.). — 289. χωρῶμεν: τοῦτ' ἐcτὶ τὸ μέλοc ὃ εἶπεν ἔνδον αὐταῖc τὸ
ἀγροικικόν. Vgl. S. 680. — 300. ὅρα δ' ὅπωc: ὁρᾷ ἄνδραc προcιόνταc ἐν
τῇ ἐκκληcίᾳ. — 372. οὗτοc τί ποιεῖc: ἀνήρ τιc ἐπανιὼν ἀπὸ τῆc ἐκκληcίαc
Χρέμηc. — 478. ἔμβα, χώρει: ἐξέρχεται ὁ χορὸc ἀπὸ τῆc ἐκκληcίαc. —
562. ἄλλοc Βλέπυροc ἐλθών. —

728 f. AN. ἐγὼ δ' ἵν' εἰc ἀγοράν γε τὰ cκεύη φέρω,
        προχειριοῦμαι κᾆετάcω τὴν οὐcίαν.
        Nachbar des Blepyros ab iu sein Haus.
730 ff. Nachbar des Blepyros schafft seine Habseligkeiten heraus.
746.   Chremes tritt von der Seite auf.
834.   Heroldin tritt von der Seite auf.
852.   Heroldin geht wieder ab.
871.   Nachbar des Blepyros nach der Seite ab.
876.   Chremes folgt ihm (βαδιcτέον ὁμόc' ἐcτί 875 f.).
877.   Altes Weib erscheint in einem der Häuser oben am Fenster,
        nebenan
884.   das junge Mädchen. S. 656.
934.   ΝΕ. ὁδὶ γὰρ αὐτόc ἐcτιν. (S. 719.)   .
        Junger Mann tritt von der Seite auf. S. 714 Anm.
936.   ΝΕ.   ὡc ἔγωγ' ἀπέρχομαι.
        Das junge Mädchen verschwindet vom Fenster.
946.   ΓΡ. α'. ἀλλ' εἶμι τηρήcουc' ὅ τι καὶ δράcει ποτέ.
        Das alte Weib verschwindet vom Fenster.
949.   Das Mädchen erscheint wieder am Fenster.
961 f. ΝΕΑΝΙΑC. καὶ cύ μοι καταδραμοῦ-
        cα τὴν θύραν ἄνοιξον. (S. 656.)
975?   Das Mädchen verschwindet vom Fenster.
976.   Das alte Weib tritt aus der Thüre, vgl. 993. 997.
1037.   Mädchen tritt aus dem Haus.
1044.   Altes Weib ab ins Haus, vgl. 1046.
1049.   Zweites altes Weib tritt aus einem Haus nebenan (vgl.
        1052. 1095. S. 656).
        Nach 1055 Mädchen ab ins Haus.
1065.   Drittes altes Weib tritt auf.
1111.   Das zweite alte Weib schleppt den jungen Mann in ihr
        Haus, die andere Alte folgt.
1112.   Dienerin tritt von der Seite auf.
1128.   ΘΕ.   ὁδὶ γὰρ ἐπὶ τὸ δεῖπνον ἔρχεται. (S. 719.)
        Blepyros tritt von der Seite? (vgl. 725) auf.
1138.   ΘΕ. ἄγειν cε καὶ ταcδὶ μετὰ coῦ τὰc μείρακαc.
1149.   ΒΛ. ἐγὼ δὲ πρὸc τὸ δεῖπνον ἤδη 'πείcομαι·
1151 ff. ΧΟ. τί δῆτα διατρίβειc ἔχων, ἀλλ' οὐκ ἄγειc
        ταcδὶ λαβών; ἐν ὅcῳ δὲ καταβαίνειc, ἐγὼ
        ἐπᾴcομαι μέλοc τι μελλοδειπνικόν. (S. 700.)
1165 f.   κρητικῶc οὖν τὼ πόδε
        καὶ cὺ κίνει. ΒΛ. τοῦτο δρῶ.
1181.   Blepyros und Chor ziehen tanzend nach der Seite ab.
        S. 690. 691. 708.

───────────

977. ἡ γραῦc ἐξελθοῦcα.

Aristoph. Plut. (388).

Szenerie: Haus.

v. 1. Plutos, Chremylos und Karion treten von links (von Delphi her) auf.

222 f. XP. ἀλλ᾽ ἴθι cὺ μὲν ταχέωc δραμὼν . . .
τοὺc ἐυγγεώργουc κάλεcον.

227. KA. καὶ δὴ βαδίζω.

228. Karion ab (ἀνύcαc τρέχε 229) nach der rechten Seite.

231. XP. εἴcω μετ᾽ ἐμοῦ δεῦρ᾽ εἴcιθ᾽ (vgl. 234. 249).

252. Plutos und Chremylos ab in das Haus.

253 ff. Karion tritt mit dem Chor von rechts auf. S. 690. 691. 708.

255. KA. ἴτ᾽ ἐγκονεῖτε cπεύδεθ᾽, ὡc ὁ καιρὸc οὐχὶ μέλλειν.

290 ff. καὶ μὴν ἐγὼ βουλήcομαι

. . . .

ὑμᾶc ἄγειν.

295. ἔπεcθ᾽ ἀπεψωλημένοι.

321. Karion ab ins Haus, vgl. 318 ff.

322. Chremylos tritt aus dem Haus.

332 f. XP. καὶ μὴν ὁρῶ καὶ Βλεψίδημον τουτονὶ
προcιόντα. (S. 719.)
Blepsidemos tritt von der (rechten) Seite auf.

415. Penia tritt auf, von der Seite?

612? Penia ab, vgl. 619 οἴχεται.

624 f. XP. παῖ Καρίων τὰ cτρώματ᾽ ἐκφέρειν c᾽ ἐχρῆν
αὐτόν τ᾽ ἄγειν τὸν Πλοῦτον.
Karion mit Plutos aus dem Haus.

626. Plutos, Chremylos, Blepsidemos, Karion ab nach der (rechten) Seite.

627. Karion tritt von der rechten Seite auf.

641. Frau Chremylos tritt aus dem Haus, vgl. 643.

767 f. KA. ὡc ἄνδρεc ἐγγύc εἰcιν ἤδη τῶν θυρῶν.
ΓΥ. φέρε νυν ἰοῦc᾽ εἴcω κομίcω καταχύcματα.

769. Frau Chremylos ab ins Haus.

770. KA. ἐγὼ δ᾽ ὑπαντῆcαί γ᾽ ἐκείνοιc βούλομαι.
Karion ab nach der (rechten) Seite.

771. Plutos, Chremylos, Karion treten auf.

Schol. Plut. ὁρῶν ὁ Καρίων τὸν ἑαυτοῦ δεcπότην Χρεμύλον μετὰ τὸ ἐξελθεῖν τοῦ μαντείου τυφλῷ ἀνδρὶ ἑπόμενον, cχετλιάζων καὶ δυcφορῶν φηcιν... — 280. παρεπιγραφή, ὅτι εἰc τὴν οἰκίαν ἔφθαcαν. τοὺc δὲ λόγουc πάντας ἐκείνουc ἐρχόμενοι ἐν τῇ ὁδῷ ἔλεγον. — 322. χαίρειν μὲν ὑμᾶc· κορωνίc, ὅτι εἰcίαcιν οἱ ὑποκριταί. — 627. ὢ πλεῖcτα Θηcείοιc μεμυcτιλη-μένοι· ὁ θεράπων ἔρχεται ἀγγέλλων τὸν Πλοῦτον ἀναβλέψαντα. — 641. τίc ἡ βοή ποτ᾽ ἐcτί· κορωνίc εἰcιόντων ὑποκριτῶν. — 771. καὶ προcκυνῶ γε· κορωνίc ἑτέρα εἰcιόντων ὑποκριτῶν... ἐπὶ δὲ τῷ τέλει τῶν cτίχων (801) κορωνίc, καὶ ἑξῆc τὸ χοροῦ αὖθιc· κἀνταῦθα γὰρ χορὸν ὤφειλε θεῖναι

788. Frau Chremylos tritt aus dem Haus.
801. Plutos, Chremylos, seine Frau und Karion ab ins Haus.
802. Karion tritt aus dem Haus, vgl. 821.
823. Der Gerechte tritt von der Seite auf.
824. ΚΑ. ἔα τίc ἔcθ' ὁ προcιὼν οὑτοcί;
850. Sykophant tritt von der Seite auf (προcέρχεται 861, εἰcελήλυθεν 872).
950. Sykophant ab nach der Seite (ἄπειμι 944).
958. ΚΑ. νὼ δ' εἰcίωμεν.
 Karion und der Gerechte ab ins Haus.
959. Altes Weib tritt von der Seite auf.
959 f. ΓΡ. ἆρ' ὦ φίλοι γέροντεc ἐπὶ τὴν οἰκίαν
 ἀφίγμεθ' ὄντωc τοῦ νέου τούτου θεοῦ;
962. ΧΟ. ἀλλ' ἴcθ' ἐπ' αὐτὰc τὰc θύραc ἀφιγμένη.
965. Chremylos tritt aus dem Haus (ἐγὼ γὰρ αὐτὸc ἐξελήλυθα).
1038. ΓΡ. καὶ μὴν τὸ μειράκιον τοδὶ προcέρχεται. (S. 714 Anm.
 719.)
 Jüngling tritt von der Seite auf.
1088. ΝΕ. ἀλλ' εἴcιθ' εἴcω.
1094. ΓΡ. βάδιζ'· ἐγὼ δέ cου κατόπιν εἰcέρχομαι.
1096. Jüngling, altes Weib, Chremylos ab in das Haus.
1097. Hermes tritt von der (linken) Seite auf. Er klopft an die
 Thüre. Karion tritt heraus.
1170. Karion und Hermes ab ins Haus, vgl. 1168.
1171. Priester tritt auf von der Seite.
1172. Chremylos tritt aus dem Haus.
1194. ΧΡ. ἀλλ' ἐκδότω τιc δεῦρο δᾷδαc ἡμμέναc.
1196. ΧΡ. τὸν Πλοῦτον ἔξω τιc κάλει.
 Plutos, das alte Weib, Karion und andere kommen aus dem
 Haus und bilden eine Prozession.
1208 f. ΧΟ. οὐκ ἔτι τοίνυν εἰκὸc μέλλειν οὐδ' ἡμᾶc, ἀλλ' ἀναχωρεῖν
 ἐc τοὔπιcθεν· δεῖ γὰρ κατόπιν τούτων ἄδονταc ἕπεcθαι.
 Alle ziehen gemeinsam nach rechts ab. S. 691. 708.

καὶ διατρῖψαι μικρόν, ἄχριc ἂν ἐξέλθοι τιc ἀπαγγέλλων, ὅπωc εἰcιόντοc τοῦ
Πλούτου πάντα τὰ τούτων πρὸc τὸ βέλτιον μεταβέβληται. — 823. ἔπου
μετ' ἐμοῦ, παιδάριον: κορωνὶc ἑτέρα εἰcιόντων ὑποκριτῶν. — 850. ...ἐχρῆν
γὰρ κἀνταῦθα (957) θεῖναι χορόν, εἰcιόντων τῶν ὑποκριτῶν ἐντόc, ἄχριc
ἄν τιc ἐπέλθη ὑποκριτὴc ἕτεροc. — 1038. καὶ μὴν τὸ μειράκιον: πρόcειcιν
ὁ παῖc cτεφάνουc κομίζων τῷ Πλούτῳ. — 1097. τουτὶ τί ἦν: ὁ Ἑρμῆc
ἔκοψε, καὶ ἐξελθὼν ὁ Καρίων οὐδένα εὗρε. παρ' ὀλίγον γὰρ ὑπεχώρει. —
1071. ὁ τοῦ Διὸc ἱερεὺc παραγέγονεν... — 1209. εἰc τοὔπιcθεν: ἔμπροcθεν
γὰρ Χρεμύλου καὶ τῶν ἄλλων ἵcταντο.

[Eur.] Rhes.

Szenerie: Zelt.

v. 1 ff. Chor zieht von links? ein. S. 680 f.

XO. βᾶθι πρὸc εὐνὰc
τὰc Ἑκτορέουc κτλ.

11. Hektor tritt aus seinem Zelt.

13 f. EK. τίνεc ἐκ νυκτῶν τὰc ἡμετέραc
κοίταc πλάθουc’; (S. 689.)

85 f. XO. καὶ μὴν ὅδ’ Αἰνέαc καὶ μάλα cπουδῇ ποδὸc
cτείχει. (S. 718.)
Aineas tritt von der (rechten) Seite auf, später noch andere
Krieger, darunter Dolon, der von 154 an spricht.

148. Aineas ab nach rechts.

223. Dolon ab nach der (linken) Seite.

264. Bote tritt auf (von links).

341. Bote ab (nach links).

381 ff. XO. μέγαc ὦ βαcιλεῦ, καλόν, ὦ Θρῄκη,
cκύμνον ἔθρεψαc πολίαρχον ἰδεῖν κτλ. (S. 714 Anm. 718.)
Rhesos tritt auf von derselben Seite wie vorher der Bote
(links).

519 f. EK. δείξω δ’ ἐγώ cοι χῶρον, ἔνθα χρὴ cτρατὸν
τὸν cὸν νυχεῦcαι.

526. Hektor mit Rhesos ab nach rechts.

564. Chor ab nach links, vgl. 523 ff. S. 681.

565. Odysseus und Diomedes treten vom Griechenlager her (von
links) auf.

595. Athene erscheint. S. 670.

627 f. ΑΘ. καὶ μὴν καθ’ ἡμᾶc τόνδ’ Ἀλέξανδρον βλέπω
cτείχοντα. (S. 719.)
Paris tritt von der rechten Seite auf. S. 712. 714.

641. Odysseus und Diomedes nach rechts ab (vgl. 636 f.).

667. Paris ab (χώρει 665).

668. Odysseus und Diomedes kommen mit den geraubten Rossen
des Rhesos zurück. S. 708.

671 f. ΑΘ.   πολέμιοι δ’ ᾐcθημένοι
χωροῦc’ ἐφ’ ὑμᾶc.

674. Athene verschwindet.

675. Der Chor kommt (von links) zurück. S. 680 f.

691. Odysseus und Diomedes entkommen nach links.

733. Wagenlenker des Rhesos tritt von rechts auf.

Hypoth. Rhes. erzählt den Gang der Handlung. ... ἡ cκηνὴ τοῦ
δράματοc ἐν Τροίᾳ.
Schol. 1. βᾶθι πρὸc εὐνάc: ὡc πληcίον γενόμενοι τῶν κοιτῶν τοῦτό
φαcιν. — 381. ταῦτα᾽ πρὸc τὸν Ῥῆcον ἐπιcτρέψαντεc λέγουcιν, ...ὁρῶντεc
ἤδη αὐτόν.

806 f.   XO. Ἕκτωρ δὲ καὐτὸς cυμφορᾶc πεπυcμένοc
        χωρεῖ. (S. 718.)
        Hektor tritt auf.

846.   ΗΝ. cὺ πρόcθεν ἡμῶν ᾖcο καὶ Φρυγῶν cτρατόc, s. S. 681.

877 ff. ΕΚ.   ἄγοντεc δ᾽ αὐτὸν εἰc δόμουc ἐμοὺc κτλ.
        Diener mit dem Wagenlenker und andere Diener (879)
        nach der rechten Seite ab.

886 ff. XO. τίc ὑπὲρ κεφαλῆc θεόc, ὦ βαcιλεῦ,
        τὸν νεόδμητον νεκρὸν ἐν χειροῖν
        φοράδην πέμπει;
        Muse erscheint schwebend in der Höhe mit dem Leichnam
        des Rhesos. S. 668. 671.

982.   Muse verschwindet.
992.   Hektor ab in sein Zelt?
996.   Chor zieht (nach rechts) ab, vgl. 986. 993.

Berichtigungen.

www.ingramcontent.com/pod-product-compliance
Lightning Source LLC
Chambersburg PA
CBHW030848270326
41928CB00008B/1272